H

aan Josephus en Audrey

Ek hoop julle vind dié boek interessant en genotvol.

Baie Liefde, Ma Joh'. xxxxxx.

07 Maart 1998.

HOEKOM IS EK HIER?

Ontdek jou spirituele krag

DR. HENNIE J. DE VILLIERS

HUMAN & ROUSSEAU

Kaapstad Pretoria Johannesburg

Aan elkeen in die nuwe Suid-Afrika wat
na 'n welvarende lewe in vrede en geluk streef.

Eerste uitgawe in 1997 deur
Human & Rousseau (Edms.) Bpk.
Stategebou, Roosstraat 3-9, Kaapstad
Bandfoto: Photo Access
Bandontwerp deur Robert Meas
Tipografie deur Chérie Collins
Geset in 10 op 12 pt Palatino
deur Human & Rousseau
Gedruk en gebind deur Nasionale Boekdrukkery,
Drukkerystraat, Goodwood, Wes-Kaap

ISBN 0 7981 3747 9

INHOUD

2. JY EN DIE MENSE

3. JY EN DIE FISIESE DINGE

Voorwoord

Liewe leser,

In hierdie boek sal jy sien wat die eintlike doel van jou lewe op aarde is, hoekom jy hier is.

Jy sal sien dat jy hier is om unieke take te verrig wat net jy kan doen, take wat vir jou 'n voorspoedige lewe met ware geluk en vrede sal gee.

Hierdie boek handel oor die spirituele kragte waaroor jy beskik, wat vir jou in staat stel om hierdie take te vind en af te handel. Ongelukkig is dit so dat ons hierdie kragte in ons onderdruk en dit nie meer gebruik in ons alledaagse lewe nie.

Die spirituele ontwaking

Wêreldwyd stel mense vandag weer belang om te weet wat hierdie spirituele kragte nou eintlik is en hoekom hulle dit verloor het. Hulle wil dit weer vind omdat hulle voel dat ons daarsonder ons hedendaagse chaotiese leefwyse geskep het wat vol frustrasie, spanning, stres en depressiegevoelens is, en geen sin en betekenis het nie. Daar word op verskillende wyses na hierdie spirituele kragte gesoek.

Baie soek dit ouder gewoonte in die godsdiens, sommige in die tradisionele godsdienste, ander in die nuwe godsdienste wat nou oral begin kop uitsteek. Party soek dit in die Oosterse godsdienste. Ander soek dit op allerlei ander maniere, en betree selfs die bonatuurlike terrein van die spiritisme. Al die wetenskappe, selfs die natuurwetenskappe, doen nou ook intense navorsing hieroor om uit te vind wat die spirituele kragte van die mens eintlik behels. Ook vir die man op straat het hierdie soeke so belangrik geword dat boeke wat oor die spirituele kragte van die mens handel, nou beste verkopers geword het.

Hierdie skielike belangstelling neem so vinnig toe dat dit 'n "spirituele ontwaking" genoem kan word. Jy gaan in die toekoms nog baie hiermee in aanraking kom en met verskeie teorieë en opinies gekonfronteer word wat hieruit sal voortvloei, soos byvoorbeeld die idees van die "New age"-beweging. Elkeen dink dat hy die antwoord het oor wat ons spirituele kragte eintlik is.

Ek wil in hierdie boek vir jou 'n perspektief op hierdie ontwaking gee, sodat jy nie deur al die nuwe denkrigtings verwar sal word nie, maar dat jy eerder die belangrikste nuwe insigte jou eie sal maak sodat jy ook jou spirituele kragte sal ontdek.

Dit is veral vir die gelowige mens 'n uitdaging om al die nuwe ontdekkings en insigte wat nou oral opduik in sy godsdienstige raamwerk in te pas. Ek gaan in hierdie boek vir jou op insigte vanuit die sielkunde wys, wat duidelike riglyne oor die onderwerp aangee, wat vir my as gelowige aanvaarbaar is, en daarom glo ek dat dit ook vir jou aanvaarbaar sal wees.

Die samestelling van die boek

Om te sien hoe die boek saamgestel is, nooi ek jou uit om eers deur die boek te blaai, wat 'n goeie manier is om jou vooraf te oriënteer oor die inhoud van enige nuwe boek wat jy wil lees. Dit is altyd raadsaam om nie sommer op bladsy een te begin lees nie, maar om eers 'n globale oorsig te kry waaroor dit gaan. Begin by die inhoudsopgawe wat vir jou sal vertel watter onderwerpe behandel word. Blaai dan deur die boek om 'n oorsigtelike indruk daarvan te kry en kyk wat ek as skrywer met die boek beoog.

Jy sal onmiddellik agterkom dat die boek sielkundige beskouinge bevat oor wat die mens se spirituele kragte behels en hoe hy dit moet gebruik om die betekenis van sy lewe op aarde te verwesenlik, ten einde gelukkiger te wees. Jy sal sien dat dit in 'n eenvoudige, verstaanbare taal geskryf is en dat jy baie dinge prakties in jou alledaagse lewe van toepassing kan maak.

Soos jy sal opmerk, is die boek in dertig dele ingedeel. Die rede hiervoor is dat jy vir 'n maand lank elke dag een deel kan deurlees en bestudeer, omdat *die boek in sy geheel 'n kursus vorm* vir mense wat oor min tyd beskik of deur omstandighede verhinder word om voltyds vir studie oor 'n onderwerp soos hierdie in te skryf. Jy sal dit meer as een keer kan gebruik, omdat dit riglyne vir jou lewe bied wat jy by herhaling sal wil lees. Onthou, herhaling is die moeder van alle wysheid.

In die eerste afdeling van die boek gaan ek jou leer wat jou spirituele kragte is en hoe dit jou in staat stel om die bedoeling van jou lewe te vind en dit te vervul. In die tweede en derde afdeling sal jy leer hoe jou spirituele kragte jou in staat stel om doeltreffende verhoudings met ander mense en met God, asook met die materiële dinge te handhaaf.

Viktor Frankl se logo-terapie

Die eksistensieel-sielkundige beskouinge van Viktor E. Frankl, oor wat die betekenis van die menslike bestaan op aarde is en hoe die mens sy unieke betekenis kan vervul, sal deurgaans as model in hierdie boek gebruik word. Hy het baanbrekerswerk op hierdie terrein verrig om vir ons 'n antwoord te gee op hierdie eeue oue vraag. Ek gaan vir jou leer wat sy terapeutiese metode, naamlik "logo-terapie" behels, wat daarop ingestel is om die mens te help om dié funksie te vervul. Ek gaan jou ook leer wat sy tegniek van "paradoksale intensie" behels en jy sal met verskillende paradokse in aanraking kom. So sal jy met die paradoks gekonfronteer word dat indien jy bo alles die bedoeling van jou lewe vervul, jy ook al die materiële dinge sal kry wat jy benodig. Hierdie paradoks vleg soos 'n goue draad deur die boek.

Jou en my uitdaging

Dit is ons almal se uitdaging, ook joune, om in die "spirituele ontwaking" wat tans plaasvind, antwoorde te kry oor wat die mens se spirituele kragte presies behels. Ek het self die uitdaging aanvaar om my opinie in hierdie kursus daaroor te gee.

Hierdie kursus is die resultaat van 'n versoek van vele van my kliënte en oudstudente om 'n samevattende kursus in boekvorm daar te stel wat vir hulle kan help om 'n meer effektiewe, suksesvolle lewe te lei. Ek het vir baie jare 'n studie gemaak om te weet wat 'n suksesvolle lewe nou eintlik behels, en hoe die mens gemotiveer kan word om dit te verkry. My bevinding was dat so 'n lewe alleenlik daaruit bestaan om die bedoeling van jou lewe te vervul en dat dit jou spirituele kragte is wat jou daartoe in staat stel.

Indien die leser van my boek my bevindinge kan bevestig, of selfs net sy denke daarmee kan verryk deur dit te bevraagteken of verder daarop uit te brei, sal dit 'n volgende stap wees in die ontwikkeling van kennis in die soektog na wat die mens se spirituele kragte eintlik is.

Die kursus sal jou lewe verander

Ek wil graag hierdie kursus ook tot jou beskikking stel en vir jou die versekering gee dat dit nie alleen gebaseer is op my teoretiese navorsingsresultate nie, maar ook op die praktiese ervaringe in my eie lewe. Met die studie van hierdie onderwerp asook met die skryf en die uitlewing daarvan, het my eie lewe drasties verander omdat ek nou die wonderlike ervaring beleef dat ek my spirituele kragte kan bemeester soos nog nooit tevore nie. Dit stel my in staat om spesifieke take te verrig waardeur ek voel dat my lewe 'n besonderse betekenis het. Ek ervaar dit nou ook weer, soos ek dit as kind belewe het, dat die lewe self in al die aspekte daarvan vir my iets besonders beteken en dat dit lekker is om te lewe. Ek kan ook nou 'n bydrae lewer om ander se lewens betekenisvol te maak soos nog nooit tevore nie.

Uit my lewenslange ondervindinge, eers as teoloog en daarna as dosent in die eksistensiële sielkunde en later as voltydse praktiserende sielkundige en opleidingskonsultant, van die probleme wat die mens van ons tyd ervaar, het ek die dagstukke saamgestel. My doel is om op *'n populêr-wetenskaplike wyse* vir jou hierin te onderrig, sodat jy dit kan verstaan, sonder dat ek iemand probeer beïndruk met akademiese diepsinnighede.

Praktiese toepassings

Aan die einde van elke deel kan jy die inhoud op jou eie lewe toepas. Daar is 'n praktiese *toepassing* vir daardie spesifieke dag. As jy daarin slaag om hierdie toepassings te maak, sal jy vinnig vorder om jou insig oor hierdie onderwerp te verbreed en jou lewe te verryk.

Daar is ook 'n *bevestiging* aan die einde van elke dagstuk. Die bedoeling daarvan is dat jy elke dag 'n spesifieke aspek oor en oor vir jouself sal bevestig as 'n waarheid waarin jy glo. Die herhaling van 'n waarheid in jou gedagtes het die effek dat jy dit na 'n tyd in jou gedagtes vestig en dat jy dan daarop begin reageer en nie meer op ongewenste gedagtes, wat jou lewe verwoes nie.

Ek wil 'n uitdaging aan jou stel om elke dag een dagstuk aandagtig deur te lees. Ek stel hierdie uitdaging aan jou omdat navorsing bewys het dat net ongeveer tien persent van mense wat 'n boek koop, daarin slaag om dit deur te lees! Jou uitdaging is om hierdie boek een honderd persent deur te lees, dag vir dag. Dink net hoe goed gaan jy daaroor voel!

Hiermee kan jy ontwikkel om 'n ware effektiewe lewe te lei, soos ek en soveel ander van my kliënte dit tans regkry.

Ek wens jou 'n gelukkige, betekenisvolle lewe toe.
Hennie J. de Villiers.

DEEL 1
Jy en jouself

Het jy geweet dat jy voortdurend in 'n verhouding met jouself, asook met ander wesens en die fisiese dinge in die wêreld is? Om die bedoeling van jou lewe op aarde te vervul, moet jy hierdie verhoudinge doeltreffend handhaaf. In die eerste deel van die kursus gaan jy leer hoedanig jou verhouding met jouself moet wees.

Dag 1

DIE SOEKE NA DIE BETEKENIS VAN LEWE

Eienaardige dinge is besig om vandag te gebeur. Vanuit alle oorde is mense skielik baie ontevrede oor die toestand waarin die wêreld tans verkeer. Ek het aanvanklik gedink dit is maar net 'n klein groepie mense wat gewoonlik oor alles kla, maar hierdie klagtes word nou so oorweldigend dat ons dit nie meer kan ignoreer nie. Die slim mense sê hierdie huidige tendens het 'n besondere betekenis. Hulle sê dat dit deur al die eeue bewys is dat wanneer mense 'n nuwe insig kry, dit soos 'n veldbrand versprei en niemand dit kan keer nie. So het alle revolusies in die verlede begin, en hulle is van mening dat ons aan die vooraand staan van 'n wêreldrevolusie waarin die mensdom gaan verander soos nog nooit tevore nie. Ek het 'n punt daarvan gemaak om uit te vind wat aan die gang is, en begin luister waaroor mense so ontevrede is.

Ontevredenheid met die toestand van die wêreld

Al meer mense is vandag ontevrede en selfs opstandig oor dinge wat toenemend in die wêreld plaasvind, soos byvoorbeeld die toename in geweld, verdowingsmiddele, hongersnood en ongeneeslike siektes soos kanker en vigs. In ons eie land is mense baie ongelukkig oor die toename in diefstal, aanrandings, verkragting en moord, en heers daar 'n groot onsekerheid oor die toekoms.

Mense is veral ontevrede met die vlak wat besoedeling en die vernietiging van die natuur tans bereik het. Die ekologiese krisis waarin ons tans verkeer met lugbesoedeling, die groter wordende gat in die osoonlaag en die effek van chemiese afval ontstel al meer mense. Daar word vrae gevra oor die toenemende oorbevolking en al meer mense voel onseker oor hoe hierdie dinge ons in die toekoms gaan raak. Oral vra mense vandag die vraag: "Wat is besig om met die menslike ras op aarde te gebeur? "

'n Verdere tendens wat ek waarneem, is dat mense nie uitgepraat kan raak oor hulle diepe ongelukkigheid met ons hedendaagse leefwyse nie. Hulle voel dat elke dag net 'n gejaag is om aan al die eise van die samelewing te voldoen. Daar moet voortdurend gewedywer word om aan al die verwagtings te voldoen wat aan hulle gestel word, hulle moet voortdurend presteer en met ander kompeteer om meer geld te maak om 'n voorgeskrewe lewenstyl te handhaaf, en hulle kry hul goedkeuring of afkeuring slegs ingevolge die materiële dinge wat hulle besit. Hulle kry net aanvaarding vir hulle uiterlike voorkoms en hoe hulle aantrek, sonder inagneming van wie hulle werklik as mense is. Wat die doel van so 'n leefwyse is, verstaan hulle nie. Hierdie leefwyse verwar hulle net en dit skep 'n onhanteerbare spanning by elkeen. Die hoë vlakke van stres wat daardeur beleef word, veroorsaak dat selfs die materiële suksesse wat hulle bereik, geen betekenis meer vir hulle inhou nie. Dit is duidelik dat menige nie meer die motivering het om die stygende lewenstandaard te bly handhaaf nie. Hulle wil nie meer hierdie lewe lei, soos dit deur ander vir hulle voorgeskryf word nie.

Baie mense raak desperaat en stort in duie, ander wil nie meer voortbestaan nie en word voortdurend met gedagtes geteister om hul lewe te beëindig. Dit alles laat hulle voel dat dit nie meer die moeite werd is om so te lewe nie. Hulle wil nie meer met hierdie gejaagde leefwyse voortgaan om net al hoe meer materiële besittings te kry nie. Hulle voel daar kan 'n beter leefwyse wees.

Dit is vir my duidelik dat hulle vasgevang sit in die leefwyse van die Westerse wêreld wat aan hulle opgedwing word en dat hulle glad nie gelukkig is daarmee nie.

Wat vir my opsigtelik is, is dat al meer mense ook op soek is na 'n eie identiteit. Hulle wil nie meer net nog een van die massas wees en in die mensestroom verkeer om te leef soos almal leef nie; hulle wil hul eie uniekheid vind en dit uitleef en voel dat hulle 'n besondere betekenis op aarde vervul. Geen wonder dat sommige, veral jongmense, tans wegbreek en 'n eie lewenskultuur, tot ontsteltenis van hul ouers, vir hulself probeer skep nie. Dit is myns insiens ook die rede hoekom al meer mense in die ou antieke dinge begin belangstel; hulle assosieer met die unieke identiteit van elke produk en wil nie meer dinge besit wat elke Jan Rap en sy maat ook het en wat alles dieselfde lyk nie.

Die soeke na 'n nuwe suksesformule

Waar ek my in die laaste jare daarop toegelê het om motiveringskursusse aan te bied (omdat ek veral in die normale gedrag van mense belangstel), het ek ook 'n diepe besef gekry dat al meer mense nie meer tevrede is met die sogenaamde suksesformule wat vir hulle voorgehou word nie, naamlik dat sukses daarin bestaan om baie geld te hê om al die materiële produkte van ons moderne lewe te koop, en om die beste presteerder te wees en die regte mense te ken en die topposisie te beklee nie. Hierdie suksesformule waarna sommige as die "American dream" verwys, het vir baie mense net 'n nagmerrie geword. Daarom het hulle nie meer die motivering om dit na te strewe nie. Baie mense sien sukses nie meer as 'n lewe met 'n oorvloed van uiterlike materiële besittings nie, en soek na 'n ander suksesformule.

Nuwe siektesimptome

'n Ander aspek wat my interesseer, is die toestroming van mense na my en ander sielkundiges toe, met 'n nuwe sielkundige siektetoestand wat nie in vroeëre jare voorgekom het nie. Wat eienaardig daarvan is, is dat dit nie 'n werklike sielkundige afwyking is nie, en tog ervaar hulle die innerlike pyn en lyding wat met 'n siektetoestand gepaardgaan. Die algemene klagtes wat ek gereeld na luister, is: 'n gevoel van frustrasie en ongelukkigheid, 'n gevoel van leegheid en doelloosheid, 'n gevoel van waardeloosheid en 'n behoefte aan persoonlike vervulling. Hiermee saam ervaar hulle spanning, stres en depressiegevoelens. Hierdie simptome word tans 'n alledaagse verskynsel. My vraag is: "Wat veroorsaak dit?"

'n Behoefte aan vrede en geluk

Wat my tref, is dat ons in 'n vooruitstrewende Westerse wêreld leef, waarin ons al die wonderlike dinge besit wat die moderne tegnologie ons bied, en waaroor miljoene ander net kan droom, maar dat ons leefwyse mense nie gelukkig maak nie. Hoekom soek mense na 'n ander leefwyse en spreek hulle gereeld die wens uit dat hulle liewer op 'n eiland weg van alles kan gaan bly?

Wanneer jy vir mense vra waarna hulle eintlik soek, is die antwoord altyd dieselfde: *"Ons wil net innerlike vrede en geluk ervaar."* As jy hulle vra wat 'n mens moet doen om ware geluk en vrede te kry, het hulle nie 'n antwoord nie. Waarna soek hulle eintlik? Wat in die lewe gee geluk en vrede? Ek het baie hieroor nagedink en my oopgestel daarvoor om die regte antwoord te kry.

Viktor Frankl se bevindinge

Ek het ernstig na antwoorde begin soek hoe 'n ander leefwyse lyk wat vrede en geluk kan waarborg. Ek was op soek na 'n ander suksesformule om vir mense te gee. My antwoord het ek by die bekende sielkundige Viktor Frankl gevind, wat vir ons so 'n suksesformule gegee het. Hierdie formule het hy nie self uitgedink nie, hy het net die waarheid van 'n formule ontdek wat eie is aan die menslike natuur, wat deur al die eeue van die menslike bestaan op aarde gegeld het, maar wat ons tans ignoreer.

In die Nazi-konsentrasiekamp by Auschwitz, tydens die laaste wêreldoorlog, het hy dit self ervaar en ook by menige van sy medegevangenes waargeneem, dat dit moontlik is om hierdie suksesformule vir geluk en vrede toe te pas, selfs te midde van die grootste lewenskrisis wat jou kan tref. Jy kan jou indink wat hy en sy makkers in daardie oorlogsituasie deurgemaak het. Hulle het 'n geringe kans gehad om te oorleef omdat hul lewe as nietig beskou was en hulle erger as diere behandel was. Almal was gestroop van hul aardse besittings, ook van hul klere en selfs hul hare, dus ook van hul persoonlike trots. Diegene wat liggaamlik sterk genoeg was, is gebruik om soos slawe te werk. Die ander is na die gaskamers gelei om te sterf, waarna hulle veras is.

Onder hierdie haglike omstandighede het Frankl as sielkundige 'n waarneming van menslike gedrag gemaak wat hom geweldig beïndruk het: toe mense gestroop was van hul aardse besittings en hul persoonlike trots, het hulle hul innerlike sielsbehoeftes ontdek. Op die tydstip toe hulle hul lewe enige oomblik kon verloor, het die lewe self vir hulle skielik 'n besondere betekenis gekry en het hulle dinge in die lewe ontdek wat hul sielsbehoeftes bevredig het, soos nog nooit tevore nie. Dit is hartroerend om te hoor hoe hierdie mense, ten spyte van hul krisis, in staat was om elke dag die kwaliteite van lewe te geniet; hoe 'n sonsondergang hulle geïnspireer het; hoe die hemelruim vol sterre hulle denke gevul het sodat hulle hul pyn vergeet het;

hoe hulle in hul gedagtes vir ure vorige mooi herinneringe kon herleef en by 'n geliefde kon wees; hoe 'n enkele uitgeskeurde bladsy van die Bybel hulle smart kon verlig; hoe hulle die rantsoen voedsel wat ontvang is, kon geniet; hoe hulle iets goeds in 'n ander persoon kon raak sien; hoe hulle 'n bondgenootskap met insekte en selfs rotte kon aanknoop! Nog baie ander dinge in die lewe het hulle begin raak sien en waardeer wat hulle vroeër nooit opgemerk het nie, kleiner dinge wat hulle voorheen geminag het, maar wat skielik hulle innerlike sielsbehoeftes in oorvloed vervul het.

Wat hieruit voortgespruit het, was dat hulle spontaan begin het om vir ander mense met liefde iets te gee. Daar word byvoorbeeld vertel hoe hulle 'n ondersteunende hand van liefde vir iemand gegee het wat in uitputting gestruikel het, ongeag van wie hy of sy was; of hoe iemand in pyn met 'n glimlag geïnspireer was; of 'n deel van die rantsoen voedsel vir 'n ander wat swakker as hulle was, gegee is; of begrip gegee is deur saam met iemand te huil. Hierdie mense het hulle nie net op ander mense gerig nie, bo alles was hulle in kontak met God soos nooit tevore nie. In dit alles het hulle 'n diepe ervaring van geluk en vrede ervaar, selfs diegene wat in die gaskamers moes sterf.

Dit was hierdie ervaring dat daar onsigbare dinge met kwaliteit in die lewe is wat hulle sielsbehoeftes bevredig het, wat hulle laat besef het dat hul eie lewe ook iets besonders beteken. Toe hulle die ware betekenis van die lewe ervaar het, het hulle die ontdekking gemaak dat hulle 'n innerlike sielsbehoefte het om self 'n spesifieke rol in die wêreld te vervul. Hulle het tot die besef gekom dat hulle met 'n doel hier op aarde is, en dat hulle die bedoeling van hul lewe wil realiseer.

So het hulle dit net skielik ingesien dat *die bedoeling van hulle lewe daarin bestaan het om die unieke take te verrig wat net hulle op aarde kon doen.* Met hierdie insig het hulle die intense begeerte ondervind om nog net eers hierdie take af te handel. Daarom het hulle aangehou om te lewe, en het hulle die bomenslike folteringe oorkom. Die een het byvoorbeeld bly lewe ter wille van sy taak om 'n geliefde se lewe te verryk, 'n ander wou bly lewe om nog eers sy kinders te versorg, 'n ander ter wille van sy beroepstaak wat hy wou afhandel, 'n ander ter wille van 'n talent wat hy nog wou uitleef. Frankl self het naas sy folteringe ook 'n tifusepidemie oorleef om sy taak op aarde te vervul, naamlik om sy waarneming van die gedrag van die mense in Auschwitz in 'n boek te publiseer, sodat die wêreld dit kon lees. Hiervoor het hy aantekeninge op stukkies papier gemaak en in sy klere versteek; dit het hom aan die lewe gehou. Hierdie mense het net besef dat hulle lewe 'n betekenis het en dat hulle dit tot elke prys wou verwesenlik.

Frankl se ervaring het gelei tot die bekende spreuk onderaan hierdie dagstuk, wat hom beroemd gemaak het en wat ook die kern van hierdie kursus van my gaan wees, naamlik dat daar niks anders is wat 'n mens meer geluk en vrede gee en hom meer kan inspireer om te lewe nie, as die wete dat sy lewe daarvoor bedoel is om unieke take hier op aarde te verrig nie.

Hiermee gee Frankl vir ons die antwoord op die vraag hoe ons geluk en vrede kan kry. Dit word verkry wanneer die mens sy sielsbehoeftes bevredig, veral die behoefte om sy unieke betekenis te vervul. Dan oorbrug hy ook enige krisis waarin hy verkeer.

Dit is belangrik om daarop te let dat die mens sy onsigbare sielsbehoeftes vind wanneer hy van sy sigbare fisiese aardse besittings gestroop word en nie meer in staat is om net op sy liggaamlike behoeftes te konsentreer nie.

Ons leef vandag in 'n "eksistensiële vakuum"

Ek was tevrede met hierdie antwoord van Frankl, maar ek moes egter nog my vraag beantwoord hoekom mense vandag so ongelukkig met die lewe is en hoekom hulle na 'n formule soek wat vir hulle geluk en vrede kan gee. Hoekom beleef hulle nie die geluk en vrede van Frankl en sy vriende nie? Hulle leef tog in baie beter omstandighede. Wat is dit wat hulle siektesimptome veroorsaak? Frankl het vir my die antwoord gegee in 'n ander bevinding wat hy gemaak het.

Jare na sy ervaringe in Auschwitz, doen hy weer navorsing oor hoe mense hul lewe buite 'n oorlogsituasie ervaar. Hierdie keer doen hy sy navorsing in vredestyd, binne die hoogtepunte van die tegnologiese ontwikkeling en die sogenaamde vooruitgang van die florerende Westerse wêreld. Hy kom tot insigte wat net so 'n groot bydrae vir die sielkunde gemaak het soos sy ervaringe in Auschwitz. Sy bevinding is dat die meerderheid van hedendaagse mense net vir materiële welvaart en die bevrediging van fisiese behoeftes lewe, en dit nie ervaar dat die lewe 'n betekenis het nie. Hulle beskou die lewe as sinneloos en doelloos en voel dat hulle net soos die diere lewe, om na 'n tyd te sterwe en dan is alles verby. Daarom ervaar hulle dit ook nie dat hul eie lewe enige bedoeling op aarde het nie en het hulle dus nie unieke take waarvoor hulle wil bly lewe om dit te vervul nie. Frankl sê hulle leef in 'n *"eksistensiële vakuum"*. Hulle eksistensie, dit wil sê hulle bestaan op aarde is leeg; dit is net 'n sinnelose voortbestaan. Hulle het 'n leuse wat 'n apostel eens soos volg opgesom het: "Laat ons eet en drink, want môre sterwe ons."

Wat het met ons gebeur?

Wat is die rede dat mense vandag geen betekenis in die lewe vind nie? Hoe kan die mens in 'n oorlogkrisis dit ervaar dat die lewe 'n betekenis het en innerlike geluk en vrede beleef, maar die mens in vredestyd binne ekonomiese welvaart en tegnologiese vooruitgang, waar hy alles besit wat sy hart begeer, ervaar dit nie?

Viktor Frankl spel die antwoord duidelik uit; jy kan nie geluk en vrede in die eensydige bevrediging van jou fisiese behoeftes vind, wat net op die uiterlike sigbare materiële dinge aangewese is nie; jy vind dit in die bevrediging van jou innerlike, onsigbare sielsbehoeftes. Hy wys ons daarop dat die mens nie net oor 'n uiterlik sigbare fisiese liggaam beskik nie, maar dat hy ook oor 'n onsigbare innerlike spirituele dimensie beskik. Hy is dus nie net 'n fisiese wese nie, hy is ook 'n spirituele wese. Daarom wil hy nie net die dinge najaag wat sy fisiese behoeftes bevredig nie, hy wil ook dinge najaag wat sy spirituele behoeftes bevredig.

Sy suksesformule is: *Ware geluk en vrede lê in die najaag van dinge wat jou spirituele behoeftes bevredig*. Dit is die suksesformule wat ek in hierdie kursus gaan propageer. Miskien is dit vir jou 'n vreemde formule vir sukses, maar jy kan dit gerus toepas om self te ervaar dat dit beter werk as enige ander formule wat jy tot dusver probeer het.

Menige navorsers bevestig Frankl se standpunt. Hulle wys ons egter daarop dat die mensdom vandag, in die proses van menslike ontwikkeling by 'n punt uitgekom het waar daar oormatigend net gekonsentreer word op die uiterlik sigbare fisiese aspekte van die tegnologiese vooruitgang. In hierdie ontwikkelingsproses word die mens vasgevang, dit versmoor hom sodanig dat hy die spirituele dimensie van sy lewe ignoreer. Daarom kan hy nie meer die spirituele kwaliteite van lewe raak sien wat sy innerlike sielsbehoeftes bevredig nie. In sy kwaai wedywering met ander om alles te besit en die beste te wees, weet hy byvoorbeeld nie meer wat liefde is en hoe hy dit vir ander kan gee nie. In sy gejaag agter rykdom aan beleef hy soveel stres dat hy nie meer weet wat rustigheid en stilte beteken nie. Hy het die slaaf geword van die materiële dinge, van die uiterlike dinge in vorm wat hy kan sien, en hierdie dinge is al wat vir hom iets beteken. Hy ignoreer sy spirituele behoeftes en kan nie raak sien dat die lewe self 'n betekenis het en dat sy eie lewe 'n unieke bedoeling het nie. Daarom ontdek hy ook nie sy take en missies waarvoor hy eintlik op aarde is nie. Dit is hoekom hy nie geluk en vrede het nie.

Uit verskillende kringe word dit nou bevestig en word die klem daarop geplaas dat die tegnologiese vooruitgang ten grondslag lê van die moderne mens se sielkundige siektesimptome. Sy simptome van stres, spanning, frustrasie, depressie en 'n gevoel van persoonlike leegheid is die resultaat van sy gejaagde lewe om alles te probeer besit wat die tegnologie hom bied, en al besit hy al die fisiese dinge wat sy hart begeer, kan dit hom nie 'n gevoel gee dat sy lewe iets besonders beteken nie.

'n Onbekende diagnose

Frankl wys ons daarop dat die gevoel van betekenisloosheid in die "eksistensiële vakuum" 'n frustrasie by die Westerse mens skep. Hy is gefrustreerd omdat hy in sy basiese samestelling as mens die ervaring wil hê dat sy lewe iets besonders beteken, maar hy belewe dit nie. Dit is hierdie frustrasie wat tot spanning, stres, moegheid en depressies lei. Dit kom so algemeen voor dat hy dit die "kollektiewe neurose" van ons tyd noem. Dit is hoekom hierdie simptome so toeneem. Dit is dan ook wat die siektetoestand van my kliënte veroorsaak. Enige simptoom is maar altyd net sigbare tekens van 'n verborge probleem of 'n onderliggende siekte. Hierdie simptome is maar net bewuste gevoelens van 'n onbewuste behoefte om 'n betekenis te vervul, wat nie bevredig word nie.

Frankl maak 'n diagnose van hierdie siekte van ons tyd. Dit is 'n diagnose wat nie in die erkende lys van diagnoses aangedui word nie. Die diagnose is: *die moderne mens bevredig nie meer sy spirituele behoeftes nie.*

'n Ontwaking is besig om plaas te vind

Kan jy nou verstaan hoekom so baie mense vandag nie meer tevrede is met ons huidige leefwyse nie en hoekom hulle na 'n ander leefwyse soek? Hulle is skielik nie meer beïndruk met die tegnologiese vooruitgang waarmee ons die natuur en onsself vernietig nie. Hulle wil nie meer materiële vooruitgang najaag ten koste van innerlike geluk en vrede nie. Hulle is gefrustreerd omdat ons huidige Westerse leefwyse hulle dwing om net hul fisiese behoeftes te bevredig deur die uiterlike fisiese dinge na te jaag ten koste van hul innerlike sielsbehoefte om 'n betekenis op aarde te vervul.

Hierdie ontwaking noem ek 'n "spirituele ontwaking", omdat mense veral daarin geïnteresseerd is om uit te vind wat die spirituele aspek van hul lewe behels. Onbewustelik soek hulle eintlik daarna om hul spirituele behoefte te bevredig om die bedoeling van hul lewe te realiseer. Hulle het 'n onderliggende wete dat hulle oor spirituele kragte beskik wat hulle in staat kan stel om 'n ander leefwyse te volg, waarin hulle 'n betekenis kan vervul om ware geluk en vrede te ervaar.

Soek jy ook 'n ander leefwyse?

Is jy ook ontevrede met jou leefwyse? Bied dit ook vir jou net spanning en frustrasies? Soek jy ook 'n nuwe suksesformule waarmee jy vir jou 'n leefwyse kan skep waarin jy geluk en vrede kan hê? Indien wel, vorm jy deel van hierdie ontwaking, al is jy nie daarvan bewus nie. Jy soek eintlik daarna om jou spirituele behoeftes te bevredig. Bo alles soek jy daarna om die betekenis van jou lewe te vind. Ek gaan vir jou in hierdie kursus help om al jou spirituele behoeftes te bevredig, veral om die unieke betekenis van jou lewe te vervul, sodat jy 'n lewe met geluk en vrede kan hê.

My uitdaging aan jou is om vir 'n oomblik jou aandag van die uiterlike fisiese dinge af weg te draai en dit op jou innerlike self te vestig. Dan sal jy die ontdekking maak dat jou grootste behoefte eintlik daarin lê om dit te ervaar dat jou lewe 'n spesifieke bedoeling op aarde het. Wanneer jy die bedoeling van jou lewe gevind het, sal jy nie meer belangstel in die uiterlike, fisiese, materiële dinge nie. Daardie uiterlike dinge wat jy vroeër as noodsaaklik beskou het om suksesvol te wees, sal hul waarde vir jou verloor en die lewe sal vir jou meer werd wees as om dit na te jaag. Dan beweeg jy weg van die strewe om alles te besit wat jou oë sien, en beskou jy dít nie meer as jou lewensmissie nie. Jou wêreldvisie sal verander, en jy sal begin om elke oomblik ten volle uit te leef. Jy sal nie meer materiële resultate najaag nie, jy sal eerder jou daaglikse lewensreis geniet om dit te doen waarvoor jy hier is. Jy sal die proses van jou lewensgang geniet en nie meer blindelings voortstrompel om jou geluk by die punt van die materiële reënboog te gaan soek nie, net om uit te vind dat dit nie daar bestaan nie. Soos jy later sal sien, is die ironie dat jy met die handhawing van hierdie lewensbeskouing meer van die uiterlike fisiese dinge sal ontvang as wat vroeër die geval met jou was.

Wanneer jy êrens heen wil reis, bepaal jy altyd eers op die padkaart die punt waar jy nou is. Van daardie punt af beplan jy jou roete. Jy moet vandag net eers weet dat jy, soos die meeste van ons by die punt staan waar jy deel vorm van die lewe in 'n "eksistensiële vakuum", soos dit deur die norme van die Westerse wêreld vir jou bepaal word. Daar is egter 'n roete wat jou hieruit kan lei om 'n ander leefwyse te volg. Môre wys ek jou daarop dat jy oor die motiveringskrag beskik om hierdie roete te volg.

TOEPASSINGS

Sê vir jouself: vandag raak ek daarvan bewus dat ek nie genoegsame lewensgeluk en vrede smaak nie omdat ek deel is van die lewe in die "eksistensiële vakuum". Om hieruit te kom, moet ek raak sien dat my lewe 'n spesifieke bedoeling en betekenis het en moet ek dit vind en begin uitlewe. Om daarby uit te kom, gaan ek die volgende doen:

1. Ek gaan my oopstel om in te sien dat materiële dinge op hul eie nie vir my ware geluk en vrede kan gee nie, al besit ek ook alles wat my hart begeer. So sal ek insien dat my gespook om meer van hierdie dinge te besit die rede vir my spanning en frustrasies is.

2. Ek gaan die suksesformule in hierdie kursus ondersoek wat sê: Eers wanneer ek my spirituele behoeftes bevredig, sal ek ware vrede en geluk vind. Dan sal ek ook al die ander aardse dinge kry wat ek nodig het.

BEVESTIGING:

My lewe het 'n spesifieke bedoeling op aarde. Ek is besig om uit te vind wat dit is.

"Daar is niks wat 'n mens so in staat kan stel om sy probleme te oorbrug en te oorleef, soos die wete dat hy 'n unieke taak het om te vervul nie."

Victor E. Frankl

Dag 2

MOTIVERING OM JOU BETEKENIS TE VIND

Is jy 'n gemotiveerde mens? Beleef jy daardie onkeerbare dryfkrag wat jou in staat stel om elke dag stappe te doen om spesifieke doelwitte te vervul wat vir jou belangrik is, of het jy niks in die lewe wat jy wil bereik nie en moet ander jou voortdurend motiveer om iets te doen? Indien dit die geval is, wat dink jy is die rede hiervoor?

In die tweede dag van hierdie kursus gaan ek vir jou daarop wys dat jy oor 'n motiveringskrag beskik waarmee jy wonderwerke kan verrig. Hierdie krag in jou is vir jou gegee om dít waarvoor jou lewe op aarde bedoel is 'n werklikheid te maak. Dit is nie daarop ingestel om jou te motiveer om materiële doelwitte na te strewe, soos jy geleer is om te doen nie. Indien jy dus 'n ongemotiveerde lewe voer, is dit hoogs waarskynlik dat jy nog nie jou unieke take gevind het waarvoor jy eintlik lewe nie en dat jy daarvoor kompenseer deur ander doelwitte na te strewe. Jy was miskien nie daarvan bewus nie, maar jy sal vandag die insig kry dat jou behoefte om jou unieke betekenis op aarde te vervul, groter en sterker is as enige ander behoefte wat jy het.

Wat motiveer jou om te lewe?

Vrae wat deur al die jare in die sielkunde gevra was, is: "Wat is dit wat die mens nou eintlik motiveer om te bly lewe? Ek het myself ook al baie die vraag gevra: "Hoekom kleef mense so aan die lewe vas en sien hulle op daarteen om dood te gaan?" Daar bestaan verskeie opinies hieroor. Sommige sielkundiges meen die mens is hoofsaaklik gemotiveerd om sy fisiese behoeftes te bevredig. So het Sigmund Freud byvoorbeeld gesê dat die mens veral gemotiveerd is om sy behoeftes aan alle vorme van sinnelike plesier, veral seksuele plesier, te bevredig en dat hy daarmee saam ook gemotiveerd is om sy behoefte aan selfhandhawing te bevredig deur meer aggressief op te tree. Alfred Adler was weer van mening dat die mens se motivering basies daaruit bestaan om sy behoefte aan magsbeoefening te bevredig, ten einde vir 'n basiese gevoel van minderwaardigheid te kompenseer. Daarom wil hy altyd so optree dat hy kan voel dat hy in 'n posisie van mag is, en gebruik hy fisiese materiële dinge om dit te demonstreer.

Ongelukkig het hierdie opinie oor wat die mens se basiese motivering is, die denke van sielkundiges in die twintigste eeu oorheers, en sommige sielkundiges hou vandag nog daaraan vas. Dit het daartoe gelei dat mense oor baie jare eensydig aangemoedig was om hulle fisiese behoeftes aan plesier (veral seksuele plesier) en magsbeoefening (veral finansiële mag) ten volle en bo alles anders te bevredig. Soos Freud was baie sielkundiges van mening dat die mens geestesgesond en gelukkig sal lewe indien hy sy fisiese behoeftes ten volle kan uitlewe. Daarmee is die mens van ons eeu eintlik aangemoedig om vir hom 'n leefwyse te skep waar alles net om die fisiese dinge gaan. Dit het die leefwyse in die "eksistensiële vakuum" bevorder en het nie die uitwerking gehad wat Freud en sy aanhangers geglo het dit sal hê nie. In stede van 'n geestesgesonde lewe met vrede en geluk, was stres, depressie, frustrasie en ongeluk die gevolg daarvan.

Wat motiveer jou die meeste?

Viktor Frankl kon nie met Freud en Adler saamstem nie. Hy het sterk standpunt teenoor hulle beskouinge ingeneem. Met sy persoonlike ervarings in Auschwitz het hy die insig ontvang dat die mens eerstens daartoe gemotiveerd is om sy spirituele behoeftes te bevredig, waarvan die grootste behoefte is om die bedoeling van sy lewe te realiseer. Frankl se oortuiging is versterk toe hy gesien het hoe die moderne mens se lewe in die "eksistensiële vakuum" daar uitsien, waar hy al sy fisiese behoeftes bevredig, en nogtans nie gelukkig is nie. In hierdie tipe leefwyse voel die mens juis dat sy lewe niks beteken nie, ten spyte van al die plesier wat hy geniet, veral seksuele plesier, en al die mag waaroor hy beskik, veral finansiële mag.

In die afgelope jare het sielkundiges soos nog nooit tevore nie, koppe bymekaargesit oor hoe mense gemotiveer kan word. Aanvanklik het hulle gedink dat die mens met die beloning van materiële dinge meer produktief sal wees. Selfs finansiële aanspoormiddels wat organisasies gebruik om hul werknemers te motiveer, toon nie die gewenste resultate nie. Daar is later gepoog om die mens se ander behoeftes wat Maslow uitgewys het, te bevredig, soos sekuriteit en erkenning en liefde, maar ook dit motiveer mense nie ten volle nie. Die vraag bly dus: "Wat is dit wat die mens van ons tyd sal motiveer?"

Frankl spel die antwoord vir ons uit. Ons moet ernstig hierna kyk as ons in die toekoms teorieë wil formuleer oor wat die mens van ons tyd sal motiveer. Hy wys ons daarop dat die mens nie net 'n liggaamlike wese met fisiese behoeftes is nie, maar dat hy ook 'n spirituele wese met spirituele behoeftes is.

Al bevredig jy ook al jou fisiese behoeftes van plesier en al het jy al die mag wat jy begeer, ook finansiële mag, wonder jy nog altyd oor wat die bedoeling van jou lewe eintlik is. Jy dink nog altyd aan die verganklikheid van jou lewe en jy dink altyd aan die feit dat jy uiteindelik sal sterwe, en jy wil altyd weet watter rol jou lewe nou eintlik op aarde speel. Wanneer jy aan jou dood dink, wil jy soos almal hê dat mense jou sal onthou vir iets besonders wat jy hier op aarde gedoen het. Jy strewe eintlik daarna om iets besonders op aarde te beteken.

Het jy agtergekom dat ek soms van die bedoeling van jou lewe praat en soms na die betekenis van jou lewe verwys? Eintlik is dit een en dieselfde ding.

My uitdaging aan jou is om in die bestudering van hierdie kursus vir jouself te besluit wat dit is wat jou nou eintlik die sterkste motiveer, of dit jou fisiese of jou spirituele behoeftes is. Miskien het jy al die ervaring gehad dat die vervulling van 'n spirituele behoefte om byvoorbeeld 'n spesifieke persoon, of jou kind, lief te hê, groter is as enige ander fisiese behoefte wat jy het.

Wat sê die eksistensiële sielkunde?

Met die siening van Frankl word jy voorgestel aan die gedagtegange van die eksistensiële sielkunde (sien bl. 276-277) oor wat die mens se bestaan (sy eksistensie) nou eintlik in die wêreld behels. Algaande sal jy die beskouinge van hierdie vertakking van die sielkunde onder die knie kry, omdat dit die fondament is waarop ek die kursus gebou het. Die voorstanders van hierdie vertakking van die sielkunde was nie soos Freud en Adler deur die natuurwetenskappe beïnvloed, wat alles net deur die bril van die fisies-biologiese bestaan van die mens gesien het nie. Inteendeel, hierdie sielkunde het 'n standpunt daarteenoor ingeneem en vir ons daarop gewys dat die mens se lewe veel meer as dit behels. Jy kan tog nie net hier wees om jou fisiese en psigiese behoeftes te bevredig nie – die lewe moet tog meer as dit behels! Die eksistensiële sielkunde lê daarop klem dat die mens nie self besluit het om hier op aarde te wees nie. Hy word deur 'n groter instansie as hyself beheer, en is hier geplaas met 'n doel en daarom moet sy lewe aan daardie doel voldoen soos alle ander dinge op aarde en in die kosmos 'n sekere doel dien. Daarom het hy die motiveringskrag ontvang om sy doel te vervul.

Daar word ook daarop klem gelê dat die mens alleenlik in sy doel sal slaag as hy doeltreffende verhoudinge met homself, met ander en ook met die fisiese dinge handhaaf, omdat dit die voorwaarde vir 'n geestesgesonde lewe is. Gesonde verhoudinge is ook die kenmerk van normale menslike gedrag. Omdat ek in die beoefening van my professie net in normale menslike gedrag belangstel, is ek 'n sterk navolger van die eksistensieel-sielkundige beskouinge oor die mens. Ek verskil drasties van die meer algemene neiging in die sielkunde om net op abnormale gedrag te konsentreer. Hierdie kursus is dan ook daarop ingestel om jou normale gedrag te bevorder, en in die eerste deel van die kursus gaan ek jou help om 'n doeltreffende verhouding met jouself te handhaaf.

Vanuit hierdie eksistensieel-sielkundige beskouing het Frankl, naas Freud en Adler, die ander groot leier in die sielkunde geword en het hy met sy bekende boek *Die mens se soeke na betekenis* wêreldwyd bekend geraak. Daarin stel hy dit baie duidelik dat die mens se sterkste motivering daarin bestaan om sy spirituele behoefte te bevredig om die bedoeling van sy lewe bo alles te vind en dit te realiseer. Hy wys ons daarop dat die mens 'n vrye wil het en dat hierdie wil eerstens daarop gemik is om die bedoeling van sy lewe te realiseer. Hierdie wil om 'n betekenis te hê, sê hy, is sterker as die wil om plesier en mag te hê, wat Freud en Adler onderskeidelik as die belangrikste motiveringskragte beskou het. Frankl ignoreer nie die mens se strewe na plesier en mag nie; hy beskou dit net as bykomende aspekte wat tweede op die rangorde van behoeftes geplaas moet word.

Hy lê die klem op die basiese samestelling van die mens wat eerstens sy spirituele behoeftes wil bevredig. Indien die mens net sy fisiese behoeftes wil bevredig, sal alles net om sy liggaamlike behoeftes draai, en dan is hy net hier op aarde om sy egoïstiese behoeftes te bevredig. Al kan hy dit ook regkry om sy behoefte aan plesier of mag ten volle te bevredig, sal hy 'n punt bereik waar hy niks meer het om na te strewe nie en omdat die mens altyd na iets wil strewe, sal hy dan niks meer hê om voor te lewe nie. Nee, die mens is meer as dit, hy beskik oor die vermoë om hom los te maak van homself en om hom van sy eie fisiese belange te distansieer.

Dit is hierdie vermoë van die mens wat verantwoordelik is vir die woord *eksistensie*, wat van die Latynse woord *exsisto* afgelei en saamgestel is uit *ex* en *sistere* wat beteken "om uit te staan". Die mens beskik oor 'n spirituele vermoë om buite sy fisiese bestaan, buite sy liggaam te verkeer en meer as dit te wees, om dit "te bowe te kom". Sodoende is hy in staat om besondere take in die wêreld te vervul, take wat 'n betekenis het wat vir altyd voortbestaan, self na sy dood. Dink maar byvoorbeeld aan die take wat musikusse of kunstenaars eeue gelede reeds verrig het en hoe dit nou nog iets besonders vir ons almal beteken.

Kan jy sien dat die motief wat jou werklik motiveer buite jou fisies-liggaamlike self lê? Dit is hoekom jy selfs gewillig kan wees om te sterwe vir 'n saak wat jy wil bevorder omdat dit vir jou meer werd is as jou eie lewe. Jy is eerstens op die dinge rondom jou gerig; jy wil iets tot die wêreld se ontwikkeling bydra, of jy wil vir iemand liefhê, of iets vir ander mense doen, of vir God dien, of 'n unieke saak bevorder, of jou kreatiwiteit in iets uitleef. (Kyk maar hoe werklik effektiewe mense die motief het om 'n spesifieke projek te loods of 'n besigheid te vestig waarin hulle hul aanlegte kan uitlewe; daarom is hulle suksesvol in wat hulle doen. Hulle het nie bymotiewe nie.)

Jy beskik dus oor die motivering om die bedoeling van jou lewe te vind en dit te verwesenlik en jy is hier op aarde om 'n unieke bydrae te maak deur unieke take te verrig, wat net jy kan doen. (Ek gaan later vir jou leer hoe jy jou unieke take kan ontdek.) Daarom lê Frankl soveel klem daarop dat jy oor 'n spirituele behoefte beskik om 'n betekenis in die wêreld te vervul, en dat dit 'n spirituele aangeleentheid is wat op 'n ander vlak lê as die fisies-liggaamlike aspekte van die lewe. Frankl is die eerste sielkundige wat daarop klem lê dat die mens ook 'n spirituele wese is met spirituele behoeftes.

Wat is die betekenis van jou lewe?

Nou het ek jou seker genoeg rede gegee om te vra: "Wat is die bedoeling van my lewe, wat is die betekenis van my lewe, waarom is ek hier op aarde?"

Om 'n betekenis te hê, moet iets voldoen aan die doel waarvoor dit daar is. Wanneer jou motor byvoorbeeld vir jou iets beteken, dan voldoen dit aan die doel waarvoor dit daar is, naamlik om jou na al jou bestemmings toe te vervoer. Wanneer jou lewe iets beteken, moet dit ook voldoen aan die doel waarvoor dit daar is: *Deur sy spirituele behoefte te bevredig om spesifieke take te verrig wat net hy as unieke mens kan doen.*

Daar word deesdae baie gepraat van effektiewe mense. Ek gaan nog dikwels in die kursus na *"'n effektiewe lewe"* verwys en bedoel dan daarmee dat dit 'n lewe is waarin jy jou betekenis vervul.

Die volgende vraag wat jy nou vra, is natuurlik wat die unieke take is wat net jy kan vervul. Ek gaan jou help om dit te vind. Voordat jy dit kan vind, moet jy eers 'n sekere pad van persoonlike groei en ontwikkeling deurloop. Ons hele lewe bestaan daarin om onsself te bly ontwikkel om beter mense te word. Niemand kom die wêreld in met 'n handboek onder sy arm oor hoe hy sy lewe moet voer nie. Hy moet dit self uitvind deur die bron van kennis wat in die wêreld bestaan, te benut. Uit hierdie bron wat oor jare opgebou is en lank reeds bestaan voordat jy hier aangekom het, sal jy eers moet leer hoe jy jou spirituele kragte moet benut. Jy sal ook eers moet leer hoe hierdie kragte jou in staat stel om 'n leefwyse te voer waarin jy dit kan ervaar dat die lewe oor kwaliteite beskik wat jou sielsbehoeftes bevredig. *Voordat jy vir die lewe iets kan beteken, moet jy eers die ervaring hê dat die lewe vir jou iets beteken.*

Ek gaan dus eers vir jou help om jou spirituele kragte te benut en 'n ander leefwyse te voer, wat teenoor die Westerse wêreld se leefwyse staan soos dit in die "eksistensiële vakuum" na vore kom. Dan sal ek jou help om jou unieke take te vind.

Op jou eerste vlak van ontwikkeling sal jy leer om 'n doeltreffende verhouding met jouself te handhaaf, deur in kontak te wees met sowel jou liggaamlike as spirituele dimensies. Nadat jy hierdie vlak van ontwikkeling bemeester het, sal jy leer hoe jy doeltreffende verhoudinge met almal en alles in die wêreld moet handhaaf, wat ek in die laaste deel van die kursus behandel.

Jy is om die bos gelei

Ons is vir baie jare om die bos gelei deur mense wat ons wou motiveer om suksesvol te wees. Hulle het ons aandag eensydig op materiële doelwitte gevestig as motief om ons te beweeg om stappe te doen en dit na te strewe. Ek is seker dat jy ook al een of ander "sukseskursus" bygewoon het waar jy net materiële doelwitte vir jouself neergeskryf het en dat jy geglo het dat dit jou suksesvol en gelukkig sal maak. Jy het tien teen een reeds uitgevind dat dit jou nie gemotiveer het nie. Jou grootste motivering is om jou spirituele behoeftes te bevredig en net dít kan vir jou sukses en geluk waarborg.

Wanneer sal mense in die bedryfswêreld se oë oopgaan om te sien dat jy nie mense met materiële lokmiddels kan motiveer nie? Jy motiveer hulle ook nie net deur vir hulle liefde en erkenning te gee nie. Jy motiveer hulle deur hulle te help om hul betekenis in hul werksituasie te vervul. As daar vandag na motiveringsmetodes gesoek word, kan daar gerus gekyk word na wat Victor Frankl en die eksistensiële sielkunde oor die saak te sê het, soos ek dit ook in hierdie kursus propageer. Gelukkig slaag enkele organisasies daarin om hiervolgens hul werknemers te motiveer. Daar word seker gemaak dat werknemers werk doen waarmee hulle hul unieke take kan verrig en werknemers word toegelaat om dit te geniet. Jy sal later in die kursus sien dat wanneer jy jou unieke werkstaak gevind het, jy met entoesiasme gemotiveerd sal wees om dit te doen, en jy sal nie stop voordat jy dit afgehandel het nie.

'n Bedreigende paradoks

Vir baie mense is dit 'n bedreigende gedagte dat hulle in werklikheid eerstens daarna strewe om hul spirituele behoeftes te vervul. Jy kan soos hulle ook dink dat jy dan jou fisiese behoeftes sal moet prysgee. Nee, dit is vir jou noodsaaklik om ook jou plesier te hê en om genoeg aardse besittings te hê en om ook in 'n posisie van mag te wees. Daarsonder kan jy nie oorleef nie. Daar is egter 'n paradoks wat hier geld. (Jy gaan nog baie in die kursus met paradokse in aanraking kom waaroor ek 'n afsonderlike hoofstuk geskryf het.) Die paradoks is: Wanneer jy eerstens jou motiveringskrag gebruik om jou spirituele behoeftes te bevredig, sal jou fisiese behoeftes meer as ooit tevore bevredig word. Hierdie paradoks lê ten grondslag van die nuwe suksesformule wat ek vir jou wil leer, dat jy al die materiële dinge sal kry wat jy wil hê indien jy eers jou spirituele behoeftes bevredig. Hoe dit in praktyk uitwerk, sal jy algaande leer.

Logo-terapie sal jou help

Ek gaan vir jou in hierdie kursus onderrig in die terapeutiese tegnieke van Frankl, wat hy "logo-terapie" noem. (Logos dui onder andere ook op "betekenis".) Dit is daarop gemik om die mens te help om sy betekenis raak te sien en dit te realiseer. Hoe hierdie terapie toegepas word, het iemand soos volg omskryf: In psigoterapie lê jy op 'n bank en vertel vir die sielkundige dinge wat nie altyd aangenaam is om te hoor nie; in logo-terapie staan of sit jy en luister na dinge wat hy vir jou vertel wat vir jóú nie aangenaam is om te hoor nie, naamlik dat jy 'n betekenis in die lewe het om te vervul.

Daarom konfronteer ek jou ook nou daarmee, deur jou daarop te wys dat jy 'n betekenis op aarde het om te vervul. Hierdie spirituele behoefte is sterker as al jou ander behoeftes. Slegs wanneer jy jou betekenis gevind het, sal jy 'n spontaan gemotiveerde mens wees.

TOEPASSINGS

Sê vir jouself: my voorneme is om my sterkste motiveringskrag te gebruik. Om dit te realiseer, doen ek die volgende:

1. Ek stel my oop vir die gedagte dat my grootste motiveringskrag daarin bestaan om my spirituele behoeftes te vervul en die grootste behoefte is om die spesifieke bedoeling van my lewe te realiseer.

2. Ek konsentreer daarop om die betekenis van my lewe op aarde raak te sien. Ek vra gereeld vir myself die vraag: "Hoekom is ek hier op aarde, wat is die spesifieke bedoeling van my lewe, wat is my betekenis, watter unieke take moet ek vervul?"

BEVESTIGING:

My grootste motivering is om die bedoeling van my lewe te realiseer.

"Wie die mens in werklikheid is, sal hy eers word wanneer hy sy doel op aarde vervul."

Karl Jaspers

Dag 3

VERBORGE SPIRITUELE KRAG

Hoekom slaag ons nie daarin om ons motiveringskrag te gebruik om ons betekenis te vervul nie? Hoekom bly die meerderheid van ons voortlewe in 'n "eksistensiële vakuum" wat vir ons nie laat voel dat ons lewe iets beteken nie? Omdat ons almal ons spirituele kragte wat vir ons die motiveringskrag kan gee, ignoreer en onderdruk. Hoe kan 'n mens sy spirituele kragte onderdruk? Vandag gaan ek vir jou 'n sielkundige verduideliking gee hoe dit gebeur het. Dan sal jy verstaan hoekom jy ook jou spirituele kragte ignoreer en dit nie in jou alledaagse lewe gebruik nie.

Skrik die woord "spiritueel" jou af?

Ek wil eers seker maak dat jy sal verstaan wat die woord "spiritueel" beteken. Hierdie woord skrik sommige mense af omdat hulle dit met godsdiens assosieer. As gevolg van negatiewe ervarings wat hulle in hul godsdiensbeoefening gehad het, distansieer hulle hulself van enige woord of gedagte wat moontlik godsdiens kan verteenwoordig. Hulle is skepties dat die mens wel oor so iets soos spirituele kragte kan beskik. Hulle besef nie dat dit eintlik niks met godsdiens te doen het nie. Ons kan sê hulle gooi die baba saam met die vuil water weg. Ek hoop nie jy maak dieselfde fout nie. Die begrip "spiritueel" is nie sinoniem met die begrip "godsdiens" nie.

Dit is verbasend om te sien hoeveel mense vandag negatief teenoor godsdiens staan. Al het jy negatiewe gevoelens oor godsdiens, moet jy ten minste onthou dat godsdiens die enigste gebied is waar jy geleer het dat die mens nie net uit 'n vleeslike liggaam bestaan nie, maar dat hy ook iets "spiritueels" in hom het. Hier het jy ook geleer dat jy 'n spirituele wese is wat vir ewig voortbestaan en dat jy net tydelik oor jou liggaam beskik.

Hierdie lering was nie net 'n teorie wat deur alle godsdienste oor al die eeue verkondig was nie, dit was ook 'n praktiese ervaring wat oor duisende jare by herhaling deur miljoene mense bevestig is. Dit is 'n waarheid wat vir eeue al bestaan, lank reeds voordat jy hier op aarde aangekom het. Wat dit vir jou moeilik maak, is dat die spirituele deel van jou bestaan vormloos en onsigbaar is en nie met jou vyf sintuie waargeneem kan word nie. Jy kan dit ook nie met jou rasionele denke verklaar nie. In hierdie stadium van die kursus moet jy jou net oopstel daarvoor totdat jy die insig kry en die wete het dat jy wel oor so iets beskik, al is jy nie daarvan bewus nie en al kan jy dit nie bewys nie.

Dit is hierdie spirituele aspek van lewe wat die mens van ons tyd ignoreer, en tog het hy 'n innerlike aanvoeling daarvoor. Dit is die eintlike rede hoekom mense vandag ontevrede raak oor ons moderne leefwyse wat uit balans is, 'n leefwyse waar daar oormatigend net op die bevrediging van fisiese behoeftes konsentreer word, en weinig of geen plek gelaat word vir die vervulling van spirituele behoeftes nie. Baie besef dit nie, maar êrens in hulle is daar spirituele kragte wat hierdie ontevredenheid aanwakker. Ander soek openlik na hul spirituele kragte om hulle van hierdie leefwyse te verlos, en wil weet wat hierdie kragte presies behels. Al meer mense is besig om 'n "spirituele ontwaking" te ondergaan omdat daar na die spirituele aspek van lewe gesoek word . Die tyd het ryp geword vir so 'n ontwaking. Sonder ons spirituele kragte is ons besig om vir ons 'n monsterlewe te skep waarmee ons onsself vernietig.

Nuwe insigte oor die spirituele aspek van lewe

Viktor Frankl het sielkundiges vir die eerste keer daarop attent gemaak dat die mens ook oor spirituele vermoëns beskik net soos oor fisiese vermoëns, en dat dit sy spirituele vermoëns is wat hom in staat stel om die betekenis van sy lewe raak te sien en dit te realiseer. As eksistensiële sielkundige het Frankl net besef dat indien dit van die mens verwag word om die bedoeling van sy lewe te realiseer, hy oor die spirituele vermoëns moet beskik om dit te doen.

Hy wys ons daarop dat die mens se spirituele vermoëns deel van sy menswees vorm, dat dit 'n afsonderlike dimensie van sy samestelling is en dat hierdie dimensie van sy fisiese en psigiese dimensies onderskei moet word. Vir die sielkunde was dit 'n nuwe gedagte wat nie vroeër in berekening gebring is in die bestudering van menslike gedrag nie. Frankl het sy taak as eksistensiële sielkundige goed vervul, omdat hierdie vertakking van die sielkunde juis daarop ingestel is om verskynsels soos die spirituele te ondersoek, wat deur die algemeen-wetenskaplike sielkunde verwaarloos word.

Ten einde die aandag op hierdie dimensie te vestig, gee hy dit 'n spesifieke naam, naamlik die "noölogiese dimensie", 'n woord wat dui op die hoogste vlak van menslike denke en psigiese funksionering. Hy vermy die woord "spiritualiteit", omdat dit in ons alledaagse spreektaal op die mens se godsdiensbeoefening dui en hy wil dit juis beklemtoon dat die mens se spirituele vermoëns nie net op godsdiensbeoefening gerig word nie. Hy erken wel dat die mens godsdiens kan beoefen en 'n mistieke verhouding met God kan hê, omdat hyself 'n gelowige is.

Die woord "spiritualiteit" is 'n eensydige begrip

Die probleem is dat daar in ons woordeskat nie 'n woord bestaan wat hierdie spirituele vermoëns van die mens kan beskryf nie. Die enigste woord wat ons het is "spiritualiteit", en dit het die konnotasie van godsdiensbeoefening. Naas Frankl probeer ander sielkundiges ook om hierdie vermoëns 'n spesifieke naam te gee. Sommige gebruik die terme: "jou hoëre intelligensie", of "jou spirituele self", of "jou hoëre self". In Afrikaans het ons die woord "gees", wat in die sielkunde na die hoëre psigiese vermoëns van die mens verwys. Omdat dit 'n konnotasie van verhewendheid het, word dit gevolglik nie vir diere gebruik nie, terwyl psige wel in laasgenoemde verband gebruik word. Die probleem is dat die woord "geestelik" ook weer 'n godsdienstige konnotasie het. Miskien sou ons van die "siel" kon praat om hierdie dimensie te beskryf. Ek het alreeds na jou sielsbehoeftes verwys, en ek dink jy verstaan wat ek daarmee bedoel.

Ek het nie 'n nuwe woord wat ek in hierdie kursus kan gebruik om na hierdie vermoëns te verwys nie. Om Frankl se woord, of een van die ander benaminge te gebruik, sal vir jou baie vreemd klink. Daarom het ek besluit om tog die term "spiritueel" te gebruik. Ek gebruik dit ook omdat mense in die spirituele ontwaking spesifiek na die "spirituele" aspek van lewe verwys en wil weet wat dit is. Waar hierdie ontwaking tans wêreldwyd plaasvind, en die wêreldtaal Engels is, word die woord "spiritual" gereeld gebruik.

Ek gaan dus die term "spirituele vermoëns" gebruik, wat in jou "spirituele dimensie" teenwoordig is. Hierdie spirituele vermoëns is eintlik spirituele kragte wat uit die bron van God se spirituele krag voortvloei. Daarom gaan ek soms na jou spirituele kragte verwys.

Miskien sal iemand in die spirituele ontwaking vir ons 'n woord skep wat hierdie onsigbare dimensie en die unieke vermoëns daarvan duidelik kan beskryf, solank dit net verwys na vermoëns wat ons naas ons fisiese en psigiese vermoëns in ons alledaagse lewe kan benut om die bedoeling van ons lewe te realiseer.

Jy het in elk geval hierdie terrein van jou wese betree wanneer jy peins of ideale koester of selfs net oor die moontlikheid van 'n lewe na die dood dink. Hierdie denke kom uit 'n afsonderlike dimensie van jou bestaan; dit kan tog nie uit jou fisiese of psigiese dimensies kom nie!

Ek sal later vir jou meer vertel van hierdie spirituele vermoëns waaroor jy beskik en vir jou wys hoe dit jou in staat stel om die bedoeling van jou unieke lewe op aarde te realiseer. *Ons gaan vandag net op die tragedie let dat die hedendaagse mens sy spirituele vermoëns onderdruk en ignoreer en dat hy homself van hierdie vermoëns afgesluit het*. Dit doen hy onbewustelik. Ek gaan nou vir jou verduidelik hoe ons weet dat dit die geval is.

Die mens se siektesimptome verraai sy behoeftes

Honderd jaar gelede het Sigmund Freud die ontdekking gemaak dat die mens oor 'n bewuste en onderbewuste beskik. Met sy bewuste kan die mens sekere inligting in sy gedagtes oproep, maar daar is baie dinge in sy onderbewuste waartoe hy geen toegang het nie. Freud het gesien hoe baie mense in sy tyd hulle fisiese behoeftes aan seks en aggressie bewustelik geïgnoreer het en die gedagte daaraan na hul onderbewuste verplaas het. Ons kan sê dat hulle hul behoeftes onderdruk of verdring het. In sielkundige taal praat ons van "repressie". Repressie vind plaas wanneer die mens se ego dinge wat vir hom onaanvaarbaar is na sy onderbewuste verdring, wat veroorsaak dat hy dit ontken; hy laat die gedagte nie meer in sy bewuste toe nie en tree dan op asof dit nie bestaan nie.

Freud het waargeneem dat sulke mense sekere siektesimptome ontwikkel het, en dat dit hul normale gedrag benadeel het. Die abnormale gedrag wat so ontstaan het, is 'n neurose genoem. Omdat die mens sy fisiese behoeftes onderdruk het, was die simptome ook fisies van aard. Die simptome het byvoorbeeld in liggaamlike pyne, verlamming van ledemate of selfs blindheid gemanifesteer. Sommige van hierdie simptome het juis die mens verhinder om sy eintlike behoefte te bevredig. So byvoorbeeld het dit in 'n gevallestudie aan die lig gekom dat 'n sekere jong dame verlam was, wat haar verhinder het om aan plesier deel te neem wat dalk tot seksuele kontak kon lei.

Freud het agtergekom dat wanneer hy sy pasiënte gehelp het om weer bewustelik te erken dat hulle 'n behoefte aan seks en aggressie het en dit bewustelik begin beoefen, ten spyte van wat die samelewing gesê het, sy pasiënte se simptome verdwyn het en hulle neurose genees is. Sy formule vir geestesgesondheid was gevolglik: dit wat onbewus is, moet bewus gemaak word. Die jong dame se verlamming het met hierdie tegniek ook verdwyn!

Vir baie jare is hierdie formule in die sielkunde gehandhaaf en met groot sukses is mense van hul neurose genees deur hulle in terapie te help om hul onderdrukte, onbewuste behoeftes aan seks en aggressie asook magsbeoefening bewustelik te bevredig. Baie sielkundiges het, soos Freud, gedink dat hierdie terapeutiese metode die einde van die neurose as siekte sou waarborg.

Wat veroorsaak die neurose in ons tyd?

Freud se verwagting dat die neurose as sielkundige siekte sou verdwyn indien die mens sy fisiese behoeftes vryelik beoefen, is nie gerealiseer nie. Vandag word seks en aggressie nie meer onderdruk nie. Inteendeel, dit is openlik aan die orde van die dag, en dit met die goedkeuring van die samelewing! Ek hoef nie veel te sê oor hoe seks en aggressie die lewe vandag oorheers nie. Dit is voorwaar 'n groot verandering wat plaasgevind het en tog is die neurose as psigiese siekte nog steeds daar, dit het in der waarheid toegeneem. Ek moet as sielkundige nog daagliks my kliënte help om hierdie siektetoestand te oorkom. Die vraag is nou: "Wat veroorsaak die hedendaagse neurose?"

Daar moet dus 'n ander behoefte wees wat nou verdring word. Om te weet wat dit is, moet ons gaan kyk na die simptome van die hedendaagse neurose.

Vandag lyk ons simptome anders, dit is nie meer fisiese simptome soos in Freud se dae wat ons met ons sintuie kan waarneem nie. Ons voel nie meer die pyn daarvan in ons liggaam nie, ons kan dit ook nie sien nie. Dit bestaan nou uit onsigbare simptome, dit is innerlike sielservarings waarop ons net nie die vinger kan lê nie. Dit is net 'n innerlike gevoel van ongelukkigheid, 'n vae gevoel van neerslagtigheid, moegheid, spanning, stres, depressie, ontevredenheid met alles en almal en 'n soeke na die betekenis van lewe.

Dit is duidelik dat hierdie onsigbare simptome nie die resultaat is van fisiese behoeftes wat onderdruk word nie. Hulle word veroorsaak deur ons spirituele behoeftes wat uit daardie dimensie van ons voortspruit wat ons ook nie met ons sintuie kan waarneem nie. Die onderdrukking van ons spirituele behoeftes veroorsaak die neurose van ons tyd. Ons wil nou ons spirituele behoeftes bevredig om die spirituele kwaliteite van lewe te ervaar, en veral om die betekenis van ons lewe te vervul.

As Freud nog gelewe het, sou hy met ons saamgestem het; die mens verdring vandag nie meer fisiese behoeftes nie, maar spirituele behoeftes. Hierdie behoeftes lê nou in sy onderbewuste en roep om vrygelaat te word, net soos seksualiteit en aggressie wat vroeër verdring was, om vrylating gesmeek het.

Jy moet mooi verstaan hoe die mens se vermoëns en behoeftes by mekaar inskakel. Om jou seksuele behoeftes te bevredig, gebruik jy jou seksuele vermoëns. Net so is dit jou spirituele vermoëns wat jou spirituele behoeftes bevredig. Wanneer 'n behoefte onderdruk word, onderdruk jy ook die vermoë wat dit kan realiseer. Dit is hoekom ons spirituele vermoëns vandag nie meer 'n rol in ons lewe speel nie. Daarom beskik ons ook nie oor die motiveringskrag om ons betekenis te vervul nie.

Wat het met ons gebeur?

Vandag word die mens se fisiese behoeftes, seks en aggressie, bewustelik oral in ons samelewing ontbloot. In Freud se tyd kon niemand openlik oor seks en aggressie praat nie; nou mag niemand openlik oor spirituele aangeleenthede gesels nie! Meeste mense hou net nie daarvan as jy in 'n geselskap daaroor praat nie. In Freud se dae het die samelewing hom gekritiseer omdat hy die mens van sy tyd wou help om sy behoeftes aan seks en aggressie sonder skuldgevoelens te bevredig. Vandag word ek en ander sielkundiges deur die samelewing gekritiseer omdat ons die hedendaagse mens wil help om sy spirituele behoeftes te bevredig.

In die vorige eeue was die spirituele in die mens se bewuste en die seksuele in sy onbewuste, vandag is dit omgekeerd. Wat is besig om te gebeur? In die sielkunde bestaan die mening dat 'n neurose eintlik 'n "sosiose" genoem moet word, omdat die sosiale samelewing dit bepaal. In Freud se dae was dit die Victoriaanse samelewing wat die neurose veroorsaak het, omdat dit met sy streng etiese standaarde nie die individu toegelaat het om sy seks en aggressie uit te lewe nie. Vandag is dit weer ons samelewing wat ons neurose veroorsaak. Ons Westerse samelewing met sy leefwyse in die "eksistensiële vakuum" dwing ons om net die fisiese, materiële dinge na te jaag; dit beskou enige spirituele aspek as taboe: dit laat ons nie toe om ons spirituele behoeftes na vore te bring en te bevredig nie. Ons neurose is die sosiose van die moderne samelewing.

Gelukkig is dinge besig om vinnig te verander. Die "spirituele ontwaking" vat so vinnig vlam dat ons reeds openlik oor die spirituele kan praat; ek kan selfs met vrymoedigheid 'n boek daaroor skryf wat ek weet in aanvraag is. Die vrylating van ons spirituele kragte is reeds besig om plaas te vind.

Hierdie veranderinge is maar net 'n deel van die mensdom se ontwikkelingsproses op aarde, wat deur die "metabletika" bestudeer word. (Sien bl. 278-279).

Niemand sien die probleem raak nie

Met hul spirituele simptome gaan soek baie mense nie meer hulp by die leraar of pastoor of priester soos dit vroeër jare die algemene gebruik was nie. Omdat hulle die spirituele deel van hul lewe onderdruk, glo hulle ook nie meer in 'n God of godsdiens nie. Hierdie mense soek ook nie meer hulp by die sielkundige wat sy neurose wil genees deur hom te help om sy fisiese behoeftes uit te lewe nie. Dit doen hy in elk geval, en sy probleem is juis dat hy geen betekenis daarin vind nie. Daarom gaan soek hy nou hulp by sy mediese dokter wat nie opgelei is om die oorsprong van sy spirituele simptome reg te diagnoseer nie. Die simptome self word behandel. In die meeste gevalle word daar vandag radeloos chemiese medikasie vir 'n spirituele probleem as geneesmiddel toegedien! Dit klaar nie die neurose op nie.

Ons het 'n nuwe terapeutiese metode nodig

Die sielkunde staan voor 'n nuwe uitdaging. In terapie sal die mens van sy verdronge spirituele behoeftes bewus gemaak moet word en hy sal gehelp moet word om dit weer te vind en te bemeester, net soos Freud sy tydgenote gehelp het om hul onderdrukte seksuele en aggressiebehoeftes te ontdek en te bemeester. Freud se formule om geestesgesondheid te bevorder en die neurose te genees bly nog staan: "Dit wat onbewus is, moet bewus gemaak word."

Dit is waarom Frankl sy logo-terapie ontwikkel het – 'n terapie wat die mens wil help om sy verdronge spirituele behoeftes te vervul; om sy grootste spirituele behoefte te realiseer, naamlik om sy betekenis te verwesenlik. Dit is ook die terapeutiese metode wat ek gebruik as sielkundige en as opleidingskonsultant. Ek is daarvan oortuig dat die sielkunde in die toekoms die bestaan van die mens se spirituele behoeftes en hoe dit medebepalend in sy gedrag is, in aanmerking sal moet neem.

Wees oop vir 'n nuwe insig

Die mens van ons tyd vervul nie meer sy spirituele behoeftes nie, omdat hy dit ontken en onderdruk. Saam met die samelewing verdring jy ook jou spirituele behoeftes. Jou uitdaging is om jou spirituele behoeftes raak te sien en dit te vervul. Dan sal jy die spirituele kwaliteite van die lewe raak sien en dit geniet; dan sal jy ook jou unieke betekenis op aarde raak sien en dit realiseer.

Die eerste stap is om jouself oop te stel daarvoor dat jy wel oor spirituele behoeftes beskik. Dit beteken om jou gevestigde idees oor dinge te verander. Ons word voortdurend uitgedaag om *paradigmaverskuiwings* te maak. Die uitdaging is om jou gevestigde idees (paradigmas) te verander (te verskuif). Indien jy die gevestigde idee het dat jy net oor 'n fisiese liggaam met fisiese behoeftes beskik, moet jy dit verander om die realiteit raak te sien dat jy ook 'n spirituele wese, met spirituele behoeftes is. As dit vir jou moeilik is om tot hierdie insig te kom, is dit maar net omdat jy onder die invloed van ons samelewing die gedagte verdring het.

Wanneer jy jou spirituele behoeftes raak sien en daarop ingestel is om dit te bevredig, sal jy ook jou spirituele vermoëns vind, net soos

Freud se pasiënte hul fisiese vermoëns gemobiliseer het toe hulle besluit het om hul fisiese behoeftes te bevredig.

Die "fisiese mens" en die "spirituele mens"

In hierdie kursus gaan ek gereeld na die mens wat sy spirituele behoeftes verdring en net op sy fisiese behoeftes konsentreer, verwys as *"die fisiese mens"*. Dit is die mens wat nie raak sien dat hy ook 'n spirituele wese is nie en sy spirituele kragte ignoreer.

Daarteenoor staan die mens wat bewus is van sy spirituele behoeftes en daarop uit is om dit te bevredig, veral om sy betekenis te vervul. Dit is die mens wat raak sien dat hy ook 'n spirituele wese is en sy spirituele kragte ontdek. Ek sal na hom verwys as *"die spirituele mens"*.

Hiermee word nie bedoel dat die een 'n godsdienstige en die ander 'n niegodsdienstige mens is nie. Dit het ook nie 'n konnotasie dat die een goed en die ander sleg is nie.

Kompensasies

Kyk mooi wat die mens doen as hy nie sy spirituele vermoëns benut om sy spirituele behoefte te bevredig om 'n betekenis te vervul nie. Hy kompenseer daarvoor deur 'n betekenis in die fisiese dinge te soek. As hy nie sy onsigbare spirituele behoeftes kan vervul nie, kompenseer hy daarvoor met die sigbare, met die liggaamlike en die materiële dinge, met plesier en magsbeoefening, met dit wat hy kan sien en voel, met die uiterlike, *met die vorm*. Daarin soek hy 'n betekenis, maar hierdie leefwyse kan nie sy innerlike spirituele behoeftes bevredig nie; dit kan nie vir hom laat voel dat sy lewe iets besonders beteken nie. In die volgende dagstuk wys ek jou hoe so 'n vormlike leefwyse lyk.

TOEPASSINGS

Om my verdronge spirituele vermoëns en behoeftes weer te ontdek en te bemeester, sal ek soos volg te werk gaan:

1. Ek sal insien dat ek nie net uit 'n vleeslike liggaam met fisiese vermoëns en behoeftes bestaan nie, maar dat ek ook oor spirituele vermoëns en behoeftes beskik.

2. Ek besef dat ek nie presies weet wat my spirituele vermoëns is nie omdat ek dit onbewustelik verdring. Ek stel my daarvoor oop om my spirituele vermoëns weer te ontdek en so 'n "spirituele mens" te word. Dit sal my in staat stel om my spirituele motiveringskrag te gebruik om my spirituele behoeftes te vervul en die bedoeling van my lewe te realiseer.

BEVESTIGING:

Ek is oop daarvoor om 'n "spirituele mens" te word en my spirituele vermoëns ten volle te bemeester.

"Dit is spirituele armoede, nie 'n gebrek aan materiële dinge nie, wat die kern van alle menslike lyding is."

P. Yogananda

Dag 4

DIE VORMLIKE LEEFWYSE

'N Mens sou dink dat ons in die Westerse wêreld, wat al die vrugte van die tegnologie pluk en oor materiële besittings beskik wat miljoene mense in ander lande net oor kan droom, baie gelukkig en vol lewensvervulling moet wees. Die teendeel is egter waar. Ons beleef die hoogste vlakke van stres en spanning waaruit die grootste persentasie stresverwante siektes soos maagsere en hartaanvalle ter wêreld voortspruit. Praat nie eers van die misbruik van pille, soos antidepressante, alkohol en verdowingsmiddele nie, waarmee mense aan die een kant hul psigiese pyn verlig en aan die ander kant van hul ongelukkigheid probeer ontsnap. Pleks van blydskap en geluk is die meeste mense onvergenoegd met hul lewe en pleks van vrede is geweld en bloedvergieting aan die orde van die dag. Ons het al in die eerste hoofstuk gesien hoe mense vandag in opstand kom teen hierdie leefwyse en na die sin en betekenis van alles begin vra.

Ons leefwyse is op vorm gerig

Wat het gebeur dat ons so 'n verwronge leefwyse vir onsself daargestel het? Die hedendaagse mens verdring sy spirituele vermoëns, wat veroorsaak dat hy nie sy spirituele motiveringskrag kan gebruik om sy spirituele behoeftes te bevredig nie, waarvan die grootste behoefte is om die betekenis van sy lewe te verwesenlik. Daarom kompenseer hy vir hierdie behoeftes deur sy fisiese behoeftes te bevredig en daarin betekenis te soek. So het die mensdom 'n leefwyse geskep wat hoofsaaklik fisies en materieel van aard is, waar alle klem op die uiterlike dinge geplaas word, op wat die mens met sy sintuie kan waarneem, op die *uiterlike vorm*. Daarom het die mensdom die tegnologiese ontwikkeling bevorder en gesanksioneer. Hierdie leefwyse het eensydig ontwikkel en is uit balans omdat dit nie die totale bevrediging van menslike behoeftes akkommodeer nie.

In hierdie hoofstuk gaan ons kyk hoe so 'n vormlike leefwyse lyk, 'n leefwyse waarin die mens se primêre motiveringskrag om sy spirituele behoeftes te vervul, nie 'n rol speel nie, maar wat eensydig gebaseer is op sy sekondêre motiveringskragte om plesier en mag te bewerkstellig. Dit is die leefwyse van die "fisiese mens" wat net op die bevrediging van fisiese behoeftes ingestel is. Dit is die leefwyse in 'n "eksistensiële vakuum", waar mense nie ervaar dat hul lewe 'n unieke betekenis het nie.

Kan jy 'n ander leefwyse voer?

'n Belangrike vraag wat mense voortdurend vir my vra, is of dit moontlik is om binne hierdie oorheersende vormlike leefwyse, 'n ander leefwyse te kan handhaaf waarin geluk en vrede ervaar word. Is dit moontlik om te midde van 'n samelewing waar materiële besittings die norm vir sukses is en waar die begeerte en hebsug na meer besittings aan die orde van die dag is, as "spirituele mens" te leef deur jou spirituele behoeftes te bevredig?

Dit is waaroor hierdie kursus gaan, om jou te wys dat dit moontlik is en jou te leer hoe jy so 'n leefwyse vir jouself kan skep. Ek sal jou later wys hoe hierdie leefwyse van die "spirituele mens" lyk. Ek noem dit "die betekenisvolle leefwyse". Voordat jy so 'n leefwyse vir jouself kan skep, moet jy eers bewus word van die onaanvaarbaarheid van die vormlike leefwyse.

Soos jy hierdie hoofstuk lees, sal jy agterkom dat ons almal aan die fisiese dinge, die tasbare en sigbare dinge verslaaf geraak het. In ons kultuur val die klem op die waarde van die uiterlike, fisiese dinge. Enige gehegdheid aan die uiterlike, fisiese, vormlike dinge is 'n aanduiding dat die mens sy innerlike sekuriteit verloor het. Uiterlike dinge, soos 'n motor, 'n huis, meubels, of klere word dan die middele waarmee die persoon vir homself sekuriteit gee. Die "spirituele mens" wat sy spirituele kragte ontdek het, vind sy sekuriteit daarin en is nie van hierdie uiterlike dinge afhanklik nie. Met sy spirituele krag kan hy, soos die mense in Auschwitz, enigiets vermag ook wanneer hy al die vormlike dinge verloor.

Plesiervervulling

Aan die een kant word ons samelewing vandag oorheers deur die eensydige vervulling van plesierbehoeftes. Dit is 'n kompensasie vir spirituele behoeftes wat nie bevredig word nie.

Die "fisiese mens" ry die golf van alle soorte van plesier voluit en sy lewe word daardeur oorheers. Omdat hy geen betekenisvolle take het wat sy lewe rig nie, word al sy krag hierin gekanaliseer. Hy leef net vir aande en naweke om plesier te hê. Alkohol en ander verdowingsmiddele word gebruik om die plesier aan te wakker en om die las van realiteit, logika en die vind van 'n betekenis, te ontsnap. Sy eensaamheid dryf hom na mense toe wat, soos hyself, geen betekenis vervul nie, net om saam te verkeer en sy eensaamheid te verdoof. Daar bestaan geen innerlike spirituele kontak nie. Dit is hier waar mense net saam praat en gesels sonder om te kommunikeer. Daar word vandag gepraat en gesels soos nog nooit tevore nie. Om die leegheid van hul bestaan (eksistensie) te vul, praat hulle net om te praat. Praat is nie meer gerig op die eerbiediging en opbouing van 'n medemens nie; dit het as doel die aftakeling van mense, om ander te beskinder of om aggressie teenoor 'n medemens te ontlaai. Hierdie tendens speel vandag 'n groot rol in Suid-Afrika waar selfs haat teenoor medeburgers die sentrale tema van die gesprek word. Met die gebrabbel van niksseggende woorde word mense gelykgemaak aan mekaar en gedegradeer tot die vlak van leegheid en betekenisloosheid wat die agenda van die eksistensiële vakuum is.

Hierdie mens wat nie sy spirituele behoeftes kan vervul nie, ontlaai sy frustrasies in goedkoop gesprekke en sinnelose grappe en probeer die werklikheid van sy betekenislose lewe ontvlug, net om die volgende dag weer na sy verveelde lewe terug te keer en die proses te herhaal. Sy behoefte aan plesier is 'n poging om sy verantwoordelikheid te ontduik en hy woon die partytjie net by om nog 'n aand die verskrikking te ontsnap om alleen te wees met homself. Van hierdie mens word gesê: "Wat hy doen, is so oordonderend dat jy nie kan hoor wat hy sê nie." By my kom kla hy oor die eensaamheid van sy lewe en vra hy raad hoe hy met sy naasbestaandes 'n doeltreffende verhouding kan handhaaf. Sonder sy spirituele vermoëns kan hy nie verhoudinge handhaaf nie.

Seksvervulling

Plesier sluit ook seksuele plesier in. Dit beheer die mens van ons dag se denke en optredes en sy selfbeeld word daarvolgens gevorm. Dit oorheers die media en advertensiewese waar dit net om die liggaam gaan, om die uiterlike vorm, hoe dit lyk en of dit vir ander seksueel aanvaarbaar is of nie. Dit gaan om gedrag en houdings wat seksueel van aard moet wees. As die mens volgens hierdie standaarde reg funksioneer, is hy aanvaarbaar; indien nie word hy as mens verwerp. Vir diegene wat kan byhou hiermee beteken hierdie leefwyse sukses, vir dié wat uitval beteken dit mislukking. Die klem val op die vorm, op die liggaam, en hierdie liggaam moet altyd jonk en "sexy" lyk. Daarom mag dit nie aftakel of ouer word nie.

Seks speel veral 'n baie belangrike rol in die lewe van "fisiese mense" wat gefrustreerd is omdat hulle nie betekenisvolle take het wat hulle besig hou nie. Al hulle motiveringskrag word dan in seks gekanaliseer. Hierdie krag moet nie onderskat word nie, dit oorheers sommige mense se lewe. Dit is ook hoekom seksuele perversie 'n samelewing kan oorheers.

Let daarop dat seksualiteit wat in Freud se dae verdring was, vandag bewustelik en openlik, ook met die goedkeuring van die samelewing, beoefen word. Om seksualiteit bewustelik te beoefen, is wel 'n deurbraak in die mens se ontwikkeling en in beginsel is dit geestesgesond. Die probleem is dat dit nie bevredigend kan wees indien dit net fisies beoefen word nie. Dit word 'n monster indien dit 'n kompensasie word vir die onvermoë om 'n spirituele behoefte te vervul, soos byvoorbeeld om werklik vir iemand lief te wees. As sielkundige moet ek gereeld die mens bystaan wat aan skerwe lê agter sy seksuele, vormlike masker.

Geestesgesondheid bestaan nie in die eensydige bevrediging van menslike behoeftes nie; dit bestaan alleen wanneer daar 'n balans is in die vervulling van behoeftes. Die spirituele mens kan hierdie balans in sy seksuele verhouding vind omdat hy sowel sy seksuele as sy spirituele behoeftes kan vervul. Hieroor het ek 'n afsonderlike stuk geskryf (Dag 26).

Magsbeoefening

'n Ander kompensasie vir spirituele behoeftes wat nie bevredig word nie, wat sterk in ons hedendaagse samelewing na vore kom, is die uitlewing van aggressie en magsbeoefening. Soos seks is dit 'n behoefte wat die mens vroeër onderdruk het, maar nou ten volle vrylaat. Ons samelewing laat dit ook toe en keur dit goed, al moet ons die pyn daarvan dra. Dit wissel van openlike geweld wat aan die orde van die dag is tot die ontlading van aggressie waar en teenoor wie jy wil, sonder om iemand se gevoelens in ag te neem. Mense voel selfs daarop trots en vertel jou hoe hulle iemand te na gekom het.

Dieselfde geld vir die kompensasie met die verskillende aspekte van mag, veral finansiële mag. Hier gaan dit om geld en wat dit kan koop om aanvaarbaar te wees. Wat jy is, word bepaal deur die besittings wat jy het. Om in hierdie vorm te bly leef, moet jy ander kan indoen onder die vaandel van besigheid; moet jy finansiële doelwitte hê wat die eerste prioriteit in jou lewe is; moet jy jouself oorwerk om meer geld te maak, al is dit ten koste van jou familielewe en menseverhoudings of selfs ten koste van jou eie gesondheid en uiteindelik jou eie vroeë dood.

Die "fisiese mens" kan nooit genoeg kry van materiële besittings nie. Hy ly aan 'n koopsiekte en sy leuse is: "Ek moet dit nóú hê", al moet hy sy skuldelas vergroot. Omdat hy nie sy innerlike spirituele behoeftes kan bevredig en geen sekuriteit in homself het nie, raak hy geheg aan die uiterlike vorm van dinge buite homself om sy selfwaarde te vergroot. Alle doelwitte word op vorm gevestig. Hy is net daarop ingestel om meer geld te maak en dit te spandeer. Sukses word hier gemeet aan besittings en 'n bankbalans, wat die maatstawwe vir 'n suksesvolle, vormlike lewe is. Dit is die lewe van die mens wat sy hele lewe droom en hoop om eendag die miljoene te kry wat alle vormlike dinge vir hom kan koop, maar intussen mis hy die daaglikse verryking wat die spirituele kwaliteite van lewe vir hom kan bied.

Om na mag te strewe, beteken ook om altyd 'n wenner te wees en om voortdurend die beste presteerder te wees. Dit beteken dat jy op die resultate van vorm gerig moet wees en hierdie resultate self moet bewerk, sonder inagneming van die tol wat die proses eis wat die resultaat voorafgaan. Mag beteken ook om oor ander mense te heers ter wille van jou eie egobevrediging; dit is die outoritêre sindroom wat ook in ons geskiedenis 'n groot rol gespeel het.

Waninterpretasies in opleiding

Ek is geskok om te sien dat sommige opleidingskonsultante net daarop ingestel is om mense te help om in vorm suksesvol te wees. Hulle sien toe dat doelwitte wat gestel word oorwegend finansieel en materieel van aard is en dat erkenning net aan werknemers gegee word wat in vorm presteer, sonder inagneming van diegene wat die spirituele klimaat van die organisasie bevorder. Sulke mense ontvang nie 'n sertifikaat by die jaarlikse prysuitdelings nie.

Gelukkig kom organisasies deesdae hierteen in opstand en kursusse wat spirituele lewensbeginsels en waardes vooropstel, kom weer in aanvraag, wetende dat sukses dieper lê as die uiterlike vorm.

Persoonlike transformasie

Die woord "transformasie" word vandag gereeld in Suid-Afrika gebruik en is nie vir ons vreemd nie. Dit dui op verandering, waar die ander kant (trans) van die huidige "vorm" bewerkstellig moet word, soos daar hedendaags gepoog word om dit op die politieke en sosiale vlak te doen.

Transformasie moet ook in ons persoonlike lewe toegepas word. Ons sal die ander kant van ons uiterlike vorm moet raak sien en ontwikkel. Ons sal ons ingesteldheid op die fisiese vorm van dinge moet verander om te sien dat daar iets anderkant hierdie vorm lê wat vir ons meer waardevol is. Die "spirituele mens" het die ander kant van sy vorm ontdek, hy het sy spirituele dimensie ontdek en is bewus van sy spirituele kragte en vermoëns, daarom speel die fisiese, vormlike dinge nie meer 'n belangrike rol in sy lewe nie. Ons gaan nog dikwels sien wat die resultaat daarvan is wanneer ons op ons spirituele behoeftes konsentreer en hoe die nuwe suksesformule daarop gebou word. Dit veroorsaak die paradoks dat jy al jou fisiese behoeftes sal bevredig indien jy eers jou spirituele behoeftes vervul.

Die "fisiese mens" leef net in vorm, daarom speel dit so 'n belangrike rol in sy lewe. Dit is die kenmerk van ons tyd. Alles gaan om dinge soos klere, voorkoms, hoe jou huis lyk, watter meubels jy het, watter motor jy ry, wie jou vriende is, en vul maar die lysie self verder aan. Mense het 'n manie om vormlike dinge te koop en spandeer naweke by vlooimarkte en supermarkte om dinge te vergader wat hulle later nie meer weet wat om mee te maak nie. Niemand besef dat al hierdie dinge net vir ons geleen is om ons betekenis te verwesenlik terwyl ons hier is nie; dan word dit weer vir ander geleen.

'n Effektiewe lewe gaan om baie meer as dit. Kyk maar net hoe kragtig jou denke is, wat vormloos is, waarmee jy enigiets kan bewerkstellig. Soveel te meer kan jy met jou vormlose spirituele kragte enige wonderwerk verrig. Ons sal weer daarvan bewus moet word dat ons nie net 'n fisiese liggaam het nie, maar ook oor spirituele kragte beskik.

Die vormlike leefwyse gaan dus daaroor om jou teen die uiterlike vas te staar, ook op jou liggaam. Daarom kan die meeste van ons dit nie aanvaar dat ons liggaam kan aftakel en ouer word nie; dit ontsenu ons hele lewensbestaan.

Linkerbreinfunksies het eensydig ontwikkel

Kompensasie met vorm het daartoe gelei dat daar eensydig net op die tegnologiese ontwikkeling van die wêreld gekonsentreer is. Alhoewel die wêreld dit nodig gehad het, het dit 'n monster geword waarvoor mense nou "nee" begin sê, omdat hierdie ontwikkeling ten koste van innerlike vrede en lewensbetekenis plaasvind. Om hierdie prys te bly betaal, is net nie meer mense se begeerte nie. Daar moet 'n balans kom.

In die tegnologiese ontwikkeling het die mens se linkerbreinfunksies ook eensydig ontwikkel. Alle prestasie, ook op skool, is net gebaseer op byvoorbeeld logika, wiskunde, analise, taal en skryf. Wie hierin presteer, is dan ook die sogenaamde slim mense! Die regterbreinfunksies wat die mens se spirituele vermoëns versterk, het heeltemal agterweë gebly, soos ons later sal sien. Diegene wat hierin begaafd is, word as dom geklassifiseer!

Die vormlike leefwyse eis sy tol

Vra vir my wat die vormlike leefwyse aan mense doen. Ek sien daagliks die pyn van mense agter hul vormmaskers. Ek sien die ongeluk van die sogenaamde suksesvolle sakeman. Op 'n horisontale vlak evalueer hy homself met 9 uit 10 op 'n skaal tussen mislukking en sukses, maar op die vertikale vlak gee hy homself 2 uit 10, op 'n skaal tussen wanhoop en betekenis.

Hierdie tipe lewe bring sy neurotiese simptome mee: spanning, stres, depressie en 'n gevoel van ongeluk, leegheid en 'n smag na persoonlike vervulling, alles gebore uit die verdronge spirituele dimensie wat smag om vrygelaat te word.

Die "fisiese mens" is op spesifieke resultate gerig en probeer om dit af te dwing, maar in die proses funksioneer hy nie meer effektief nie omdat hy nie 'n lewensbetekenis vervul wat hy kan geniet en met blydskap vervul nie. Mense raak moeg vir hierdie vormlike leefwyse, daarom skakel hulle in by die spirituele ontwaking en soek hulle na 'n ander leefwyse; hulle soek daarna om betekenisse te verwesenlik wat onverganklik is.

Maak jou keuse sonder opstand

Jy moet nie in opstand kom teen die vormlike leefwyse nie. Ek ontmoet al meer mense wat nie uitgepraat kan raak oor hoe verkeerd mense kan optree en hoe die mens besig is om homself met sy tegnologie te vernietig nie. Bitterheid of haatdraendheid is 'n struikelblok in jou ontwikkeling as "spirituele mens". Konsentreer eerder daarop om vir jou 'n "betekenisvolle leefwyse" te skep wat teenoor die "vormlike leefwyse" staan. Daarmee sal jy vir ander 'n rigsnoer bied wat hulle kan navolg. Dit is 'n leefwyse waarin die paradoks bewaarheid word dat jy die ware essensie van plesier en mag eers werklik kan geniet wanneer jy die betekenis van jou lewe vervul. In hierdie leefwyse sal jy jou ook nie net op die bereiking van fisiese resultate rig nie, maar sal jy eerder daagliks jou betekenis vervul en wanneer jy hierdie proses geniet, sal jy resultate bereik wat die "fisiese mens" net oor kan droom.

In hierdie hoofstuk moet jy die insig ontvang dat 'n vormlike leefwyse jou grootste struikelblok is om die betekenis van jou lewe te verwesenlik. Jy sal eers 'n "spirituele mens" moet word wat deur jou spirituele kragte gerig word en nie deur jou fisiese kragte nie. Jy sal jou spirituele kragte moet ontdek, waarmee ek jou gaan help. Om dit alles te realiseer, sal jy vandag die keuse moet maak om eers van die vormlike leefwyse ontslae te raak.

TOEPASSINGS

Ten einde my spirituele vermoëns te ontdek om my betekenis te aktualiseer, sal ek soos volg te werk gaan:

1. Ek identifiseer die vormlike leefwyse as die belangrikste aspek wat my aandag aftrek om my spirituele behoeftes raak te sien.

2. My uitdaging is om in beheer van vorm te wees en nie toe te laat dat dit my beheer nie. So sal ek my proses bespoedig om die ware betekenis van my lewe te verwesenlik. Ek gaan nie meer daardeur geïndoktrineer word nie en is oop daarvoor om 'n beter leefwyse vir myself te skep.

BEVESTIGING:

Ek het my losgemaak van die vormlike leefwyse.

> ***"Die mens is 'n regte nêrens-mens, wat in sy nêrens-wêreld sit, en planne maak vir niemand wat nêrens heen lei nie."***
>
> **John Lennon en Paul McCartney**

Dag 5

DIE SPIRITUELE ONTWAKING

Jy het sover geleer dat jy deel vorm van 'n samelewing wat 'n leefwyse handhaaf waarin die uiterlike vorm van dinge 'n oorheersende rol speel en dat dit jou lewe oorweldig. Hierdie leefwyse maak jou so ongelukkig dat jy vra wat die betekenis van jou lewe nou eintlik is. Jy het geleer dat jy in jou basiese samestelling as mens 'n spirituele motiveringskrag het wat jou wil motiveer om bo alles die betekenis van jou lewe op aarde te realiseer. Jy het ook geleer dat dit net jou spirituele vermoëns is wat hierdie motiveringskrag kan aktiveer, maar dat jy dit verdring en nie meer gebruik nie. Die gevolg hiervan is dat jy in ons moderne lewe ook vir jou behoefte om 'n betekenis te vervul, kompenseer deur 'n vormlike leefwyse te lei en dat jy 'n betekenis daarin soek. Nou soek jy daarna om jou spirituele vermoëns te ontdek om 'n "spirituele mens" te word, maar jy weet nie hoe nie.

Jy is nie alleen in jou soeke na jou spirituele vermoëns nie

Jy is een van vele ander wat daarna soek om te weet wat die spirituele vermoëns van die mens presies behels. Omdat ons dit reeds 'n geruime tyd verdring, het ons nie belang gestel om meer daarvan te wete te kom nie. Dit is nou eers dat ons meer daarvan wil weet en hoe dit ons kan help om die toestand en nood van ons lewe, asook van die wêreld en die mensdom te verander.

Daar is wêreldwyd tans 'n toenemende belangstelling in die spirituele aspek van lewe. Jy moet goed kennis neem van hierdie nuwe ontwikkeling en die wyse waarop mense oor die spirituele dinge begin dink. Dit neem drasties toe en steek oral kop uit.

Ons het reeds gesien dat die hedendaagse mens sy spirituele vermoëns verdring en daarsonder vir hom 'n chaotiese lewe geskep het wat besig is om hom te vernietig, en dat hy dit nou net aanvoel dat sy spirituele vermoëns hom uit hierdie penarie sal verlos. Daarom soek hy op allerlei maniere daarna om sy spirituele vermoëns weer te vind en dit is die rede hoekom mense vandag enige moontlike inligting wil bekom oor wat die spirituele aspek van sy lewe nou eintlik behels.

Verskillende fasette van die spirituele ontwaking

Die spirituele ontwaking steek sy kop op verskillende maniere uit:

* Daar is tans 'n ongekende terugkeer na godsdiens. Mense wil weer hul spirituele vermoëns in godsdiens beoefen. Dit wissel vanaf diegene wat terugkeer na die godsdiens waarvan hulle vervreemd geraak het, tot die oorstroming van nuwe godsdiensbewegings wat weggebreek het van die ou tradisionele godsdienste.

* Boeke met enige moontlike onderwerp oor die spirituele dinge oorstroom tans die boekemark wêreldwyd. In Suid-Afrika was geestelike boeke ook die afgelope jare boekwinkels se beste verkopers.

* Ook die sielkunde wat hierdie dimensie totaal geïgnoreer het, ruim nou weer 'n plek daarvoor in. Frankl was een van die eerste sielkundiges wat teorieë hieroor geformuleer het, en daar is 'n stroom van sielkundiges wat nou daarop uitbrei.

* Opleidingskonsultante wat hulle op menslike motivering toespits, publiseer nou al meer kursusse wat die klem op die bevordering van die mens se waardes lê en ou beproefde spirituele beginsels word weer vir mense geleer ten einde hul lewe te verryk. Beter resultate van motivering word daardeur bereik en hierdie kursusse is tans hoog in aanvraag.

* Akademici in die geesteswetenskappe is skielik intens besig om te probeer definieer wat die mens se spirituele vermoëns presies behels. Universiteite wêreldwyd het 'n studieveld hieroor vir studente geopen. Navorsing word byvoorbeeld gedoen oor die verskillende godsdienste om te bepaal hoe mense hul spirituele vermoëns in hul godsdiens beoefen.

* In die teologie begin teoloë uit verskillende godsdienstige denominasies om mekaar se hande te vat. Hulle het 'n verdraagsaamheid vir

mekaar se oortuigings ontwikkel en soek saam na antwoorde oor wat die kern van godsdiens is en watter rol spiritualiteit daarin speel. Hierdie verdraagsaamheid word ook deur die navolgers van die verskillende godsdienste op straat gehandhaaf en die een gun die ander om sy godsdiens te beoefen soos hy wil, sonder dat daar, soos in die verlede, geveg word wie nou eintlik reg of verkeerd is. Die gemeenskaplike faktore van godsdiens soos die beoefening van liefde word nou beklemtoon, en daar word eerder saam gespekuleer oor hoe elkeen sy spirituele vermoëns in sy eie godsdiens bemeester.

* Al meer instansies buite die teologie en godsdiens begin ook hul kop uitsteek. Instansies soos die "New Age"-beweging betree ook hierdie arena. Nuwe teorieë oor die mens se spirituele vermoëns word geformuleer. Mense stroom agter hierdie beweging aan omdat dit vir hulle insae oor die spirituele dinge gee wat hulle nooit tevore gehad het nie. Baie van hierdie teorieë is eintlik "old age"-leringe wat veral in die Oosterse wêreld lank reeds bestaan, maar wat nie vir ons bekend was nie, en nou net nuut klink.

Ook die natuurwetenskappe wat vroeër die standpunt gehandhaaf het van "geen bewys , daarom geen God nie", erken nou dat hulle die bestaan van "iets" gevind het, maar dat hulle dit nie kan meet of weeg of sien nie en dat hierdie onsigbare, niesolide, niemateriële "iets", die oorsprong van alles is en alles in stand hou.

* Soos enige mode, byvoorbeeld kleredrag, êrens begin en wêreldwyd begin versprei, is dit wetenskaplik bewys dat wanneer sommige mense 'n gedragspatroon begin toon, al meer mense wêreldwyd dit begin navolg. Of dit die resultaat van 'n kollektiewe onbewuste is wat mense met mekaar verbind, wat Carl Jung in die sielkundige gepropageer het, weet ek nie. Dit lyk of hierdie ontwaking 'n "spirituele revolusie" word en dat ons dit nie gaan stop nie. Jy sal met nuwe ideologieë gekonfronteer word en jou uitdaging is om nie agter die eerste en beste teorie of lering aan te hardloop nie.

Die uitdaging om nuwe insigte te bemeester

Enige nuwe idee skep gewoonlik verwarring en selfs vrees by mense. Ons uitdaging is om oop te wees vir nuwe ontdekkings wat in die spirtuele ontwaking gemaak word en om tot nuwe insigte te kom. Soos in die verlede sal ons paradigmaverskuiwings moet maak en ons gevestigde idees moet verander wanneer ons met realiteite gekonfronteer word wat ons godsdiensoortuigings raak. Dit het ons in die verlede gedoen toe Columbus vir ons op die realiteit gewys het dat die aarde rond en nie plat is, soos ons dit vroeër jare in ons godsdiens geleer het nie. Die insig van Copernicus dat die aarde nie die middelpunt van die kosmos is soos die mitologie dit vir ons voorgehou het nie en dit in baie godsdienstige geskrifte beskryf word, het ons ook reeds in ons geloofsoortuigings geakkommodeer. Ons het selfs die insigte van Darwin oor die evolusieleer by ons godsdienstige oortuigings aangepas en by Freud se insigte oor ons psigiese samestelling. Nou leer ons weer iets by Frankl en so sal ons ook ander nuwe insigte in die toekoms moet akkommodeer.

Ons leef in 'n wêreld waar alles toenemend vinnig en drasties verander en waar kennis toeneem soos nog nooit in die geskiedenis nie. Vir sommige is dit so bedreigend dat hulle liewer vasklou aan hul ou gevestigde idees en met oogklappe niks anders wil raak sien nie.

My opinie kan aanvegbaar wees

In die volgende hoofstuk gaan ek vir jou my beskouing gee oor wat ons spirituele vermoëns behels, soos ek dit by Frankl en ander eksistensiële sielkundiges geleer en vir myself geformuleer het en soos ek dit in die ervaringe van my kliënte waargeneem het. Indien ek jou denke daarmee kan verryk om verder daarop uit te brei, of indien jy dit selfs net bevraagteken, sal ek in my doel slaag om jou te prikkel om saam deel te neem aan die soektog en om 'n antwoord op al die vrae te kry oor wat ons spirituele vermoëns nou eintlik is. Ook om die vraag: "Wat is die betekenis van my lewe, hoekom is ek hier?" te beantwoord.

Dit is my doelwit om vir jou basiese riglyne te gee oor hierdie moeilike onderwerp en jou te motiveer om self verdere antwoorde te vind. Ons moet egter daarteen waak om nie in ekstreme diepsinnighede en spekulasies te verval wat ons net verwar en nie 'n bydrae lewer om ons daaglikse lewe te verryk nie. Ek gaan veral daarop klem lê dat die mens se spirituele vermoëns nie net daarop gerig is om godsdiens te beoefen nie, maar dat dit ook vir ons gegee is om ons alledaagse lewe te rig, veral ten opsigte van die verwesenliking van ons betekenis op aarde.

Die eensydige soeke na 'n verhouding met God

Ek vind dat daar in die spirituele ontwaking, veral in Suid-Afrika, oorwegend net daarna gesoek word om uit te vind wat die mens se "spiritualiteit" presies behels. Ons is so met hierdie begrip geïndoktroneer, wat in ons spreektaal na die mens se beoefening van godsdiens en sy spirituele kontak met God as 'n bonatuurlike wese verwys, dat ons net daaraan vashaak. Daarom is daar 'n skielike belangstelling om te weet hoe mense in die verskillende godsdienste van die wêreld hul "spiritualiteit" beoefen. Hierdie tendens het die plaaslike televisieprogramme, waaraan ek ook deelgeneem het, asook plaaslike literatuur oorheers. Diegene wat in die spirituele ontwaking weer godsdiens beoefen en na allerlei nuwe kerke toe stroom, konsentreer ook net eensydig op die mens se spirituele verhouding met God.

Selfs diegene wat nie godsdiens beoefen nie, is ook eensydig geïnteresseerd in die mens se spirituele kontak met die bonatuurlike. Hulle wil 'n intuïtiewe mistieke kontak met die bonatuurlike bewerkstellig. Sommige is selfs geïnteresseerd in spiritisme om met behulp van 'n medium kontak te maak met die afgestorwenes.

Mense begin al meer om net daarop te konsentreer om uit te vind waar ons as mense vandaan kom en waarheen ons hierna gaan. Hulle neem nie sterk genoeg kennis daarvan dat hulle hier op aarde leef en 'n verantwoordelikheid het om hier 'n betekenis te vervul nie. Hulle maak ook die fout om te verwag dat God hulle daaglikse probleme intussen moet oplos, sonder dat hulle self iets daaromtrent hoef te doen. Daarmee ontduik hulle nie net alleen hul eie verantwoordelikheid om hul daaglikse lewe te bestuur nie, maar raak hulle ook teleurgesteld as God dit nie vir hulle doen nie. Hierdie houding is myns insiens 'n oorsaak gewees hoekom mense later van godsdiens ontslae geraak het.

'n Verhouding met God is onvermydelik

Dit is natuurlik waar dat ons spirituele vermoëns ons wel in staat stel om godsdiens te beoefen en dat dit deel van ons menswees is. God was nog altyd deur die mens vereer. Waar die mens hom ook al op aarde bevind het, selfs die enkele kind wat op 'n eiland alleen oorleef het, voel hy aan dat daar 'n bomenslike wese bestaan wat in beheer van alles is en dat hy in kontak met hierdie wese is en 'n vorm van religie beoefen. Die beklemtoning in die spirituele ontwaking van ons verhouding met God is dus nie van die teiken af nie, dit word myns insiens net eensydig oorbeklemtoon, sonder om daarop te let dat ons spirituele vermoëns ook op ons daaglikse lewe van toepassing is.

Die siening oor wie God is, het verander

My bevinding is dat al meer mense in die spirituele ontwaking probleme daarmee ervaar om 'n beeld van God te vorm soos die mens dit in die verlede gehad het. In die geskiedenis het mense, veral onder invloed van die mitologie, God as 'n persoon beskou. Ek vind dat sommige mense nie meer hierdie Godbegrip kan aanvaar nie en dat dit die rede is hoekom hulle nie meer in God glo nie. Die mens in die Westerse wêreld sien God ook as iemand wat êrens ver weg van hom af bestaan. Hy wil soos die Oosterse wêreld God in sy binneste belewe. Die Westerse mens sien God ook as 'n vaderfiguur, wat net een ding vir hom uit sy eie ervaringsveld van 'n vader simboliseer en dit is 'n outoritêre persoon wat daarop uit is om hom te straf. Hy hou nie van so 'n God nie.

Baie moderne mense het ook 'n renons in godsdiens ontwikkel vanweë die outoritêre wyse waarop dit aan hulle opgedwing was. Die uiterlike onaanvaarbaarhede van 'n vormgodsdiens skrik hulle af. Enige nuwe gedagte wat oor die spirituele dinge handel, miskien ook die gedagtes in hierdie boek, word ook dan summier verwerp. Hulle gooi werklik die baba saam met die vuil badwater weg.

Ons moet met nuwe insig 'n begrip daarvoor hê dat die moderne mens met sy wetenskaplike kennis nie meer mitologiese beelde oor God net so kan aanvaar nie. Daarom moet ons daarvoor oop wees dat daar al minder aan God as 'n persoon gedink en al meer na 'n kragbron of energiebron verwys word, wat alles in die kosmos beheer. Jy sal in al die literatuur wat nou verskyn al meer hiermee in aanraking kom, veral soos dit deur die "kwanteteorie" geformuleer word.

Dit is makliker aanvaarbaar vir die moderne mens wat alles logies wil verklaar om te verstaan dat die mens wat ook maar net uit energie bestaan met hierdie energiebron in verbinding kan wees. Jy sal al meer gekonfronteer word met allerlei teorieë oor ons spirituele kontak met hierdie kosmiese energiebron, asook op die spiritueel-kollektiewe verbintenis tussen die mense en die dinge in die kosmos. Dit moet jou nie ontstel nie. Eintlik is dit nie 'n nuwe gedagte nie. In die godsdiensonderrig wat ons ontvang het, is dit net in ander woorde gestel, naamlik dat God deur sy Heilige Gees in elkeen van ons teenwoordig is.

Kry vir jou 'n Godbegrip

Dit is noodsaaklik dat jy vir jouself 'n begrip van God sal kry wat vir jou aanvaarbaar is, en dat jy ander sal toelaat om hul idee oor God te hê wat vir hulle aanvaarbaar is. Ons kan nie voortgaan om in die toekoms nog meer dogmas oor God te formuleer en verder met mekaar daaroor te baklei wie reg of verkeerd is nie. Ons taak is eerder om weer ons spirituele kragte te vind. Dit sal ons in elk geval lei om te sien wie God is en hoe ons met God in kontak kan wees. Aan die einde van die kursus het ek 'n afsonderlike dagstuk daaroor geskryf. Ek self het my eie begrip van God, en die bevindinge van my navorsing asook my ervarings word daagliks bekragtig om soos Carl Jung te kan sê: "Ek glo nie dat daar 'n God is nie, ek wéét dat God bestaan."

Ek hoop regtig nie dat jy soos soveel ander mense in ons tyd negatiewe gevoelens teenoor godsdiens ontwikkel het en dit nie meer wil beoefen nie. Miskien het jy genoeg rede daarvoor. Jou uitdaging is om enige weersin wat jy mag hê, te oorbrug, en op te hou om negatiewe ervarings oor tradisionele godsdiens te koester en om jou verantwoordelikheid te aanvaar om groter te wees as die kleinlikhede wat aardse mense in kerke veroorsaak het. Ek wil vir jou aanmoedig om wel religieuse aktiwiteite te beoefen. Daarmee bedoel ek nie dat jy moet terugkeer na 'n godsdiensbeoefening wat nie vir jou sin maak nie. Ek bedoel daarmee dat jy ten minste weer 'n verhouding met God moet aanknoop om te ervaar dat die spirituele kragte van God voortdurend in jou werksaam is. Jou uitdaging is om die essensie van godsdiens te vind en nie verstrengeld te raak in die dogma of leerstellinge wat rondom hierdie essensie bestaan en jou afskrik nie. My ervaring is dat mense wat godsdiens beoefen hul spirituele vermoëns nog gebruik en dit nie sodanig verdring soos mense wat nie godsdiens beoefen nie.

Die Godbegrip in hierdie kursus

In hierdie kursus gaan ek 'n aspek van God beklemtoon wat miskien vir jou vreemd sal klink. Ek gaan klem lê op God se spirituele krag en hoe jou spirituele krag 'n deel daarvan vorm. Hopelik sal dit sowel diegene akkommodeer wat 'n tradisionele denke oor God het as diegene wat 'n meer kontemporêre beskouing oor God handhaaf. Ek beklemtoon die spirituele krag van God, omdat ek in my werk meer in aanraking kom met die sekulêre mens vir wie die hedendaagse wetenskaplike siening van God aanvaarbaar is, en ek glo dat baie sekulêre mense hierdie boek sal wil lees.

Vir die persone wat die tradisionele beskouinge oor God handhaaf, sal dit in elk geval nie vreemd wees om vir 'n oomblik op God se spirituele krag te konsentreer nie, omdat hulle met die Gees van God bekend is wat Hy op die aarde uitgestort het en weet dat die "Heilige Gees van God" in elke mens werk en teenwoordig is.

Wat jou Godbegrip ook al mag wees, bly dit vir jou 'n uitdaging om denkverskuiwings te maak van enige gevestigde idees wat jy het, soos jy die kursus bestudeer.

Wanneer ek van nou af na God verwys, is dit noodsaaklik dat jy daarmee jou eie Godbegrip sal oproep, soos dit vir jou aanvaarbaar is.

Jou spirituele vermoëns is ook van toepassing op jou alledaagse lewe

Ek het nou vir jou gewys wat al die fasette van die spirituele ontwaking is en dat die neiging bestaan om net te probeer vasstel wat ons spirituele vermoë behels waarmee ons godsdiens beoefen. Ons kan egter nie weet wat ons spirituele vermoëns alles behels indien ons net hierop konsentreer nie.

Gelukkig is daar 'n sterk tendens in die spirituele ontwaking om uit te vind wat ons spirituele vermoëns behels wat ons in staat kan stel om ook 'n lewe van geluk en vrede op aarde te lei. Al meer boeke en ander literatuur verskyn vandag hieroor. Ek het reeds vir jou daarop gewys dat Frankl vir ons geleer het hoe die mens van nature daarop ingestel is om met sy spirituele vermoëns godsdiens te beoefen, maar dat hy aan die ander kant ook van nature sy spirituele vermoëns wil aanwend om sy betekenis op aarde te verwesenlik.

Ek het veral daarop gekonsentreer om uit te vind wat ander

gelowige sielkundiges en denkers in die geesteswetenskappe se siening hieroor is. Die mening word bevestig dat dit ons spirituele vermoëns is wat ons in staat stel om die "raison d'etre", of die rede vir ons bestaan, te realiseer. Dit stel ons ook in staat om die spirituele kwaliteite van die lewe raak te sien. Hiervan is ook Frankl 'n voorstander. Omdat ek hierby aanklank vind, volg ek sy sieninge en gebruik ek sy logo-terapie in hierdie boek. Daarmee vereenselwig ek my met diegene in die spirituele ontwaking wat wil weet hoe ons spirituele vermoëns ons daaglikse lewe meer effektief kan maak.

Dit is ook hoekom ek die lewensbeskouinge van die eksistensiële sielkunde vir diegene wil gee wat in die spirituele ontwaking na antwoorde soek, sodat dit duidelik kan uitstaan dat ons nie hier is om net godsdiens te beoefen nie, maar dat ons ook 'n verantwoordelikheid het om 'n betekenis op aarde te vervul. Die mens- en wêreldbeskouing van die eksistensiële sielkunde kan 'n balans in die spirituele ontwaking bewerkstellig. Dan sal ons miskien self iets doen aan die toestand van die wêreld. Ons sal dan ook 'n praktiese oplossing vind om die nood van miljoene mense te verlig. In ons eie land sal ons dan ook 'n praktiese antwoord vind om die geweld stop te sit.

Die sielkunde kan nie verkwalik word as dit nie eerstens ingestel is op die lewe na die dood nie, en dat dit veral ingestel is op die lewe na geboorte nie, omdat dit die terrein van sy wetenskapbeoefening is. Ek is goed daarvan bewus dat ons nie die mens en sy funksionering in verskillende sektore kan opdeel nie en dat die mens as 'n totale eenheid funksioneer. Dit beteken dat al sy dimensies, naamlik fisies, psigies en spiritueel, in interaksie met mekaar is en dat die een die ander versterk. Wanneer ek in hierdie kursus die klem lê op die bemeestering van jou spirituele vermoëns wat jou lewe op aarde kan verbeter, moet jy dus steeds daarmee rekening hou dat dit inskakel by die ewige, onverganklike spirituele kragbron, naamlik God self.

My taak en missie

Om my medemens te help om sy spirituele vermoëns te bemeester, sien ek as 'n taak waarmee ek die betekenis van my lewe op aarde verwesenlik. Oor baie jare was dit my missie en dit is my doel om met hierdie boek ook vir jou te help om jou spirituele vermoëns te bemeester en die bedoeling van jou lewe te realiseer.

Wat die spesifieke spirituele vermoëns behels waaroor jy beskik, gaan ek in die volgende dagstuk vir jou leer.

TOEPASSINGS

Ek besef nou dat 'n spirituele ontwaking tans plaasvind en leer die volgende daaruit:

1. Ek moet saam met almal ook daarna soek om uit te vind wat my spirituele vermoëns presies behels. Dit is my verantwoordelikheid om nie net ander se opinies hieroor te kritiseer nie, maar ook self 'n bydrae daaroor te lewer.

2. Ek gaan self ook weer religieuse aktiwiteite beoefen. Ek sal daardie dinge in godsdiens wat my lewe verryk, identifiseer en die dinge ignoreer wat my negatief stem. In enige godsdiens is daar dinge waarmee ek nie sal saamstem nie en my uitdaging is om nie as gevolg daarvan my te onttrek nie. Ek is seer sekerlik groter en verstandiger as dit.

3. Ek gaan veral uitvind wat my spirituele vermoëns behels en hoe dit my in staat kan stel om my betekenis te verwesenlik.

BEVESTIGING:

Ek beoefen daagliks godsdienstige aktiwiteite wat my lewe verryk.

"Ek glo nie dat daar 'n God is nie, ek weet dit."

Carl Jung

Dag 6

ONTDEK JOU SPIRITUELE KRAG

Vandag gaan ek vir jou wys wat jou spirituele vermoëns presies behels. Ek noem hierdie vermoëns ook spirituele kragte omdat dit uit die bron van God se spirituele krag voortvloei. Dit is bomenslike kragte wat van God afkomstig is en wonderwerke verrig. Dit stel jou nie alleen in staat om 'n nuwe leefwyse te handhaaf waarin jy daagliks jou spirituele behoeftes kan bevredig om die kwaliteite van die lewe te ervaar nie, dit stel jou veral in staat om die unieke betekenis van jou lewe op aarde raak te sien en dit te verwesenlik. In die spirituele ontwaking waar mense vandag daarna soek om te weet wat ons spirituele vermoëns nou eintlik is, gee ek my siening hieroor vanuit 'n eksistensieel-sielkundige raamwerk.

Die sielkunde het ook eensydig ontwikkel

Een van die probleme van wetenskapbeoefening vandag is dat ons alles in kategorieë opgedeel het en dat elkeen in sy eie kategorie spesialiseer sonder om in ag te neem wat die ander se bevindinge is. Die resultaat hiervan was dat die sielkunde dit nie altyd in gedagte gehou het dat die mens ook 'n spirituele wese is nie en dit geïgnoreer het. Hierdie neiging om die mens se fisiese en psigiese vermoëns onafhanklik van sy spirituele vermoëns te bestudeer, het vir te lank die sielkunde oorheers.

Die eksistensiële sielkunde verskil egter van die algemene neiging in die sielkunde om menslike gedrag te bestudeer sonder inagneming van al die verhoudinge waarin hy verkeer, daarom word dit beklemtoon dat die mens altyd in drie verhoudinge is, naamlik met homself, met ander wesens (mense en God) en met al die fisiese dinge in die wêreld. Frankl het as eksistensiële sielkundige die mens in al sy verhoudinge raak gesien en besef dat sy spirituele vermoëns hom nie net in staat stel om in 'n doeltreffende verhouding met God te verkeer nie; dit stel hom ook in staat om 'n doeltreffende verhouding met homself en ander te handhaaf. Dit is die rede hoekom my kursus ook in hierdie drie afdelings ingedeel is.

Hierdie kategorisering is volgens my opinie een van die redes hoekom soveel mense hul belangstelling in godsdiens verloor het, omdat die godsdiens op sy beurt weer daartoe geneig het om net op ons voortbestaan in die hiernamaals te konsentreer en ons lewe hier op aarde te ignoreer. Sodoende het die godsdiens ons hoofsaaklik daarop gerig om met ons spirituele vermoëns net beleggings in 'n uitkeerpolis te maak om vir ons 'n lewe in die hiernamaals te verseker. Dit het ons nie leiding gegee oor hoe ons met ons spirituele vermoëns ook daaglikse beleggings in ons alledaagse lewe kan maak om 'n gelukkige lewe op aarde te lei nie.

Om jou betekenis te vervul terwyl jy op aarde is, en om daarna as spirituele wese in die hiernamaals voort te bestaan, is deel van een proses. My doel met hierdie kursus is veral om jou te help om 'n gelukkige lewe op aarde te lei deur jou betekenis hier te vervul. Jy sal algaande agterkom dat wanneer jy jou spirituele vermoëns in jou daaglikse lewe gebruik, jy eintlik in kontak met die spirituele krag van God is. Jou spirituele kragte is maar net uitvloeisels van God se spirituele krag.

Nou gaan ek vir jou verduidelik wat jou spirituele vermoëns presies behels. Jy moet dit vandag ontdek en dan moet jy leer om dit te bemeester.

Hoe ontdek jy jou spirituele vermoëns?

Onthou, jy kan nie jou spirituele vermoëns met jou vyf sintuie waarneem nie. Hoe ontdek jy dit dan? Meeste mense wat dit ontdek het, getuig daarvan dat hulle dit gevind het toe hulle hulself daarvoor oopgestel het om hul gevestigde idees oor dinge te verander. Ek het reeds verwys na jou vermoë om "paradigmaverskuiwings" te maak, waar "paradigma" verwys na jou gevestigde idees of beskouings. Soms moet jy hierdie idees (paradigmas) verander (verskuif) soos Frankl dit gedoen het toe hy die algemeen geldende siening in die sielkunde verander het dat die mens net gemotiveerd is om sy fisiese behoeftes te bevredig. Met hierdie denkverskuiwing het hy die waarheid ontdek dat die mens bo alles eers sy spirituele behoefte wil bevredig om die bedoeling van sy lewe te realiseer.

Jy moet nou so 'n verskuiwing maak en dit ontdek dat jy nie net 'n vleeslike, liggaamlike wese is nie, maar ook 'n spirituele wese. Dit is jou eerste stap om 'n "spirituele mens" te word. Sommige mense gaan selfs verder as dit en ervaar dat hulle nie 'n fisiese liggaam is wat spirituele ervarings het nie, maar dat hulle 'n spirituele wese is met liggaamlike ervarings!

Vandag moet jy jou oopstel om insig te kry in wat die spesifieke spirituele vermoëns is waaroor jy beskik. Jy moet met 'n oop gemoed hierdie denkverskuiwings maak.

Let daarop dat wanneer jy die insig kry in wat jou spirituele vermoëns behels, jy reeds een van jou spirituele vermoëns gebruik. Die vermoë om 'n ander insig of nuwe visie oor iets te kry, is op sigself 'n spirituele vermoë, soos jy later sal sien.

Jy moet goed verstaan dat jou spirituele vermoëns nie iets bonatuurliks is nie. Dit is vermoëns waaroor jy beskik wat deel vorm van jou wese as mens.

In hierdie kursus gaan ek net 'n paar spirituele vermoëns bespreek, soos ek dit vanuit 'n eksistensieel-sielkundige raamwerk waarneem.

Wilsvryheid as spirituele vermoë

Frankl, soos ander eksistensiële sielkundiges, beklemtoon voortdurend twee spirituele vermoëns, naamlik wilsvryheid en verantwoordelikheid.

Wilsvryheid beteken dat jy vry is om te maak soos jy wil. Jy beskik oor die wil om jou eie keuses in die lewe te maak en daarom is jy vry om nie deur enige lewensomstandigheid of krisis beïnvloed of oorweldig te word nie. Al was jy nie vry in jou keuse om op aarde te wees nie, is jy vry om te kies hoe jy in die wêreld gaan lewe. Jy beskik oor hierdie spirituele vermoë sodat jy kan kies om jou betekenis op aarde te vervul. Dit stel jou in staat om enige krisis of omstandigheid te oorkom, omdat jy altyd die wil het om te kies dat daardie dinge jou nie sal verhinder om jou doel te bereik nie.

In die sielkunde handhaaf sommige nog die standpunt dat die mens die slaaf van sy verlede is. Hulle sê dat dinge wat met hom in sy verlede gebeur het, sy gedrag sodanig kan belemmer dat hy nie in staat is om sy eie toekoms te bepaal nie. Indien dit waar sou wees, sou hy die verskoning gehad het dat hy nie sy betekenis kan vervul nie. Nee, jy is vry en beskik oor die wil om te kies dat niks jou sal verhinder om jou betekenis te vervul nie. Die krag van hierdie vermoë is onbeperk. Daarmee kan jy jou eie toekoms bepaal soos jy wil.

Jy moet daarop let dat wat jy op hierdie oomblik is, is jy omdat jy gekies het om dit te wees. Indien jy nie met jou lewe tevrede is nie, kan jy kies om anders te wees, net soos jy wil wees. Hierdie spirituele krag lê ten gronslag van die krag van besluitneming. Wanneer jy besluit om iets te doen, sál jy dit doen omdat hierdie wil jou daartoe in staat stel. Hierdie vrye wil is ook onderliggend aan jou primêre motiveringskrag om jou betekenis bo alles anders te verwesenlik.

Jy moet dit solank begin oefen om hierdie spirituele krag te bemeester. Daarmee kan jy enige omstandigheid of krisis oorkom. Begin sommer vandag om jou huidige krisis aan te pak en maak die keuse dat jy dit sal oorwin. Niks kan jou keer om dit reg te kry nie. Net so kan niks jou keer om weg te breek van 'n vormlike leefwyse en om 'n gelukkige en vredevolle lewe te lei nie. Dit is waarvoor jou lewe bedoel is, maar jy moet die keuse maak. Jy sal hard moet oefen om hierdie spirituele vermoë wat jy miskien nog verdring, weer te bemeester. Ek gaan vir jou meer hiervan leer in 'n afsonderlike stuk wat ek daaroor geskryf het, omdat dit 'n belangrike stap is om 'n betekenisvolle, gelukkige en vredevolle leefwyse te lei (Dag 11).

Verantwoordelikheid as spirituele vermoë

Verantwoordelikheid word deur die eksistensiële sielkunde as die ander spirituele vermoë beklemtoon. Die standpunt is dat die mens se uniekheid daarin lê dat hy die enigste wese op aarde is wat oor homself kan besin. Dit onderskei hom van die diere en plante en al die ander dinge op aarde. Dit is alleenlik deur hierdie vermoë tot selfbetragting dat hy vir sy lewe 'n struktuur kan gee. Aangesien hy in 'n situasie op aarde is wat hy nie self gekies het nie, is die vermoë van verantwoordelikheid aan hom gegee om die betekenis van hierdie situasie te vind en dit te verwesenlik. Jy beskik ook oor die spirituele vermoë van verantwoordelikheid en moet dit gebruik om jou betekenis te vervul. Wanneer jy hierdie verantwoordelikheid ontduik, sal jou lewe pynlik wees; wanneer jy dit aanvaar, sal jy in vrede lewe. Dit is so belangrik dat ek ook 'n afsonderlike stuk daaroor geskryf het (Dag 9).

Intussen moet jy oefen om hierdie verdronge spirituele vermoë weer te gebruik. Kyk byvoorbeeld in watter mate jy van ander mense afhanklik is om dinge vir jou te doen. Jy kan selfs afhanklik wees van ander se opinies. Indien dit die geval is, is jy nie in beheer van jou lewe nie, en regeer ander mense oor jou. Jy kan ook van die materiële, vormlike dinge afhanklik wees om vir jou sekuriteit of 'n status te gee. Dan beheer dít jou lewe en is jy nie meer vry nie. Met verantwoordelikheid is *jy* in beheer en rig *jy* jou lewe om te doen wat jy weet goed en reg is, onafhanklik van wat ander daaroor sê. Sê net vir jouself in alles wat jy doen: "Ek aanvaar ten volle verantwoordelikheid vir alles wat ek doen en ek is in beheer van my lewe."

Daar is drie ander spirituele vermoëns waaroor jy beskik, wat ek met jou wil bespreek. In my navorsing het ek gevind dat hierdie drie vermoëns deur almal wat hierdie onderwerp bestudeer, beklemtoon word. Dit kry ook voorrang in alle godsdienstige geskrifte, ook in die Bybel. Dit sal vir jou bekend klink. Die vraag is of jy dit ten volle kan bemeester.

Liefde as spirituele vermoë

'n Baie belangrike spirituele vermoë is om liefde te kan betoon. Wat liefde werklik is, kan niemand ten volle met woorde omskryf nie. Meeste mense kan liefde net op grond van 'n fisiese verhouding verstaan en sommige sien liefde as 'n seksuele verhouding. Dit is maar net die gevolg daarvan dat hulle hierdie vermoë verdring het en omdat hulle deur die vormlike leefwyse oorweldig word. Indien jy hierdie vermoë wil toepas, sal jy moet oefen om dit te bemeester. Jou uitdaging is om die ware essensie van liefde eers self te ervaar.

Begin om te ervaar dat die verhouding tussen jou en God 'n liefdesverhouding is. Dit maak nie saak wat jou Godbegrip is nie. Konsentreer net daarop om te voel dat daar 'n harmonie tussen jou en God is, sonder verwyte, sonder kwade gevoelens, net 'n gevoel van volle aanvaarding, maak nie saak wie of wat jy is nie. Om te voel dat jy onvoorwaardelik aanvaar word, net soos jy is, is die kern van liefde. Ervaar dit dat daar so 'n liefde tussen jou en God bestaan. Aanvaar net wat al die godsdienste leer, dat God vir jou onvoorwaardelik lief is en raak ontslae van die gedagte dat God net daarop uit is om jou te straf. So 'n God bestaan nie omdat die ware God volmaak is, ook in liefde. Wanneer jy dit ervaar, sal jy 'n idee van liefde kry. Dit sal jou in staat stel om jou liefde teenoor God te betuig en te ervaar dat jy in kontak met God se spirituele krag is, en dat daar nie voorwaardes vir hierdie kontak bestaan nie. Ervaar dat jy nie alleen in die wêreld is nie, maar dat 'n groot spirituele krag in en deur jou vloei. In die volgende dagstuk gaan ek jou wys hoe jy in die stilte van meditasie en gebed hierdie ervarings kan beleef.

Oefen dit solank om in stilte iets hiervan te smaak.

Oefen ook om jouself lief te hê. Aanvaar jouself soos jy is, as 'n unieke mens in die wêreld. Sê gereeld vir jouself: "Ek aanvaar jou net soos jy is, ek is lief vir jou." Een van die grootste aspekte wat daartoe aanleiding gee dat mense hul lewe onbewustelik saboteer, is dat hulle nie selfliefde kan beoefen nie. Dit maak nie saak hoe jy lyk of wat jou uiterlike vorm is nie, oefen om die unieke mens wat jy in jou vorm is, met al jou unieke potensiaal, lief te hê.

Dan sal jy ook liefde teenoor jou medemens kan betuig, ongeag van hoe sy uiterlike vorm lyk. Wees lief vir daardie unieke mens in sy unieke vorm, met al die potensiaal waaroor hy beskik, al gebruik hy dit ook nie op daardie oomblik nie. Oefen gereeld om dit te doen totdat jy dit regkry. Deur die onvoorwaardelike liefde van God vir jou te beleef en jouself te aanvaar vir wie en wat jy is, sal jy die grootste beginsel van liefde bemeester deur iemand anders toe te laat om homself te wees volgens sy eie uniekheid en hom so te aanvaar. Begin net om in jou gedagte vir elke persoon met wie jy in aanraking kom, te sê: "Jy is 'n mens soos ek, en God is ook vir jou lief, daarom gee ek ook vir jou as mens om en aanvaar jou soos jy is. Ek is lief vir jou." Oefen dit ook so teenoor iemand wat jou veronreg het. As God se liefdeskrag nie van jou onttrek word as jy die kwade doen nie, mag jy nie jou liefdeskrag van 'n ander onttrek as hy jou veronreg het nie. Menige mense se lewe het drasties ten goede verander toe hulle dit reggekry het. Oefen dit ook teenoor jou nabymense, jou man, jou vrou, jou kind of vriend. Begin vandag om liefde vir almal en alles te gee, ook vir diere en plante. Ontdek so die krag van liefde. Dit is een van die hoekstene waarop jy 'n effektiewe lewe bou. Ons gaan nog baie in die kursus oor liefde leer; liefde sal jou in staat stel om jou betekenis te vervul.

Geloof as spirituele vermoë

Die ander spirituele vermoë waaroor jy beskik, is geloof. Die krag van geloof in jou alledaagse lewe is die ander hoeksteen waarop jy 'n effektiewe lewe bou. Ons sê ons het geloof en dat ons dit beoefen, maar is dit regtig waar? Bemeester ons werklik hierdie spirituele vermoë ten volle sodat ons daarmee wonderwerke verrig?

Geloof staan teenoor jou rasionele denke. Die "fisiese mens" maak net van sy logiese denke gebruik en handhaaf die leuse: "Ek sal dit eers glo as ek dit sien." Die "spirituele mens" sê: "Ek sal dit sien omdat ek dit glo."

Dit is jou geloof wat jou in staat sal stel om daardie take en missies te vervul wat net jy alleen op aarde kan doen. Dit maak nie saak wat hierdie take is nie, of dit jou beroep is, of die versorging van iemand, of 'n bydrae tot jou samelewing, of die uitlewing van 'n talent, of die vervulling van 'n lewensdroom of wat ook al nie. Soos jy verder in die boek lees, sal jy agterkom dat jou geloof 'n sielkundige uitwerking op jou lewe het. In 'n groot mate is jy self onbewustelik besig om dit te bewerk wat jy glo. Dink maar daaraan hoe jy vir jouself en ander bewys jy kan nie iets doen nie, omdat jy glo jy is nie daartoe in staat nie. Die omgekeerde is ook waar, dat jy die onmoontlike bereik as jy glo jy kan.

Ek vind dit gereeld in my werk dat die meeste mense nie meer in staat is om hierdie kragtige spirituele vermoë te gebruik nie. Hierdie onvermoë is maar net die resultaat daarvan dat ons so lank reeds hierdie spirituele krag verdring het. Dit is iets wat ons weer moet aanleer, met herhaalde oefening, totdat ons dit kan bemeester.

Jou uitdaging is om die krag van hierdie vermoë weer te ontdek en dit in jou alledaagse lewe toe te pas. Baie mense dink geloof is iets wat jy net in jou godsdiens teenoor God beoefen. Nee, die geskiedenis is vol voorbeelde van mense wat elke dag wondere in hul alledaagse lewe gesien gebeur het omdat hulle geglo het dit sal gebeur. Menige ongeneeslike siekte is deur geloof genees. Wat jy ook al wil bereik, sal jy bereik as jy dit glo.

Doen 'n eenvoudige oefening deur daardie dinge neer te skryf wat jy glo. Dink aan die positiewe en negatiewe aspekte van jou geloof, soos byvoorbeeld jou geloof dat jy nie sekere dinge kan doen nie, of jou geloof dat jy 'n sukses van iets sal maak. Kyk dan hoe dit in jou lewe realiseer. Indien jy byvoorbeeld lank laas op 'n fiets gery het en jy glo jy kan dit nog doen, sal jy dit doen, maar die teenoorgestelde is ook waar. Een van die grootste waarhede wat jy altyd moet onthou, is dat dit wat jy glo, sal gebeur, maak nie saak op watter terrein van jou lewe jy dit van toepassing maak nie.

Oefen ook om in dinge te glo wat buite jou rasionele denke lê en buite die waarneming van jou vyf sintuie bestaan. Jou gehoor, gevoel, visie, smaak en reuk gee byvoorbeeld vir jou die ervaring dat die wêreld met jou daarop stilstaan, tog beweeg die wêreld en jy teen 'n geweldige spoed. Ek het 'n afsonderlike stuk geskryf oor hoe jy geloof moet gebruik om jou take suksesvol te voltooi (Dag 20).

Visie as spirituele vermoë

'n Volgende spirituele vermoë wat ek wil beklemtoon, is visie. Jy is miskien nie met hierdie vermoë bekend nie, maar probeer om dit te ontdek. Ons praat daarvan dat jy dinge met jou "geestesoog" kan sien. Wanneer jy jou oë toemaak, kan jy beelde in jou gedagtes sien wat nie met jou vleeslike oog waargeneem kan word nie. Met hierdie vermoë het menige mense insig in probleme gekry of nuwe ontdekkings gemaak. Visie stel jou in staat om insig in jou onbewuste te verkry; dit help jou ook om jou kreatiwiteit te beoefen om byvoorbeeld nuwe idees te skep. Dit word nou vir ons vertel dat daar 'n bron van kreatiwiteit bestaan, met al die inligting wat ons benodig en dat dit net diegene is wat hul visie kan bemeester wat hierdie inligting kan raak sien. Die groot ontdekkings wat in die wêreld gemaak was, is gemaak deur mense wat hul visie bemeester het.

Hierdie vermoë stel jou ook in staat om die verband tussen dinge raak te sien, om dus sintese te bewerkstellig. Daarom kan die mens wat hierdie spirituele vermoë bemeester, die verband "insien" dat God as die kragbron van lewe in die kosmos bestaan, en dat God in kontak en beheer van alles, ook van die mens is. Met visie kan jy dus 'n nuwe wêreldbeeld raak sien. Daarmee sien jy die wêreld as deel van 'n groter kosmos in jou gedagte en jy sien jouself soos 'n stofdeeltjie in hierdie kosmos en jy sien hoe jy in jou liggaam hier lewe, maar spiritueel in kontak is met God as die kragbron wat hierdie hele kosmos in stand hou en perfek beheer. Met visie kan jy die ontdekking van die natuurwetenskap insien dat alles wat bestaan, ook die mens, eintlik uit energie bestaan en dat alle energie deel is van een groot energiebron; dat energie nie vernietig kan word nie en vir ewig voortbestaan, en dat jy ook vir ewig sal voortbestaan al word jou vorm ook deur die dood vernietig.

My ervaring is dat die "fisiese mens" nie hierdie vermoë van visie kan bemeester nie. Hy kan nie die verband tussen dinge raak sien nie, daarom leef hy in sy eie mikrokosmos waar alles net om sy eie belange draai en kan hy homself nie as deel van die makrokosmos sien nie.

Ek gaan later meer oor visie sê, maar jy moet intussen oefen om die krag van visie te ervaar in jou alledaagse lewe. Visualiseer iets wat jy graag in jou lewe wil verbeter in jou gedagte. Sien dit, net soos jy dit wil hê en kyk hoe dit net so in die praktyk uitwerk. Visualiseer byvoorbeeld dat mense jou aanvaar net soos jy werklik is en kyk hoe dit realiseer. Die krag van visualisering is eintlik vir baie van ons nie iets nuuts nie. Baie mense gebruik dit om die dinge wat hulle graag wil hê duidelik in hul denke te sien, en dan doen hulle spontaan alles om dit te bewerkstellig.

Oefen ook om paradigmaverskuiwings te maak; om jou vasgelegde visie van dinge en aangeleenthede te verander. Sien jouself nou as 'n spirituele wese en nie meer as net 'n fisiese liggaam nie. Probeer ook om die ander kant van 'n saak raak te sien en nie altyd te dink jy alleen is reg nie. Dit sal jou ver in jou lewe bring. Teken dit aan waar jy sulke nuwe visies kry en lees dit gereeld; dit sal jou aanspoor om nuwe visies te kry. Die krag van hierdie spirituele vermoë is onbeperk, en "spirituele mense" gebruik dit daagliks om die mooi spirituele kwaliteite van die lewe raak te sien. Met hierdie visie sal jy sien dat die vormlike lewe nie vir jou geluk en vrede kan gee nie. Meeste van die dinge wat ek in hierdie kursus bespreek, vereis 'n spesiale visie en insig.

Let daarop dat visie jou ook help om op jou lewenstake te fokus waarmee jy jou betekenis verwesenlik. Hierdie vermoë is altyd 'n ondersteunende komponent in die beoefening van geloof. Visie is die vermoë om nou al te sien wat jy glo sal gebeur. Met visie het menige mens die bykans onmoontlike bereik en take op aarde verrig waaroor ons verstom staan.

Weer eens is dit my daaglikse ervaring dat ek vir mense moet leer hoe om visie te bemeester. Dit is nie hul tweede natuur nie, omdat hulle ook hierdie vermoë saam met hul ander spirituele vermoëns verdring.

'n Lewe sonder kommer

Ek moet erken dat my kliënte wat godsdiens beoefen makliker daarin slaag om die krag van verantwoordelikheid, wilsvryheid, liefde, geloof en visie te bemeester. Ek skryf dit daaraan toe dat hulle met die aktiewe beoefening van hul spirituele vermoëns om godsdiens te beoefen, hul spirituele vermoëns aktief hou en dit nie geheel en al verdring nie.

Jy sal algaande in die kursus agterkom dat die "spirituele mens", wat daarin slaag om sy spirituele vermoëns in sy daaglikse lewe toe te pas, 'n innerlike vrede met weinig of geen spanning, stres of frustrasies ervaar nie en ook geen simptome van depressie toon nie. Die enigste spanning wat hy ervaar, is 'n normale spanning om sy betekenis te verwesenlik. Dit veroorsaak geen siektetoestand nie. Jy kan dit ook maar gerus probeer toepas en ophou om jou oor alles te bekommer en om maagsere met spanning te ontwikkel oor dinge wat nooit sal gebeur nie. Net soos bekommernis die krag agter spanning en stres is, is jou spirituele vermoëns die krag agter 'n vredevolle en gelukkige lewe.

Watter rol speel jou regterbrein?

Van die oefeninge wat jy gedoen het om jou spirituele vermoëns te gebruik, het jy met jou regterbrein se funksies gedoen. Met die vermoë van visie, byvoorbeeld, het jy van jou regterbrein se funksies gebruik gemaak wat in staat is om visuele beelde te skep. Jy het ook van die vermoë gebruik gemaak om die verband tussen dinge raak te sien.

Die belangrikste komponente van die regterbrein is: verbeelding, dagdrome, visies in prentvorm, om die geheel en die verhouding tussen dele in die geheel raak te sien, om so holisties te dink, en om sinteses te bewerkstellig deur aspekte bymekaar te voeg wat bymekaarhoort en weersprekende konsepte te bemeester sonder om verward te raak. Daarom stel dit jou ook in staat om abstrakte dinge soos geloof en liefde te bemeester. Die regterbrein het ook baie te doen met intuïsie en emosie, wat belangrike aspekte van die "spirituele mens" se lewe is.

My bevinding is dat die "fisiese mens" hoofsaaklik net sy linkerbrein bemeester wat hoofsaaklik op logika en rasionele denke gevestig is. Is dit hoekom hy nie sy spirituele vermoëns so maklik kan bemeester nie? Dit blyk asof ons moderne Westerse kultuur met sy tegnologiese ontwikkeling wat net linkerbreinfunksies gebruik, ons so geïndoktrineer het dat ons net geleer het om hierdie funksies te bemeester. Ek het reeds daarna verwys hoe ons skoolopleiding net daarop gebaseer is. Die regterbreinfunksies het bykans geen rol in die verlede in ons lewe gespeel nie. Dit is maar nou eers dat dit onder ons aandag gebring word dat ons ook daaroor beskik.

Wat my interesseer, is hoekom hierdie regterbreinfunksies nou ewe skielik ontdek is en almal nou daarop ingestel is om 'n kursus te volg om dit te ontwikkel. Het die mens dit dan nie vroeër jare gehad nie? Het hy dalk afgeleer om hierdie funksies te gebruik toe hy sy spirituele vermoëns verdring het? In my navorsingsmetode (sien bl. 279-280) wat veranderinge bestudeer wat in die mens se lewe plaasvind en dit verklaar, is hierdie ontdekking nie toevallig nie. Die interpretasie is dat dit deel vorm van die spirituele ontwaking waar die mens nou weer na sy spirituele vermoëns soek; hy ontdek sy breinfunksies wat hom kan help om sy spirituele vermoëns te bemeester.

Om 'n ander leefwyse in vrede en geluk te kan lei en die bedoeling van jou lewe te vervul, moet jy eers jou spirituele vermoëns wat jy nou ontdek het, kan gebruik. Daarom stel ek voor dat jy vandag begin om dit daagliks toe te pas en te oefen totdat jy dit kan bemeester. Ek gaan jou ook later daarop wys watter ander spirituele eienskappe jy sal ontwikkel as jy hierdie basiese vermoëns bemeester het. Onthou, om 'n doeltreffende verhouding met jouself te hê, moet jy ook in kontak met jou spirituele kragte wees.

In die volgende deel wys ek jou op watter belangrike rol meditasie en gebed speel om hierdie vermoëns te ontwikkel.

TOEPASSINGS

Vandag gaan ek my spirituele vermoëns ontdek deur die volgende oefeninge gereeld te doen:

1. Ek oefen dit om my *verantwoordelikheid* te aanvaar dat net ek alleen die betekenis van my lewe kan verwesenlik.

2. Ek oefen *om vry te wees in my keuses* en kies vandag om die betekenis van my lewe te verwesenlik en nie meer valse betekenisse na te jaag nie.

3. Ek gee vandag en elke dag *liefde* vir elke mens met wie ek in aanraking kom. Ek betuig liefde teenoor God en ook liefde teenoor myself.

4. Ek oefen om my *geloof* te beoefen en te glo ek sal my lewensmissies vervul. Wat ek glo, sal ek kry.

5. Ek oefen dit om 'n ander *visie* van dinge te hê. Ek sien nou dat ek deel is van alles in die kosmos en dat my spirituele krag deel van God se spirituele krag is. Ek sal my ou gevestigde siening van dinge aan die realiteite van die lewe toets en dit verander.

BEVESTIGING:

Ek is 'n verantwoordelike mens en met my wilsvryheid beoefen ek daagliks liefde, geloof en visie.

"Nou bly geloof, hoop en liefde – hierdie drie; maar die grootste hiervan is die liefde."

I Korinthiërs 13

Dag 7

STILTE, MEDITASIE EN GEBED

Hoekom gaan ons voort om saam met die mense van ons tyd betekenisloos in die vormlike leefwyse voort te strompel en ons dae met sinnelose plesier en magsbeoefening te vul? Hoekom bly ons kla dat so 'n leefwyse net 'n maagseerwekkende gejaag is, gevul met onverdraaglike spanning en angs, maar ons bly voortploeter met hierdie leefwyse? Hoekom bly ons glo dat sukses in die verkryging van materiële dinge en geld lê, terwyl ons weet dat dit ons nie werklik geluk en vrede kan gee nie. Ons bly kla: "Die lewe beteken niks vir my nie," en tog stoomroller ons net voort. Ons weet nou dat ons spirituele vermoëns ons in staat kan stel om 'n ander leefwyse te leef waar ons geluk en vrede sal ervaar, en tog vind ons nie hierdie kragte nie. Hoekom doen ons dit aan onsself? Omdat ons nie geleer het wat die krag van stille meditasie en gebed is nie. Die vraag is eintlik: "Hoekom vermy ons stilte?"

'n Vrees om alleen te wees

Die antwoord op hierdie vraag lê sekerlik daarin dat ons gejaagde lewe 'n gewoonte geword het wat ons net nie meer kan stop nie. Ons slaag net nie daarin om tyd in te ruim om in stilte te beplan hoe ons ons gekondisioneerde leefwyse gaan verander nie. Ons rasionaliseer met baie redes, veral dat tyd geld is of dat volgehoue prestasie die sekuriteit van ons toekoms verseker; iets wat min van ons in elk geval sal bereik as ons so sou voortgaan! Die antwoord lê seker ook daarin dat ons 'n vrees het om ons veiligheidsone te verlaat, dat ons veilig voel in waaraan ons gewoond is en dat enige verandering vir ons bedreigend is.

Die regte antwoord lê egter veel dieper as dit. Die rede is eerder dat ons van onsself af weghardloop, omdat ons nie kans sien om in stilte alleen met onsself te wees nie, omdat ons dan sal moet erken dat ons 'n leefwyse voer wat geen betekenis vir ons inhou nie en dat ons nie weet hoe om anders te lewe nie. Die moderne mens wil nie erken dat sy lewe 'n mislukking is nie. Hierna word verwys as die "horror vacui", die leë plek van afsku, 'n aakligheid waarvoor ons bang is dat ons dit sal ontdek, daarom vlug ons terug na ons kompenserende, gejaagde vormlike leefwyse om ons gedagtes met ander dinge besig te hou. Dit is ook 'n rede hoekom mense vandag daaroor kla dat hulle nie eensaamheid en alleenheid kan hanteer nie, hulle kan net nie alleen met hulleself wees nie.

"Fisiese mense" is veral bang vir stil tye. Hulle wil nie alleen met hulleself wees nie omdat hulle so maklik eensaam voel. 'n Eensame mens is iemand wat nie in staat is om 'n doeltreffende verhouding met homself te handhaaf nie, daarom slaag hy ook nie daarin om verhoudinge met mense, of met die fisiese dinge, of met God doeltreffend te hanteer nie. Die mens in die geskiedenis wat nog spiritueel met God in kontak was, het nooit eensaam en alleen gevoel nie. Sommige het hulle selfs afgesonder in spelonke of kloosters en vir jare hulself met hul eie gedagtes besig gehou. Omdat hulle spirituele vermoëns nie verdring was nie, het hulle dit reggekry. Om alleen in stilte met jouself te verkeer, is ook iets wat ons samelewing ons nie toelaat om te doen nie. Almal dwing ons na die groep toe. Selfs die sielkunde beskou dit as abnormaal om alleen en afgesonder te wees en forseer ons terug in die groep in. Daarom vind psigoterapie vandag ook al meer in groepe plaas.

Wanneer dit stil word in die lewe van die "fisiese mens" vlug hy terug na sy gejaagde lewe, na die "eksistensiële vakuum" waar daar baie aktiwiteite plaasvind, maar niks betekenisvol gebeur nie, waar almal praat en lag, maar waar geen ware verhoudinge bestaan nie. Hy het baie kennisse, maar geen ware vriende nie. Gaan kyk maar hoe die "fisiese mens" homself besig hou, deur byvoorbeeld met 'n groep mense in 'n plek van vermaak te sit, waar die musiek so oorweldigend is dat niemand mekaar kan hoor nie, maar waar almal tog praat en praat, net om saam te verkeer en nie alleen te wees nie. Dikwels is dit ook net om die tyd om te kry omdat hulle niks anders het om te doen nie. "Plesierjagter" is die "fisiese mens" se tweede naam. In plesier voel hy beskerm, omdat dit hom vrywaar van sy verantwoordelikheid om die betekenis van sy lewe te vind. Frankl het gesê dat die ware neurotiese persoon eintlik die een is wat sy lewenstake bly vermy.

Ontdek dit om "net te wees"

Indien jy nog 'n "fisiese mens" is wat net op jou fisiese lewe ingestel is en wil verander om 'n "spirituele mens" te word wat ook jou spirituele kragte wil gebruik, sal jy die deurbraak moet maak om elke dag 'n tyd van stilte te vind. Om alleen met jouself in stilte te verkeer, is nie altyd maklik, as jy nie daaraan gewoond is nie. Dit is 'n uitdaging om jou te onttrek van daardie dinge waarmee jy jouself soms besig hou, soos televisie kyk of om boeke te lees, of om 'n stokperdjie te beoefen, of om by mense te kuier en net te praat omdat praat praat is. Jy moet 'n plek vind waar jy alleen met jouself kan wees. Normaalweg vind ons dit in ons slaapkamer, maar dit is ideaal om so 'n plek êrens in die natuur, miskien 'n stil hoekie in jou tuin, te vind. Wanneer jy stil word, moet jy oefen om jouself van jou malende gedagtes af te sluit en op te hou om ook met jouself te praat! Ja, kyk maar hoe jy in jou gedagtes voortdurend met jouself in 'n gesprek is. Oefen om jou gedagtes van alles en almal af te skakel en leer die kuns aan om net deel van die stilte te wees.

Jy moet nie die krag van stilte onderskat nie. Dit is in stilte waar jy jou losmaak van al die gevoelens van jou liggaam, soos spanning en stres. In stilte skakel jy ook af van die bekommernisse wat jou brein en jou denke vir jou skep. Dit is 'n kuns om in absolute stilte te verkeer, om jou van jou fisiese bestaan los te maak en om "net te wees". Dit is iets wat ons in ons kultuur nie ken nie, maar wat ons gerus kan leer om te doen. As jy daarin kan slaag, sal jy dit ervaar dat jy in kontak is met jou werklike self, met jou eintlike potensiaal, met jou spirituele kragte en die Goddelike kragte wat jou lewe beheer. Veral wanneer jy stil in die natuur "net kan wees", sal jy dit ervaar dat jy nie net 'n fisiese mens is nie, maar dat jy 'n spirituele wese in 'n tydelike vorm is en dat jy vir ewig sal voortbestaan. Dit is net in stilte met jouself waar jy jou spirituele kragte sal leer ken.

'n Sielkundige verklaring oor die krag van stilte

'n Bekende feit is dat alle oplossings en antwoorde op al jou vrae nie buite jouself lê, waar die meeste mense dit soek nie, dit is in jouself geleë en jy sal dit alleen in afsondering en stilte ontdek. Die meeste van ons is soos die gevangene wat vir jare toegesluit was, en wat by sy vrylating ontdek het dat die sleutel van sy sel al die tyd in sy sak was. Vandag word al meer ontdekkings gemaak oor die bron van inligting, kennis en kreatiwiteit wat in ons teenwoordig is. Tegnieke word tans vir mense geleer hoe om daarop in te skakel, waarvan een tegniek is om net in stilte te verkeer en jou gedagtes oop te stel.

Jy kan gerus 'n studie hiervan maak. Daar word gewoonlik na ons onderbewuste verwys, asook na die kollektiewe onderbewuste waarin alle mense onbewustelik deel. Dit maak nie saak wat ons hierdie bron ook al noem nie, en of dit nou eintlik met ons spirituele kragte koördineer nie, die punt is dat ons daaroor beskik en daarop kan inskakel. Menige mense het deur al die eeue daarvan getuig dat hulle met visie net 'n nuwe insae in dinge gekry het. Die grootste ontdekkings wat die wêreld verander het, is so gemaak en op hierdie wyse vind die paradigmaverskuiwings plaas wat mense elke dag nog maak. So slaag mense daarin om hul kreatiwiteit na vore te bring, nuwe insae te kry en ontdekkings te maak. Dit is hoe daar in die tegnologiese ontwikkeling daagliks nog deurbrake gemaak word wat jou en my brein buig.

Daar heers 'n verwagting by baie waarnemers dat soos die mens in die verlede met nuwe insig uit die donker Middeleeue weggebreek en die industriële revolusie geskep het, die mens nou met dieselfde insae 'n nuwe revolusie gaan bewerkstellig. Sal ons so antwoorde kry om die probleme van ons Westerse samelewing op te los? Sal dit 'n spirituele revolusie wees waar ons nie meer die slawe van uiterlike vorm sal wees nie en ons innerlike sielsbehoeftes weer sal bevredig? Sal dit vrede en geluk vir almal in die wêreld gee? Dit is hoe baie mense in die spirituele ontwaking die toekoms "sien". Jy moet kennis neem van hierdie visies en nie die nuwe gedagtegange van mense afmaak en ignoreer nie. In die navorsingsmetode (sien bl. 279-280) wat ek gebruik, wat ook veranderinge in die vorige eeue bestudeer, word dit bevestig dat 'n nuwe visie van iemand die begin van 'n nuwe verandering in die menslike ontwikkeling aandui.

Hoekom bied die stilwees met jouself soveel insig en oplossings? Die sielkundige verklaring daarvoor is dat wanneer jou denke tot ruste kom daar balans in jou gedagtegange begin plaasvind. Indien jou denke eensydig besig gehou word met jou gejaagde dagtake, werk net een sektor van jou brein daaraan. In ontspanning ontdek jy ook ander dimensies van denke.

Dit is gewoonlik die linkerbrein wat ons dagtaak oorheers. Dit stel ons in staat om die fisiese dinge waarmee ons daagliks werk, te hanteer, om logies te redeneer en rasioneel daaroor te dink, om berekenings en analises te maak en dit neer te skryf en daaroor te praat. Ons is heeldag besig met lees, skryf, taalgebruik en somme maak. In stilte vind jy weer balans, hier kry jou regterbrein kans om sy funksies te vervul met verbeelding, dagdrome, visies, geloof, musiek en ook intuïsie. Hoekom dink jy speel musiek so 'n belangrike rol in mense se lewe? Onbewustelik ervaar hulle hoe dit hul denke balanseer en hulle rustiger maak.

Kan jy sien dat jy in stilte ook beter kan inskakel op jou spirituele vermoëns? In stille afsondering van jouself sal jy die insig ontvang wat hierdie vermoëns behels. Stel jouself net gewilliglik oop daarvoor. Die insig sal deur jou spirituele vermoë van visie vir jou gegee word. *Onthou, die beginpunt van 'n ware effektiewe lewe waarin jy jou betekenis verwesenlik, is om die insig te kry dat jy 'n spirituele wese is met spirituele vermoëns.*

Wanneer jy met hierdie insig 'n "spirituele mens" word, sal jy vind dat jy nie meer sonder hierdie stil tye kan lewe nie. Dan geniet jy dit om alleen met jouself te wees omdat jy jou spirituele vermoëns die beste in stilte kan benut. In stilte maak jy deur *jou geloof* kontak met die spirituele krag van God. Met jou *visie* sien jy in jou geestesoog jouself as deel van almal en alles en voel jy nooit eensaam en alleen nie. Met *jou liefde* aanvaar jy in stilte jouself en ander onvoorwaardelik. In stilte neem jy die *verantwoordelikheid* om onafhanklik van enigiemand anders jou eie lewe te rig en met *jou wilsvryheid* maak jy die beste keuses vir die dag wat voorlê. "Spirituele mense" leef in hul eie unieke gedagtewêreld buite hulleself, daarom voel hulle nooit eensaam nie.

Wanneer jy alleen met jouself verkeer, sal jy ook die insig kry wat jou unieke take in die wêreld is. Jy kan solank ook daarop begin konsentreer.

Meditasie

Indien jy alles doen wat ek nou vir jou geleer het, deur stilte te bemeester en alleen met jouself daarin te verkeer, en net "te wees", en jou oopstel om insig te ontvang, is jy klaar besig met meditasie. Daar word vandag in die spirituele ontwaking ook gekyk hoe meditasie met al die tegnieke daaraan verbonde ons lewe kan verryk. As "spirituele mens" kan jy gerus die uitdaging aanvaar om 'n denkverskuiwing ten opsigte van meditasie te maak; iets wat vir sommige mense vreemd is en wat hulle sonder rede afskiet. Probeer gerus om meditasietegnieke selektief te beoefen soos dit jou pas. Meditering is veral daarop gemik om jou denke van al jou daaglikse steurende gedagtes leeg te maak en om op iets spesifieks of selfs op niks te konsentreer nie. Daarmee word die rustelose persoon in jou gekalmeer en slaag jou denke daarin om jou innerlike wese te verken en insigte te ontvang wat deur jou malende gedagtes geblokkeer word. Jy kan nie spiritueel ontwikkel indien jy voortjaag in jou malle tog agter vormlike dinge aan nie!

Verskillende tegnieke word vir mense geleer om effektief te mediteer, soos liggaamshouding, hoe om te ontspan, en nog baie ander dinge. Vir my is dit genoegsaam om net rustig in my gemakstoel te sit en my hele liggaam te ontspan en my van alles en almal af te skakel en in die stilte alleen met myself te wees. Hier het ek my ware self ontdek, myself as spirituele wese, en het ek geleer om myself te wees sonder inagneming van enigiemand anders se opinies. Hier oefen ek my spirituele kragte en ontvang ek my visies en ontdek ek my missies soos dit vir my bedoel is. Die insigte in hierdie boek het ek in stille meditasie ontvang.

Ek mediteer graag in die Karoo, 'n plek waaroor ek mal is, waar die stilte my malende gedagtes kalmeer. Daar is niks vormliks wat my aandag aftrek nie, en daar voel ek naby God en ervaar ek sy spirituele krag in my soos nêrens elders nie. Met die finale redigering van hierdie boek het ek my baie daar gaan afsonder. Daar het ek 'n plekkie waarheen ek gereeld na toe gaan om weg van alles en almal te wees. Ek kan daar in absolute stilte skryf en insigte ontvang soos nêrens elders nie.

Gebed

Meditasie en gebed het baie gemeen. Diegene wat nog elke dag 'n plek van stilte in gebed het, beoefen onbewustelik hul spirituele vermoëns. In die spirituele ontwaking wat vandag plaasvind, keer baie mense weer terug na die stilte van 'n binnekamer en begin hulle weer om daar te bid. Om te bid, beteken dat jy in kontak met God is. Met jou spirituele kragte maak jy doelbewus kontak met die spirituele krag van God. Vir diegene wat God as 'n persoon beleef, is gebed eintlik 'n baie praktiese middel. Omdat praat so 'n deel van ons wese is, wil ons ook met God praat. Dit is maar ons menslike natuur om self in 'n krisis na God te roep en te sê: "God, help my asseblief!"

Gebed bevat 'n sielkundige komponent wat noodsaaklik is om geestesgesond te lewe. Ek het altyd gesê dat ek minder kliënte sal hê wat na my toe kom om hul hart uit te praat, as hulle geleer het om dit hardop in gebed te doen. Die effek is sielkundig dieselfde. Met die hoor van jou eie stem formuleer jy jou eie gedagtes en kry jy jou oplossings; met die erkenning van skuld kry jy vergifnis en vergewe jy ook jouself; deur met iemand te praat, voel jy nie alleen nie.

Onthou, in gebed praat ons nie net nie, ons luister ook in stilte wat God vir ons sê. Gebed is soos enige gesprek, soms is daar net stilte waar twee persone bymekaar is en mekaar se gevoelens en gedagtes deel. Ander kere moet ons net luister en ophou praat. Dit is hoekom ons twee ore en net een mond gekry het! In my spreekkamer het ek soms mense die meeste gehelp deur niks te sê nie en net te luister na hulle seer gevoelens wat hulle met my wou deel.

'n Nuwe wêreldbeeld

Vele van my kliënte getuig daarvan dat hulle in hierdie stil ure van afsondering nie alleen nuwe insigte oor hulleself en hul lewe ontvang het, waarna hulle jare al gesoek het nie, dit is ook hier waar hulle 'n nuwe wêreldbeeld gekry het. Hulle besef dat hulle en die wêreld waarin hulle woon, deel vorm van 'n groot nimmereindigende kosmos, wat deur God perfek beheer en bestuur word. Hulle weet net dat hulle lewe 'n doel en betekenis daarin het, al weet hulle nie altyd presies wat dit is nie. Hierdie wêreldbeeld gee vir hulle 'n nuwe visie op die lewe en 'n innerlike begeerte om nie net in die vorm daarvan vasgevang te sit nie, maar om na die ware betekenis van alles te soek.

Oefen jou spirituele vermoëns

In jou stil ure moet jy oefen om jou spirituele vermoëns te ontwikkel. Dit is hier waar jy oefen om *liefde* te betuig, eerstens teenoor God, dan ook teenoor jouself en veral teenoor jou medemens, ook diegene wat jou benadeel het. Deur in jou gedagtes liefde teenoor ander te betoon, slaag jy daarin om dit in die praktyk toe te pas. Dit is teenoorgesteld van wat jy soms doen om liefdelose gedagtes teen mense te koester en dit dan die volgende dag te gaan wys.

Dit is hier waar jy jou *geloof* beoefen, om in jou gedagtes te glo dat jy jou dagtaak suksesvol sal afhandel, of te glo dat jou probleem opgelos sal word of dat jy selfs van jou siekte sal genees. Geen ander plek as die stil uur in elke dag gee jou 'n beter geleentheid om jou *visie* te oefen nie. Visualiseer dit wat jy in jou lewe wil verander, jou gedrag, jou optrede, jou aksies in jou werk of wat ook al en beleef die resultaat deur dit in jou daaglikse lewe te sien gebeur, net soos jy dit in jou gedagte gesien het.

Dit is in stilte waar jy jou *verantwoordelikheid* aanvaar om te doen wat jy weet jy moet doen. Dit is hier waar jy jou *wilsvryheid* beoefen om die regte keuses te maak. Dit is hier waar jy die krag kry om te besluit dat geen lewensomstandigheid jou sal beheer nie, maar dat jy dit sal oorwin. Dit is dit hier waar jy jou lewe daagliks evalueer om vas te stel waar jy nog in 'n vormlike lewe vasgevang sit. Baie mense getuig ook daarvan dat hulle in stille meditasie net daardie intuïtiewe aanvoeling kry oor hoe hulle in 'n krisis moet optree.

My uitdaging aan jou is om vir jou stil tye te skeduleer wat jy gereeld sal benut om spirituele gimnastiek te beoefen, net soos jy tye skeduleer om in 'n gimnasium liggaamlike gimnastiek te doen.

TOEPASSINGS

Ek onderneem om meditasie en gebed soos volg in my lewe te implementeer:

1. In my besige lewe gaan ek elke dag 'n plek inruim vir gebed en meditasie waar ek alleen met myself kan wees en hierdie stil tyd ten volle kan benut. Ek gaan daarop konsentreer om my spirituele vermoëns hier te ontdek en te oefen om dit te bemeester. Daarmee wil ek myself as 'n "spirituele mens" verder ontwikkel.

2. Ek neem nou die besluit watter tyd ek elke dag hiervoor gaan gebruik en teken dit nou in my dagboek aan. Ek merk tye wanneer ek net stil in die natuur "sal wees".

3. In my stil tyd gaan ek veral daarop konsentreer om . . .

BEVESTIGING:

Elke dag maak ek tyd vir meditasie en gebed en ek ervaar hoe dit my lewe verryk.

"Die mees verhewe en blywende gedagtes is in stilte gebore."

J.H. van den Berg

Dag 8

ALLES WERK TEN GOEDE

In stille meditasie en gebed het jy nou jou insig versterk dat jy oor spirituele vermoëns beskik en dat jy nie net 'n "fisiese mens" is nie. In hierdie stil tye ontwikkel jy tans jouself as "spirituele mens" deur te oefen om jou spirituele vermoëns te bemeester. Jou doelwit is dat dit jou in staat sal stel om weg te breek van die vormlike leefwyse, waarin jy so ongelukkig is.

Vandag gaan jy jou spirituele vermoë van visie beoefen om dit met jou geestesoog raak te sien dat alle onvoorsiene omstandighede wat jou lewenspad kruis, vir jou ten goede meewerk. Jou spirituele krag van wilsvryheid sal jou hierin ondersteun. Daarmee is jy vry om die reaksie te kies wat jy wil toon wanneer 'n krisis jou tref. Jy kan kies om te voel alles is teen jou, of jy kan die keuse maak om te glo dat die krisis 'n doel dien wat in jou guns tel.

Dit is net 'n "spirituele mens" wat dit kan raak sien dat alles wat met hom gebeur 'n doel dien en in sy guns tel.

'n Nuwe visie

Al die mense wat 'n effektiewe lewe lei, bevestig dat hulle weet daar bestaan nie so iets soos toevalligheid nie. Alle aanslae van die lewe word beskou as dinge wat vír hulle en nie téén hulle is nie. Daarmee bevestig hulle dit wat ook in die Bybel geskryf staan: "Vir hulle wat God liefhet, werk alles ten goede mee."

Hierdie Bybelse waarheid bevestig ook vir jou die feit dat jou lewe op aarde, net soos alles anders in die wêreld, 'n besondere bedoeling het en dat alles deur God as die bron van lewenskrag beheer en bestuur word. Jy is nie alleen in die wêreld nie en is nie oorgegee aan die noodlot nie. Soos jy nou reeds besef, is jy hier om spesifieke take te vervul en alles wat met jou gebeur, is riglyne wat jou op hierdie koers hou. Dit is veral in stille meditasie waar jou spirituele vermoë van visie vir jou die insig gee om dit raak te sien dat alles wat met jou gebeur eintlik meewerk om jou te lei in hoe jy jou take op aarde moet vervul.

Krisisse is geleenthede

Meeste kliënte wat aan my deur kom klop, kom met 'n krisis na my toe en voel asof dit die einde van die wêreld is. Ek weet in daardie oomblik iets wat hulle nie besef nie en dit is dat hulle krisis gewoonlik die geleentheid is waarvoor hulle gewag het, wat net daartoe bydra dat hulle lewe ten goede sal ontwikkel. Vir sommige bewerk dit 'n ommekeer in hul lewe waar hulle vir die eerste keer insien wat die unieke take van hul lewe is. Vir ander dra dit daartoe by dat hulle lewe verder verryk moet word, sodat hulle hul take beter kan vervul.

Daar gebeur gereeld dinge met ons almal, wat vir ons baie pynlik is, dinge wat ons nie gedink het ooit kan gebeur nie. As ons terugkyk oor ons lewe, kan ons nie dink dat ons uit eie wil baie van hierdie dinge self veroorsaak het nie. Soms plaas dit ons in 'n situasie waarin ons breekpunt bereik. Ook in die toekoms sal sulke dinge met ons gebeur al kan ons nie op hierdie oomblik vir onsself indink dat dit moontlik sal wees nie. Die "fisiese mens" maak hierdie pyn groter deur aanhoudend te vra: "Waarom moes dit met my gebeur het? Waarom is alles altyd teen my?" Hy blameer homself ook voortdurend en vra: "Waarom het ek dit gedoen?" Hy het dikwels 'n sielkundige geskiedenis waarin hy dit voortdurend beleef het dat alles teen hom was. Met hierdie kondisionering bewerk hy sy eie ondergang. Hierdie mens leer ook nie uit sy krisiservarings nie en maak dieselfde foute oor en oor. Hy kan dit nie soos die "spirituele mens" raak sien dat krisisse deur 'n groter bron van krag so bepaal word om sy lewe op koers te hou nie.

Die "spirituele mens" het die visie en insig dat elke krisis 'n geleentheid is waaruit hy iets kan leer om 'n meer effektiewe mens te wees. In elke krisis vra hy: "Hoe dra dit daartoe by dat ek my take beter kan vervul?" Daarom verander sy houding later teenoor alles wat met hom gebeur na: "Ek weet nie nou hóé nie, maar dit sal ook vir my wys hoe ek my take nog beter moet vervul." Met hierdie houding ontwikkel hy tot 'n punt waar geen krisis of omstandigheid hom meer ontstel nie. Hy konsentreer later net daarop om te sien hoe hy sy take beter kan vervul en fokus nie meer op sy krisisse nie.

Vir die "spirituele mens" bestaan daar ook nie so iets soos 'n mislukking nie. Hierdie woord ken hy nie. Hy weet dat elke handeling wat hy verrig 'n sekere resultaat lewer en as hy nie met die resultaat tevrede is nie, kyk hy hoe hy dit die volgende keer kan verbeter. Hy onthou wat iemand gesê het: "Lewensomstandighede is 'n harde leermeester, dit gee jou eers die toets en daarna die lesing." Hy is gewillig om uit die lesing te leer en staar hom nie blind op sy toetsresultate nie.

Wanneer jou lewe in die grootste krisis is en alles met jou sogenaamd verkeerd geloop het, is dit baie keer die geleentheid wanneer jy moet vra of dit nie vir jou daarop wys dat jy dalk nie besig is om jou lewenstake te vervul nie. Menige persone wat in tye van krisis tot stilstand kom in meditasie en gebed, word daarvan bewus dat die krisis waarin hulle verkeer, moet gebeur het sodat hulle aandag weer op hul take gevestig moet word. Sommige moes eers alle materiële besittings verloor het, omdat dit hul aandag van hul take afgetrek het. Miskien was dit die ervaring van die gevangenes in Auschwitz, wat eers alles moes verloor sodat hulle tot die besef kon kom dat hulle nog spesifieke lewenstake het om te vervul.

In stille meditasie en gebed sal jou geloofskrag jou ook ondersteun om te ervaar dat wat ook al met jou gebeur, deur God beheer word met die bedoeling om jou lewe te vorm sodat jy jou spesifieke lewenstake kan ontdek. Ek sê dat God dit beheer. Dit is nie God wat hierdie dinge oor ons bring, soos sommige graag die beskuldiging uitdeel nie. As sielkundige weet ek dat dit meestal die resultaat is van ons eie optredes, wat ons self veroorsaak. God beheer dit egter deur die krisis te gebruik om ons by ons lewenstake uit te bring.

Baie mense in die spirituele ontwaking getuig daarvan dat eienaardige dinge met hulle gebeur. Hulle het die insig ontvang om dit raak te sien dat hierdie dinge soos padtekens op hul lewensweg geplaas word. Baie getuig dat toe hulle dit begin raak sien het, en dit gevolg het sonder om hulle daaroor te bekommer, alles net vir hulle in plek begin val het. In my eie lewe beleef ek hierdie ervaring soos nog nooit tevore nie, net omdat ek dinge wat op my pad kom nie meer beveg nie en dit net aanvaar en in afwagting kyk waarheen dit my lei. Ek het opgehou om met groot spanning my eie lewenskoers te probeer uitwerk. Nou gee ek my net oor aan groter spirituele kragte wat my lewe lei. Soms kan ek dit amper nie glo as ek sien hoe alles net vir my reg uitwerk nie. Daarom bekommer ek my nie meer oor môre nie.

In die finale fase van die skryf van my boek het my rekenaar die middag voor 'n lang naweek uitgesny. Ek wou die naweek 'n groot verandering in my gedagtegang aanbring, en die tyd was min. 'n Kenner van rekenaars het alles in sy vermoë gedoen om dit weer aan die gang te kry, sonder sukses. Volgens hom moes ek wag tot die volgende week om 'n onderdeel te vervang. Gedurende die naweek het ek met 'n gebed in my hart die rekenaar aangeskakel. Ek kon dit nie glo nie, dit het weer normaal gewerk. Intussen was ek geforseer om my gedagtes te laat rus, en het ek tot nuwe insigte gekom. Ek het net geweet dit moes alles gebeur het om my te keer om my gedagtegang in my boek oor te dra. Agterna het ek besef dat my gedagtegang daarop gerig was om die goedkeuring van mense daarvoor te kry!

Dit is miskien hoekom hierdie boek in jou hand beland het, om jou nie te laat rus voordat jy jou lewenstake gevind het, wat soos missies voor jou lê om vervul te word nie.

Die kosmos in perspektief

Vele mense kry in tye van krisis ook 'n nuwe beeld van die kosmos waarin hulle bestaan. Met die spirituele vermoë van visie, sien hulle alles net in 'n breëre perspektief raak. Hulle sien nie meer hulleself net in hul eie klein leefwêreldjie, naamlik hul mikrokosmos, raak nie, maar sien hulleself as deel van die makrokosmos waarvan hulle net 'n stofdeel uitmaak. Dan kom hulle tot die besef dat groter kragte as hulself hulle lewe beheer en dat hulle nie alleen in die wêreld is en aan hulle eie lot oorgelaat is nie. Wanneer jy ook so hieroor dink, is jy in kontak met jou spirituele vermoë van visie wat vir jou hierdie insig gee. Dan sien jy in dat alles in die wêreld en in die kosmos binne 'n perfekte orde bestaan en dat alles 'n sekere doel dien.

Baie mense in die spirituele ontwaking word nou weer van hierdie eeue oue realiteit bewus. Die "spirituele mens" beleef hierdie waarheid intens en dit vorm die basis van sy geloof dat God sy lewe bestuur en dat hy 'n doel op aarde vervul. Dit is hierdie realiteit wat hom daarvan oortuig dat hy nie self "god" kan speel om sy eie lewe te bestuur volgens sy egoïstiese behoeftes nie. Hy kan ook nie self die fisiese resultate afdwing wat hy in sy fisiese bestaan wil hê nie. Daarom is sy basiese lewensreël om in te val by die ordepatroon van God en net sy betekenis op aarde te vervul, soos dit vir hom bedoel is. Hy soek daarna om hierdie doel te vind en hy vervul dit met vreugde en dankbaarheid en geniet dit, wetende dat die resultaat wat hy sal bereik nie in sy hande lê nie, maar vir hom gegee sal word soos God dit wil hê.

Daarom is sy leuse: "Ek vervul gewilliglik die doel van my lewe met blydskap en sal die resultaat ontvang soos dit vir my gegun word." Hy ervaar dan ook die paradoks: Die mens wat die take wat aan hom toevertrou is met genot vervul, sal boverwagte resultate ontvang.

Kyk hoe jou verlede jou gevorm het

Jy weet nou dat die vervulling van jou betekenis daarin bestaan dat jy jou unieke take op aarde moet verrig soos dit aan jou toevertrou word. Jy moet soms 'n lang pad loop voordat jy daardie unieke take vind. Elkeen van ons het die verantwoordelikheid om te bly soek totdat ons dit gevind het. Soms formuleer ons spesifieke take wat ons dink die regte ding is om te doen. Dan werk ons hard daaraan om hierdie take te vervul net om uit te vind dat ons nie die regte take aangepak het nie. Die "spirituele mens" gee nie moed op nie en sien sy pogings nie as mislukkings nie. Hy begin weer van voor af totdat hy sy unieke take vind waarmee hy sy ware betekenis vervul. Hy maak die keuse om dit in te sien dat alles 'n doel gehad het. Selfs suksesvolle sakemanne in ons land, wie se geskiedenis ek bestudeer het, getuig dat jy soms eers draaie moet loop voordat jy jou koers kry. Een persoon het die "voorsienigheid" gedank dat dinge nie vir hom uitgewerk het soos hy dit aanvanklik beplan het nie.

Dit is 'n interessante oefening om terug te gaan in jou lewe en te sien hoe dinge wat met jou gebeur het daartoe bygedra het om jou te bring by die take wat jy tans vervul. Ek kan met gesag oor hierdie dinge praat, nie net omdat ek dit gereeld saam met my kliënte beleef nie, maar veral omdat dit my eie lewenservaring is. Vandag kan ek terugkyk oor my lewe en verstaan hoekom soveel dinge wat vir my by tye onaanvaarbaar was, moes gebeur het en kan ek my lewe soos 'n legkaart sien wat uit vele pynlike ervarings saamgestel was, maar tans 'n duidelike prent vorm van hoe ek moes ontwikkel om my unieke take te vind. Omstandighede het my ook gelei om by spesifieke take uit te kom wat ek nie vir myself voorsien het nie, waarvan die skryf van hierdie boek een voorbeeld is. Vir al die krisisse in my verlede sê ek vandag vir God dankie. Om hierdie insig te kry, moes ek ook eers leer om my wilsvryheid reg te benut. Daarmee moes ek kies om die regte standpunt teenoor my krisisse in te neem en my keuse is nog steeds om my krisisse te sien as dinge wat vír my en nie téén my werk nie. Vandat ek dit doen, val alles ook in plek vir my.

Wat is jou huidige krisis?

Wat 'n wonderlike gedagte om te weet dat uit dit wat nou met jou gebeur, ook uit dit wat jy nou is en doen, net iets beters vir jou gebore sal word! Met hierdie uitkyk sal jy uitsien na môre en die toekoms, in afwagting van wat ten goede sal gebeur. Met hierdie denke bewerk jy ook onbewustelik die goeie vir jouself. Die sielkundige uitwerking van hierdie benadering van lewe is ook 'n lewe met minder of geen spanning, vrees en bekommernis, veral nie oor die toekoms nie.

Al hierdie dinge geld ook vir jou geliefdes en kinders. Jy kan kies om jou oor hulle te bekommer en alles wat met hulle gebeur te sien as dinge wat teen hulle is, of jy kan die keuse maak om hulle toe te laat om hulle eie lewensgang te gaan en hul eie insigte daarin te ontwikkel, en weet dat alles vir hulle ten goede sal uitwerk. Jy kan nie hulle lewensproses bespoedig of verander nie; daar is groter kragte as jy wat hulle lewe perfek bestuur.

Wat is daar in jou lewe wat jou vandag baie ongelukkig maak? Watter taak of werk moet jy vandag vervul waarteen jy opsien en wat jy nie eintlik wil doen nie? As "spirituele mens" sal jy glo dat hierdie omstandigheid op jou lewenspad moes kom. Daarom sal jy dit waardig hanteer en die beste daarvan maak. Wat jy nie sal doen nie, is om toe te laat dat dit jou sal onderkry omdat jy weet dat dit ook vir jou ten goede sal meewerk.

Jy kan ook moedeloos word

Ek wil dit by hierdie geleentheid noem dat enige mens soms moedeloos word, of deur vrees oorweldig word. Soms is ons krisisse net te veel vir ons om te dra. Soms oorweldig vrees ons, veral ons wat in Suid-Afrika woon met al die veranderinge waarby ons moet aanpas.

Alhoewel hierdie kursus net op die positiewe motivering van jouself ingestel is om met sukses jou betekenis te vervul, moet jy onthou dat jy net 'n normale mens is wat ook deur die aanslae van lewe oorweldig kan word. Soms kan jy maar vir 'n oomblik jou negatiewe gevoelens teenoor jouself en veral teenoor 'n goeie vriend, erken. Ekself kan ook moedeloos word en vrese oor die toekoms optel. Dan is ek gewoonlik geneig om hierdie gevoelens van my te ontken, omdat almal van my verwag om altyd die voorbeeld van 'n gemotiveerde persoon te wees. Baie van my persoonlike vriende is ook so. Ons het egter geleer om ons gevoelens met mekaar te deel. Ons bly nie vashaak daaraan nie, maar dit het 'n goeie sielkundige uitwerking; dit is genesend net soos 'n sweer waar jy van die etter ontslae moet raak.

Bitterheid help nie

Dit is egter raadsaam om vrede te maak met dit wat jy nou is en wat nou met jou gebeur. Om bitter te wees oor iets wat jy nie wil aanvaar nie, het die sielkundige uitwerking dat dit jou gedagtes begin oorheers en dat jy bitterheid in al jou verhoudings indra. Ek moet dikwels mense help om ontslae te raak van bitterheid en opstand oor dinge wat met hulle gebeur het, asook van haat teenoor ander wat hulle veronreg het, waarna hulle lewe drasties verander. Indien sulke gevoelens by jou teenwoordig is, sal dit jou blokkeer om jou betekenis raak te sien en te vervul. Daarom moet jy jou wilsvryheid gebruik om 'n beter keuse oor jou optrede te maak.

Hierdie spirituele vermoë speel 'n groot rol in hoe jy al die dinge hanteer wat met jou gebeur. Dit bied jou die vryheid om te kies hoe jy jou krisis wil sien. Dit stel jou in staat om die keuse te maak dat dit wat met jou gebeur in jou belang is en om nie die verkeerde keuse te maak deur te voel dat alles net teen jou is nie. Met hierdie krag kan jy 'n standpunt teenoor enige krisis inneem om nie daardeur oorweldig te word nie. Dit is hierdie spirituele krag wat jou in staat stel om die keuse te maak om jou krisisse as geleenthede te sien wat vir jou en nie teen jou is nie. Met hierdie vryheid van wil, kies jy dus om jou take te vervul, kom wat wil. Ek gaan ook in Dag 11 vir jou daarop wys hoe jy hierdie spirituele krag moet aanwend om die lewe self vir jou betekenisvol te maak. Die ander spirituele krag wat jou hierin ondersteun, is verantwoordelikheid. Dit bespreek ek môre met jou.

Die paradoks is: alles wat jy dink teen jou is, sal uiteindelik ten goede vir jou meewerk.

TOEPASSINGS

Ek gaan in die vervolg glo dat alles wat met my gebeur in my belang is. Dit doen ek soos volg:

1. Ek kyk terug oor my lewe en sien hoe sekere dinge wat vir my nie aanvaarbaar was nie, met my moet gebeur het en hoe dit bygedra het tot die positiewe vorming van my lewe.

2. Ek gebruik my krag van visie om dit in te sien dat Goddelike kragte my lewe bestuur en dat alles meewerk sodat ek my lewenstake sal raak sien en dit sal vervul.

3. Ek gebruik my spirituele krag van wilsvryheid om die keuse te maak dat geen omstandigheid my lewe sal ontwrig nie. In alles wat met my gebeur, gaan ek kyk wat ek daaruit kan leer.

BEVESTIGING:

Alles wat met my gebeur, werk vir my ten goede om my betekenis op aarde te verwesenlik.

> ***"Ons weet dat vir hulle wat God liefhet, alles ten goede meewerk."***
>
> **Romeine 8:28**

Dag 9

VERANTWOORD JOUSELF

Jy het nou jou spirituele vermoëns van visie en wilsvryheid beoefen om te ervaar dat alles wat met jou gebeur riglyne is wat jou daartoe wil lei om jou unieke lewenstake te vind en dit te realiseer. Die eksistensiële sielkunde beskou verantwoordelikheid as nog 'n spirituele vermoë wat jou in staat sal stel om jou take te vind en suksesvol te beoefen. Jy moet dit ook eers bemeester.

Allerlei verskonings

Om jouself te verantwoord, beteken om 'n antwoord op of rekenskap te gee van iets. Elke mens word een of ander tyd met die vraag gekonfronteer: "Hoe lei jy jou lewe?" of "Watter rol vervul jou lewe op aarde?"

Baie mense hou nie van sulke vrae nie omdat dit vir hulle klink asof die vraag deur 'n gesagsfiguur aan hulle gevra word. In ons samelewing is mense sensitief vir gesag omdat die sosiale struktuur uit gesagstrukture van vorm bestaan, waar die een die ander met mag oorheers. Mense kom hierteen in opstand. Daarom is die normale sielkundige reaksie om dit af te maak met die antwoord: "Dit het niks met jou te doen nie; ek kan met my lewe maak wat ek wil."

Om te rasionaliseer, is 'n ander reaksie van menslike gedrag, dit wil sê om met logiese redenasie allerlei verskonings uit te dink en ander mense of omstandighede te blameer vir die feit dat hy nie 'n effektiewe lewe lei nie. Dit het 'n mode in ons land geword. Hierdie verdedigingsmeganisme kom veral na vore indien iemand direk gekonfronteer word, byvoorbeeld in sy werksituasie, dat hy nie sy beste lewer nie, of as 'n ouer uit liefde sy kind aanspreek oor sy leefwyse of as die regering van sy onderdane vra om hulself op te hef, soos dit tans die geval in Suid-Afrika is.

Feit is dat dit 'n onvermydelike vraag van die lewe self aan jou is. Onthou, dit is nie jy wat vir die lewe moet vra wat die betekenis van jou lewe is nie; dit is die lewe wat vir jou vra of jy jou betekenis vervul of nie! Daarmee is jy 'n antwoord verskuldig aan die bron van lewe, aan God self.

My ervaring, waar ek vele male by 'n sterfbed gestaan het, is dat die mens op daardie punt in sy lewe homself met die vraag konfronteer: "Wat het ek met my lewe op aarde gemaak?" Ek weet ook van geen persoon wat nie begeer dat die mense na sy dood mooi herinneringe van sy lewe sal hê nie. Almal het die ideaal om iets besonders hier op aarde te doen, sodat die nageslag hom kan onthou.

Baie van ons vra in elk geval nou al die vraag: "Wat is die betekenis van my lewe?" Hiermee voel ons aan dat ons nie tevrede is met ons eie lewe nie. Wanneer ons vir onsself 'n antwoord moet gee oor wat ons met ons lewe maak, soek ons ook allerlei verskonings en regverdigings en blameer ons ander vir ons verwronge lewe. Die mees algemene verskonings wat ons uitdink, is dat ons maar is wat ons is en dit nie kan help nie, of om ons ouers en die opvoeding wat ons gehad het, te blameer. Dit het ook 'n mode geword. (Miskien was die sielkunde self hiervoor verantwoordelik, omdat dit graag oorsake van menslike gedrag in sy verlede gaan soek.)

Ons is ook geneig om vir God te blameer, asof God al die dinge wat verkeerd loop in ons lewe en ook in die wêreld veroorsaak. Dit wys net hoe 'n verwronge idee ons oor God het; geen wonder dat sommige mense nie meer in 'n God wil glo nie. Hulle besef nie dat die Goddelike spirituele kragte tot ons beskikking is om enigiets te vermag nie en dat dit ons skuld is dat ons dit nie gebruik nie. Indien ons elektriese krag verkeerd gebruik en onsself skok, kan ons mos nie sê dat elektrisiteit die oorsaak van ons pyn is nie!

Verantwoordelikheid

Die "spirituele mens" het tot die insig gekom dat om jouself te verantwoord, beteken om verantwoordelikheid vir jou eie lewe te neem. Hy weet dat dit 'n spirituele krag is wat aan hom gegee is. Hy sien in dat die mens 'n verantwoordelike wese is en dat hy nie soos die "dinge" is wat van ander "dinge" afhanklik is vir hul voortbestaan en daardeur bepaal word nie. Die mens is selfdeterminerend; hy bepaal sy eie voortbestaan. Dit gaan om sy toekoms in die wêreld, en hy alleen kan bepaal wat dit sal wees. Hy besef dit is vir hom gegee as 'n krag wat hom in staat kan stel om sy unieke take te verrig.

Nou kan jy verstaan hoekom "logo-terapie" net in die mens se toekoms belangstel, in teenstelling met die algemene neiging in die sielkunde om net op die dinge te konsentreer wat met die mens in sy verlede gebeur het. Daarom word dit ook soms "hoogtesielkunde" genoem in teenstelling met die term: "dieptesielkunde" wat so algemeen in die sielkunde gebruik word en na die mens se diepere, onderliggende probleme verwys. Die "spirituele mens" besef dat hy 'n unieke en onvervangbare mens is en dat hy die verantwoordelikheid het om die bedoeling van sy lewe in die toekoms te realiseer. Hyself is vir sy eie toekoms verantwoordelik, niemand anders nie. Met hierdie houding beoefen hy normale menslike gedrag in teenstelling met die abnormale mens wat net in sy verlede leef.

Ek bewonder sommige mense in ons eie land, wat onder baie moeilike omstandighede grootgeword het en wat nogtans 'n sukses van hul lewe gemaak het. Hulle het nie hulle omstandighede geblameer, soos so baie ander dit doen nie, maar het die verantwoordelikheid geneem om te kom waar hulle vandag is. Enige mens kan dit doen as hy wil, maar dan moet hy 'n "spirituele mens" wees wat die spirituele krag van verantwoordelikheid kan bemeester. Indien jy nie verantwoordelik optree nie, is dit omdat jy nog nie hierdie krag in jou bemeester het nie.

Onafhanklikheid

In die spirituele ontwaking wat tans plaasvind, blyk dit dat vele persone net daarop ingestel is om spiritueel 'n mistieke verhouding met God te hê. Vele wil ook 'n spirituele medium hê om hul toekoms te voorspel. Hulle verwag dat groter spirituele kragte hulle lewe moet rig sonder dat hulle self iets daaromtrent hoef te doen. Daarom rasionaliseer hulle dat dit verkeerd is om te sê die mens moet dit doen. Tog herinner hulle ons gereeld daaraan dat God van ons rekenskap gaan eis vir ons dade! As eksistensiële sielkundige sien ek dit as 'n afhanklikheid van ander, 'n ontduiking van verantwoordelikheid om hul eie betekenis te vind en hul eie toekoms te bepaal.

Net jyself kan jou eie lewe rig en net jy is in beheer daarvan oor hoe jy dit leef, of jy jou betekenis vervul of nie. Daarom het jy die spirituele kragte ontvang om jou daartoe in staat te stel. Dit is maar jou normale menslike natuur wat verwag dat ander jou daarmee moet help. Miskien het jou ouers te veel vir jou gedoen en het jy daaraan gewoond geraak dat iemand jou sal help. Miskien was dit welsynsdienste en selfs regeringshulp wat in die verlede te veel vir jou gedoen het. Miskien het jy ook geleer dat God 'n vader is wat alles vir jou sal gee.

Ek moet gereeld vir kinders, wat al uit die huis is en hul eie lewe lei, daarop wys dat hulle nou 'n verantwoordelikheid teenoor hul ouers het en moet ophou om te aanvaar dat hulle 'n sogenaamde reg het dat die ouers nog alles vir hulle moet doen. Hulle ontwikkel later 'n onderliggende arrogansiegevoel dat die lewe hulle iets skuld, dat alles net daar moet wees vir hulle sonder dat hulle iets hoef te doen om hul eie lewe te rig.

Ons sal ook moet ophou om alles wat in die wêreld verkeerd loop, te kritiseer en te voel iemand anders, byvoorbeeld die regering of staatsorganisasies of selfs die kerk, is daarvoor verantwoordelik. Dit is jy en ek wat moet begin om ons verantwoordelikheid te beoefen. As ons dit doen, sal ander dit begin navolg. Ons weet dat wanneer 'n sekere aantal mense dieselfde gedrag begin toon, die massas dit begin navolg. Dit is wat ons nou in Suid-Afrika nodig het, dat elkeen sy verantwoordelikheid sal aanvaar om 'n lewe met betekenis te lei.

Hoekom is mense so afhanklik van ander? Die verklaring wat sommige in die spirituele ontwaking daarvoor gee, is vir my sinvol. Hulle sê ons haak aan ander vas om hulle energie te tap, omdat ons nie in kontak met God is en met God se kragtige spirituele energie gevul word nie. Ek verwonder my hoe so baie enkellopende vrouens vandag sit en wag vir die man wat haar lewe sal kom red, wat tien teen een nie sal opdaag nie. Hulle doen niks met hul lewe nie en verrig nie hul unieke take nie. Hul lewe gaan by hulle verby omdat hulle in afhanklikheid vir iemand sit en wag. Dieselfde geld natuurlik ook vir mans wat voel hulle kan nie sonder 'n vrou lewe nie.

Elke mens maak een of ander tyd die ontdekking dat hyself verantwoordelikheid vir sy lewe moet neem en nie van ander afhanklik moet wees nie. Dit is nie altyd 'n aangename ontdekking om te maak nie! Bestudeer gerus Dag 27 wat handel oor "Ongebondenheid" waar ek die krag van jou onafhanklikheid in diepte bespreek.

Jou uniekheid

Jou lewe het 'n unieke betekenis op aarde. Jy is daarvoor verantwoordelik om spesifieke take te vervul. Logo-terapie is veral daarop ingestel om jou van hierdie verantwoordelikheid bewus te maak.

As "spirituele mens" sal jy die paradoks raak sien dat jy vir jou eie lewe verantwoordelik is, maar dat dit eintlik God is wat jou daartoe in staat stel om jou verantwoordelikheid te beoefen.

Wetende dat God jou help en dat alles ten goede vir jou meewerk, sal jy die verantwoordelikheid kan aanvaar om self die take van jou lewe op aarde te realiseer.

Die "spirituele mens" soek altyd na sy unieke take, en as dit nie uitwerk nie dan kyk hy wat hy daaruit kan leer totdat hy sy take vind. Hy kom nie in opstand teen sy omstandighede nie en blameer nie ander daarvoor nie, en hy verstaan dat hy 'n verantwoordelikheid het teenoor homself, teenoor ander mense en teenoor die wêreld waarin hy leef, ook teenoor God. Daarom neem hy die besluit elke dag om self sy lewe effektief te lei.

Jou spirituele vermoëns stel jou daartoe in staat om vrede te maak met die feit dat jy alleen in die wêreld ingekom het en alleen jou take hier moet vervul en alleen uit die wêreld moet uitgaan. Jy kan dit doen omdat jy weet dat God met jou is.

Vertrou jouself

Jou uitdaging is om vandag die besluit in stille meditasie te neem dat JY verantwoordelik gaan wees vir JOU lewe. Hiervoor moet jy jouself vertrou dat jy dit kan doen. Jou grootste aanmoediging om hierdie besluit te neem, lê daarin dat jy nou glo en weet daar is 'n bron van lewenskrag wat jou daartoe in staat stel. Ek het vele male gesien dat sodra die mens gewillig word om sy verantwoordelikheid te aanvaar, hy die insig ontvang oor wat sy take is wat hy op aarde moet verrig en dan verander hy sy lewenskoers. Dit kan vandag ook met jou gebeur.

Verantwoordelikheid impliseer nie dat jy altyd die regte besluite sal neem nie. As nietige mens is jy nie gevrywaar van foute nie. Gelukkig weet jy nou al dat God jou foute beheer en dit gebruik om jou op koers te hou. Jou grootste uitdaging is om met verantwoordelikheid daardie spesifieke taak te verrig wat jou spirituele visie jou van oortuig om te verrig.

TOEPASSINGS

Ek neem vandag die besluit dat ek die verantwoordelikheid vir my eie lewe gaan aanvaar. Dit doen ek soos volg:

1. Ek weet dat ek nie alleen is nie en dat God my sal bystaan. God het vir my hierdie spirituele vermoë gegee, daarom kan ek my verantwoordelikheid aanvaar om die betekenis van my lewe te verwesenlik.

2. Ek vertrou myself en maak my los van enige ander persoon van wie ek afhanklik is.

BEVESTIGING:

Ek neem die verantwoordelikheid vir my eie lewe in alles wat ek doen. Ek vertrou myself daarvoor.

> ***"Ons moet voortdurend na die kol in die teiken mik, al weet ons dat ons dit nie altyd sal tref nie."***
>
> **Goethe**

Dag 10

'N BETEKENISVOLLE LEEFWYSE

Ek vra jou om die volgende oefening te doen: Stel jouself voor dat jy jou dokter gaan sien omdat jy siek voel, en dat hy na verskillende toetse vir jou die onaangename nuus meedeel dat jy net 'n paar maande oor het om te lewe. Dink dan hoe jy in daardie paar maande jou lewe gaan inrig.

In ons alledaagse lewe is dit in elk geval baie mense se ervaring. Dit is in tye soos hierdie wanneer die mens dinge begin doen wat hy nooit tevore aan gedink het nie. Dit is dan wanneer baie vir die eerste keer werklik die ware kwaliteite van lewe waardeer en geniet. Wanneer jy jou in so 'n situasie indink, sal jy iets beleef van wat jou lewe veronderstel is om op aarde te wees.

Die leefwyse wat almal begeer

In die eerste dagstuk het jy al gesien dat mense vandag na 'n ander leefwyse soek omdat die vormlike leefwyse net hulle fisiese behoeftes bevredig wat hulle nie laat voel dat die lewe 'n betekenis het nie. Hulle wil ook hul spirituele behoeftes bevredig om te voel dat die lewe in die algemeen en hul lewe in besonder 'n betekenis het. Ek en jy wil ook 'n ander leefwyse hê waarin ons dit kan ervaar. In 'n "betekenisvolle leefwyse", wat ek vandag met jou bespreek, sal ons dit beleef.

Jy sal agterkom hoe hierdie leefwyse radikaal van die "vormlike leefwyse" verskil.

"Spirituele mense" wat hierdie leefwyse handhaaf, beskryf hul nuwe leefwyse soos volg: jy beskik oor die vermoë om elke oomblik van jou lewe te geniet; jy reageer spontaan op alles wat jy doen sonder enige vrese; jy hou op om jou oor alles te bekommer; jy oordeel en kritiseer mense nie meer nie; jy word oorweldig met gevoelens van waardering vir alles in en om jou; jy stel nie meer belang in enige konflikte nie; jy wil gereeld glimlag; jy sien net die mooi dinge in mense raak en staar jou nie meer blind op hulle uiterlike vorm nie; en jy het net 'n behoefte om vir alles en almal met liefde iets te gee om hulle gelukkig te maak. In hierdie leefwyse speel die vormlike dinge geen rol in jou lewe nie; jy ervaar slegs die betekenis van die spirituele kwaliteite van lewe.

Die skepper van lewe het vir ons 'n lewe gegee wat vir ons iets besonders moet beteken. Ons het nie 'n lewe gekry wat net vol pyn en smart is nie. Dit geld vir alle vorms van lewe. Om te sien hoe die diere in die natuur die lewe geniet, is altyd vir my 'n wonderlike ervaring. Hier waar ek sit en skryf, kan ek die gesang van voëls hoor, en as ek by my venster uitkyk, sien ek in my geestesoog hoe hulle met vreugde die lewe geniet. Het jy dit al in jou geestesoog gesien? Dit is een van daardie onsigbare spirituele kwaliteite van lewe wat jy nie mag misloop nie. Wanneer ek in my tuin werk, kan ek soms aanvoel hoe die plante, en veral die blomme, die lewe geniet. Dan sien ek hoe ek self ook hier is om elke oomblik die lewe te geniet. Daarmee moet ek saam met almal en alles vir God die eer gee dat die lewe wonderlik is. Ek glo dat God ook hierdie erkenning wil kry net soos jy die erkenning wil hê dat iets wat jy gemaak het goed en wonderlik is.

Jy moet nie dink dat hierdie leefwyse materiële voorspoed uitsluit nie. Inteendeel, met 'n betekenisvolle leefwyse bewerk jy die paradoks dat jy meer dinge sal besit as wat jy nodig het, alhoewel dit nie jou eerste strewe is nie. Dit is wat die nuwe suksesformule ons leer. Ons gaan later by herhaling meer insig in hierdie paradoks kry.

Jou stappe van ontwikkeling

Jy het nou reeds 'n "spirituele mens" geword omdat jy jou spirituele kragte ontdek het en dit kan bemeester. Daarmee handhaaf jy 'n goeie verhouding met jouself. As "spirituele mens" moet jy nou verder groei om die volgende ontwikkelingsvlakke te bereik:

* Jy moet die vlak bereik waar jy *'n ander leefwyse vir jouself skep* om daarmee weg te breek van die vormlike leefwyse. Dit is noodsaaklik omdat die vormlike leefwyse net jou liggaamlike behoeftes bevredig en jou daarvan weerhou om jou spirituele behoeftes te bevredig. Jy moet 'n leefwyse voer waarin jy dit kan ervaar dat die lewe self vir jou iets besonders beteken.

* Die volgende vlak wat jy moet bereik, is om *jou unieke take te vind en dit te verrig*, om daarmee die betekenis van jou lewe te vervul en

jou bydrae te lewer vir die verdere ontwikkeling van die lewe op aarde.

* Daarna moet jy die vlak van ontwikkeling bereik waar jy *doeltreffende verhoudinge met alles en almal moet handhaaf*. Dit sal jou help om jou take effektief te vervul.

In die volgende paar dae gaan ek jou help om tot die eerste vlak te ontwikkel, naamlik om 'n nuwe leefwyse vir jouself te skep. Ek noem dit: "'n betekenisvolle leefwyse", en gaan dit van nou af in diepte met jou bespreek.

Let daarop dat jy eers 'n betekenisvolle leefwyse moet voer om te *ervaar dat die lewe vir jou iets beteken, dan sal jy weet hoe jy vir die lewe iets kan beteken.*

'n Agtergrondoorsig

Om mooi te verstaan hoekom mense vandag nie meer so 'n betekenisvolle leefwyse handhaaf nie, wil ek eers vir jou 'n opsomming en globale oorsig gee van wat ons tot dusver geleer het. Ek herhaal opsetlik dinge wat jy nou reeds geleer het, omdat ek seker wil maak dat jy dit verstaan; ook omdat dit een van my leuses is dat herhaling die moeder van alle wysheid is.

* Ons het tot dusvêr geleer dat daar al meer ontevredenheid by mense ontstaan oor die leefwyse wat ons vandag handhaaf en dat dit nie vir hulle ware geluk en vrede bied nie. Die rede is omdat ons leefwyse ons fisiese behoeftes eensydig bevredig en nie ons spirituele behoeftes nie. Hierdie leefwyse is so vol spanning en frustrasies dat die mens na die betekenis van sy lewe begin vra, waarom hy eintlik hier op aarde is, of sy lewe wel 'n doel dien (Dag 1).

* Verder het ons geleer dat die mens nie net 'n fisiese wese met 'n liggaam is nie, maar dat hy ook 'n spirituele wese is. Daarom is sy sterkste motivering (Dag 2) om sy spirituele behoeftes te bevredig. Sy motivering is nie eerstens daarop ingestel om sy fisiese behoeftes te bevredig met die uiterlike, vormlike dinge nie. Hy wil dus bo alles weet wat die spesifieke betekenis van sy lewe op aarde is; hy wil unieke take verrig waarmee hy kan ervaar dat sy lewe iets besonders op aarde beteken.

* Ons leermeester (Frankl) het vir ons daarop gewys dat dit net ons spirituele kragte is wat ons in staat stel om hierdie spirituele behoeftes te bevredig. In Dag 3 het ons gesien dat ons ons spirituele kragte verdring en dat dit in ons onderbewuste verskuil lê. Ons kan dus nie ons spirituele behoeftes bevredig nie, en dit skep 'n frustrasie wat aanleiding gee tot neurotiese gedrag, met die simptome van byvoorbeeld ongelukkigheid, spanning, depressie, 'n gevoel van leegheid en 'n soeke na persoonlike vervulling.

* Omdat ons nie ons spirituele behoefte kan bevredig om die betekenis van ons lewe te vervul nie, kompenseer ons daarvoor met die vervulling van ons fisiese behoeftes in 'n vormlike leefwyse (Dag 4). Ons soek 'n betekenis in die fisiese dinge, veral in plesier en magsbeoefening. Die uiterlike, vormlike dinge, wat deur die tegnologiese ontwikkeling bevorder word, oorweldig ons egter en dit is die rede waarom ons so ongelukkig is; dit bevredig nie ons spirituele behoeftes nie.

* Wêreldwyd word daar nou na die spirituele aspekte van lewe gesoek en in hierdie spirituele ontwaking (Dag 5) word ernstig gepoog om ons verlore spirituele kragte terug te win om ons uit ons krisis te verlos. Omdat hierdie kragte ons ook in staat stel om godsdiens te beoefen, het ek dit vir jou aanbeveel sodat jy 'n Godbegrip vir jouself kan kry wat vir jou aanvaarbaar is.

* Jy het geleer dat jou spirituele vermoëns (Dag 6) hoofsaaklik bestaan uit wilsvryheid, verantwoordelikheid, liefde, geloof, en visie, wat jy weer moet ontdek, en dat jy moet oefen om dit in jou daaglikse lewe toe te pas.

* Dit is veral in stille meditasie en gebed (Dag 7) wat jy hierdie spirituele vermoëns sal vind en waar jy moet oefen om dit te bemeester. Die mens wat sy spirituele vermoëns ontdek het en dit bemeester om sy spirituele behoeftes te bevredig, noem ek *"die spirituele mens"* en die mens wat nie daarvan bewus is dat hy daaroor beskik nie en dit nie benut nie en net sy fisiese behoeftes bevredig, noem ek *"die fisiese mens"*.

* Verder het ek jou ook daarop gewys dat alles wat met jou gebeur vir jou ten goede meewerk (Dag 8). Jy moet insien dat alles wat met

jou gebeur deur 'n bomenslike bron van krag beheer word met die doel om jou by die punt uit te bring waar jy jou unieke take sal vind.

* Ek het vir jou geleer dat jy jou verantwoordelikheid (Dag 9) moet aanvaar om jou take te vind en dit te realiseer. Verantwoordelikheid is 'n spirituele krag in jou waarmee jy jou toekoms bepaal en daarmee moet jy eerstens 'n betekenisvolle leefwyse vir jouself skep.

Soos 'n goue draad het 'n waarheid tot dusver deur die kursus begin vleg dat jou spirituele vermoëns die krag in jou is wat jou in staat stel om jou sielsbehoeftes te bevredig, naamlik om die spirituele kwaliteite van lewe te geniet en om bo alles jou unieke take op aarde te verrig.

Ons is besig om die waarheid van die paradoks te leer: die mens wat bo alles sy spirituele behoeftes bevredig, sal ook sy fisiese behoeftes ten volle bevredig.

Skep 'n nuwe leefwyse

In hierdie stadium van die kursus moet jy die verantwoordelikheid aanvaar om vir jou *'n betekenisvolle leefwyse* te skep, sodat jy jou behoefte kan bevredig om dit te ervaar dat die lewe vir jou iets besonders beteken. *Onthou, eers wanneer jy voel dat die lewe vir jou iets beteken, sal jy in staat wees om vir die lewe iets te beteken.* Hierdie leefwyse sal vir jou as raamwerk dien waarin jy jou spesifieke take sal ontdek. Die "spirituele mens" formuleer nie sy take as hy nie eers 'n spirituele raamwerk van waardes opgebou het nie. Hier verskil hy drasties van die "fisiese mens", wat doelwitte formuleer sonder inagneming van wat die waarde daarvan vir hom sal wees.

Nou is die vraag: Hoe lyk so 'n betekenisvolle leefwyse en hoe skep jy dit? Weer eens het Frankl vir ons die antwoord gegee. Hieroor het hy ook navorsing gedoen om uit te vind hoe ander mense vir hulle 'n betekenisvolle leefwyse skep, en sy bevinding is dat hulle drie beproefde lewensbeginsels daarvoor gebruik.

Drie lewensbeginsels

Die lewensbeginsels waarmee jy 'n betekenisvolle leefwyse vir jouself kan skep, is die volgende:

* Die eerste beginsel is om alle aanslae van die lewe te *hanteer*. Jou wilsvryheid stel jou in staat om enige lewensomstandigheid of krisis te hanteer. Met jou vryheid om keuses te maak, kan jy kies om nie toe te laat dat enigiets jou sal verhinder om die kwaliteite van lewe te geniet wat vir jou iets kan beteken nie. Net so sal jy nie toelaat dat enigiets in jou pad staan om jou unieke betekenis te vervul nie. Jy is in staat om elke krisis te beheer en sal nie toelaat dat 'n krisis jou beheer nie. Jy is in staat om in alle omstandighede 'n doel te sien, dat dit vir jou ten goede meewerk. Sodoende sal jy ervaar dat selfs die krisisse van die lewe vir jou iets beteken. Wanneer 'n krisis jou tref wat jou oorweldig, soos byvoorbeeld 'n terminale siekte, sal jy voel dat dit ook vir jou iets beteken.

* Tweedens moet jy daardie dinge uit die lewe *neem* wat jou spirituele behoeftes kan bevredig, soos dit wat mooi en goed in die wêreld is, om byvoorbeeld die unieke kwaliteite van jou medemens te waardeer of om iemand se liefde te ervaar, of om kuns te bewonder. Alles dinge wat geen vorm het nie en geen geld kos nie. Hierdie dinge sal jou laat voel dat die lewe vir jou iets beteken.

* Derdens moet jy daarop ingestel wees om vir die lewe iets *te gee*, soos byvoorbeeld jou unieke kreatiewe bydraes in jou werk. Dit is veral liefde wat jy vir alles en almal moet gee, ook vir diere en plante. Deur te gee, sal jy voel dat die lewe iets besonders vir jou beteken. Bo alles sal jy voel dat die lewe iets beteken wanneer jy jou unieke take vir die lewe gee, wat net jy kan doen.

Die beginsels van *hantering, gee en neem* is dus die grondslag van die nuwe leefwyse wat jy vir jouself moet skep. Baie mense wat al probeer het om weg te breek van hul bestaande ongelukkige leefwyse en op 'n ander plek alternatiewe leefwyses vir hulleself geskep het, moes op die harde manier leer dat dit nie gewerk het nie omdat hulle nie hierdie beginsels in hul nuwe leefwyse toegepas het nie. Hulle het maar net hul vorige vormlike leefwyse elders gaan herhaal.

Beproefde lewensbeginsels kan nie geïgnoreer word nie

In die nuwe leefwyse wat jy vir jouself skep, gaan dit dus om die toepassing van beproefde lewensbeginsels. Wat is lewensbeginsels?

Dit is basiese lewenswaarhede. Daarom maak ons dit lewensreëls of lewenswette. Sodra sommige mense die woorde "beginsel" of "reël" of "wet" hoor, staan hulle baie negatief daarteenoor omdat daar te veel beginsels en reëls aan hulle opgedwing was. Dit daag hulle dan net uit om hul eie reëls te maak. Indien jy ook daartoe geneigd is, sal jy 'n denkverskuiwing hieroor moet maak. Hierdie lewensbeginsels wat ons moet volg om 'n betekenisvolle leefwyse te skep, is nie deur Frankl uitgedink nie. Dit is nie mensgemaakte wette nie. In sy navorsing het hy gesien hoe mense lewensreëls navolg wat deur al die eeue gegeld het en hier op aarde reeds beproef is lank voordat jy hier aangekom het. Ons het dit nodig om weer die lewe en die wêreld te begryp volgens die oorspronklike wette van die natuur, wat deur God se spirituele krag beheer word.

Jy sal alleenlik daartoe in staat wees om hierdie lewensbeginsels reg toe te pas indien jy jou verskillende spirituele vermoëns kan bemeester, naamlik:

* Om jou omstandighede en krisisse *te hanteer*, sal jy eers jou *geloof* moet beoefen om te glo dat jy dit kan doen en dat alles ten goede meewerk en sal jy jou *wilsvryheid* moet kan gebruik om die regte besluite daaroor te maak.

* Ten einde die mooi dinge in jouself en in ander en in die wêreld raak te sien en dit met waardering *in te neem*, sal jy eers jou spirituele vermoë van *visie* moet kan bemeester.

* Om vir jouself en vir ander *te gee*, sal jy eers die spirituele vermoë van *liefde* moet kan toepas.

TOEPASSINGS

Dit is my keuse om van nou af 'n betekenisvolle leefwyse vir myself te skep. Ek aanvaar my verantwoordelikheid om dit te doen.

1. Ek is daarop ingestel om my vormlike leefwyse deur 'n betekenisvolle leefwyse te vervang.

2. Ek gaan my spirituele vermoëns daarvoor gebruik.

3. Ek stel my daarvoor oop dat die lewensbeginsels wat deur al die eeue beproef is my sal help om hierdie nuwe leefwyse te realiseer.

BEVESTIGING:

Van vandag af handhaaf ek daagliks 'n betekenisvolle leefwyse.

"Wat die mens is, word hy deur die beweegredes wat hy sy eie gemaak het."

Karl Jaspers

Dag 11

HANTEER DIE LEWE

Jy kan ervaar dat alles in die lewe vir jou iets goeds beteken, selfs die teenslae van die lewe. Ja, dit ís moontlik dat jy elke aspek van die lewe kan geniet en gelukkig daarmee kan wees. Is dit nie 'n wonderlike gedagte nie? Om dit moontlik te maak, moet jy egter die lewensbeginsels handhaaf wat as riglyne deur al die eeue gegeld het. Mense wat dit ignoreer en die lewe wil geniet soos hulle dit goeddink, maak gewoonlik 'n mislukking van hul lewe.

Vandag gaan jy begin om die eerste beproefde lewensbeginsel toe te pas om vir jou 'n *betekenisvolle leefwyse* te skep en te ervaar dat jy in geluk en vrede kan leef. Die eerste lewensbeginsel is die beginsel van "hantering", om alle aspekte van lewe sodanig te hanteer dat dit vir jou iets beteken. Wanneer jy daarin slaag, is jy in beheer van alles. Indien dit met ons goed gaan, is dit maklik om te voel dat die lewe iets vir ons beteken, maar wanneer die aanslae van die lewe op ons toesak, verloor ons gou hierdie gevoel. Daarom moet jy in staat wees om alle lewensomstandighede en krisisse so te hanteer dat jy daarin 'n betekenis kan vind. Mense wat deur hul lewensomstandighede en krisisse oorweldig word, kan geen geluk en vrede in die lewe vind nie.

Jou krag om krisisse te hanteer

Die aanslae van die lewe kan hanteer word deur die spirituele kragte van wilsvryheid en geloof. Aan die een kant het jy die krag van die vryheid van keuses, waarmee jy kan kies dat jy die krisis gaan oorwin. Aan die ander kant stel die krag van geloof jou in staat om te weet dat alles wat met jou gebeur, ook jou krisisse, 'n doel het en vir jou ten goede meewerk.

Geen mens is vry van die aanslae van krisisse op sy lewe nie, maar hy is vry om 'n keuse te maak oor hoe hy dit gaan hanteer. Daarom het niemand die verskoning om te sê dat sy omstandighede die oorsaak is van sy mislukte lewe nie. Mense soek maar graag 'n verskoning om hul verantwoordelikheid te ontduik. Die eksistensiële sielkunde handhaaf die siening dat die mens met sy wilsvryheid sy lewe kan rig net soos hy wil en dat sy lewe nie vooraf gedetermineer is, soos sommige dit verkondig nie. Daarom kan jy besluit om jou betekenis te vervul, maak nie saak wat jou omstandighede is nie.

Jy het reeds gesien dat jou lewe nou, en alles wat jy nou is en het, die resultaat is van jou besluite wat jy êrens in die verlede geneem het. As jy nie tevrede is met jou lewe nie, is jy nog steeds vry om vandag 'n nuwe besluit te neem om jou lewe te verander, net soos jy wil.

As jy dink dat jy nie lewenskrisisse sal hê omdat jy 'n "spirituele mens" geword het nie, maak jy 'n fout. Wat wel waar is, is dat jou spirituele krag jou in staat stel om dit sodanig te hanteer dat dit nie jou lewe beïnvloed om net die swart kant van die lewe raak te sien nie. Kan jy onthou hoe jy gevoel het toe jy nog 'n "fisiese mens" was en nie 'n krisis in jou lewe kon oorwin nie? Toe het jy gevoel die lewe is teen jou, of dat niks die moeite werd is nie. Jy het toe so op jou krisis gekonsentreer dat jy ook niks anders meer raak gesien het wat die lewe die moeite werd gemaak het nie. Wanneer jy jou omstandighede oorwin, dan voel jy soos die sterkere, dan voel jy dat jy in beheer van jou lewe is en is jy trots op jouself. James Allen het dit so mooi saamgevat: "Omstandighede maak nie 'n mens wat hy is nie, dit openbaar net wié hy werklik is."

Menige "spirituele mense" het al bewys dat geen omstandigheid hulle verhinder het om te doen wat hulle wil doen nie. Ek wil dit herhaal, dat ek my hoed afhaal vir mense in ons land wat onder die moeilikste omstandighede dit so hanteer het dat hulle wenners anderkant uitgekom het. Daar is baie suksesverhale van mense wat menslik gesproke geen kans gehad het om bo uit te kom nie, maar tog daarin geslaag het. Wanneer jy jou unieke take in die lewe ontdek, sal niks jou keer indien jy in staat is om omstandighede te oorkom nie.

Dit alles klink goed en wel, maar hoe pas ons dit prakties toe, hoe kan jy die aanslae op jou lewe daagliks bemeester en oorwin? Kom ek wys jou hoe jy met die spirituele krag van wilsvryheid in staat is om enige lewensaanslag te oorbrug.

Kies jou response

Hierdie spirituele krag stel jou in staat om die regte response op die aanslae van die lewe te kies. In die sielkunde is daar baie navorsing gedoen en teorieë geformuleer oor hoe die mens reageer op die dinge waarmee hy in aanraking kom. Dit staan bekend as die stimulus-respons-teorieë. Daar is voortdurend prikkels of stimuli wat op ons inwerk en ons toon altyd 'n sekere reaksie of respons daarop. Niemand kan hierdie stimuli ignoreer asof dit nie bestaan nie. Ek gaan nou vir jou 'n paar voorbeelde gee hoe jy verskillende response op 'n stimulus kan maak en hoe jy met die keuse van die regte respons, die stimulus die beste kan "hanteer".

Ons is altyd in drie verhoudinge, naamlik met onsself, met ander mense en ook met die fisiese dinge, daarom is my voorbeelde op hierdie drie aspekte gerig.

* Kom ons begin by die *stimuli van die fisiese dinge* waarmee ons daagliks gekonfronteer word en dan kyk ons watter verskillende response ons daarop kan gee. Die weersomstandighede is byvoorbeeld 'n stimulus. Dit kan baie warm wees, of koud, of dit kan reën of hael. Hoe reageer ons hierop? Ons respons kan wees om geïrriteerd te raak en heeldag daaroor te kla en toe te laat dat dit byvoorbeeld ons werk en menseverhoudings beïnvloed, of ons kan die keuse maak om 'n ander respons daarop te gee. So kan ons byvoorbeeld eerder by die weersomstandigheid aanpas en dit geniet en vir almal vertel watter wonderlike dag dit is. Ons neem dus 'n standpunt daarteenoor in wat in ons eie en in ander se belang is. Sodoende *hanteer* ons die situasie.

Om stimuli te hanteer, beteken dat *jy* in beheer is en nie die stimuli wat op jou inwerk nie. Het jy al gesien hoe sekere mense in onaangename weersomstandighede dit selfs as 'n verskoning gebruik om nie werk toe te gaan nie? Die "spirituele mens" word nie deur sulke stimuli afgeskrik nie, omdat hy net daarop ingestel is om sy take te verrig en niks kan sy aandag daarvan aftrek nie. Iemand wat spesiale take het wat hulle tot elke prys wil vervul, geniet dit so dat niks hulle afskrik nie.

Stimuli kan enige vorm aanneem. Dit kan wissel vanaf 'n pap motorband, of 'n verkoue, tot 'n finansiële verlies. Soms gebeur hierdie dinge alles op een dag. Wat is jou respons as dit met jou gebeur? "Fisiese mense" reageer so sterk daarop dat hulle nie hul emosies kan beheer nie, en vloek en skel en skop en gaan te kere, waarmee hulle nie alleen hul eie lewe verder ontwrig nie, maar ook die lewe van almal om hulle.

Indien jy nie in beheer van jou response is nie, kan jy nie 'n betekenisvolle leefwyse voer nie. Dan sal jy ook soos die "fisiese mens" wees wat voel alles is teen jou. Jy kies eerder 'n ander respons, om te glo dat alles 'n doel het of om te glo dat die motor se wiel pap geword het om jou van 'n ongeluk te vrywaar, wat sou plaasgevind het indien jy wel kon gery het.

* 'n Ander voorbeeld is om *stimuli van mense* reg te hanteer. 'n Aspek wat ons almal moet leer om te hanteer, is byvoorbeeld die kritiek wat ons so gereeld ontvang. Hoe reageer jy op kritiek? Ook hier gaan dit om die respons wat jy daarop gee. Die "spirituele mens" sal die keuse maak om daaruit te leer, die "fisiese mens" sal kies om homself af te skiet en te voel alles wat hy doen, is verkeerd en vir dae sy wonde sit en lek.

Ons gaan nog baie leer oor hoe ons mense moet hanteer. Ook hierin is jy vry om jou eie response te kies. Dit is egter jou verantwoordelikheid om nie toe te laat dat mense en hulle opinies of verwagtings jou verhinder om te doen wat jy glo reg is nie. Jy is nie die slaaf van mense nie. Kies eerder die regte respons, om in beheer te wees. Deur jou aan ander mense te onderwerp, plaas jy die beheer van jou lewe in ander se hande en sê jy eintlik daarmee: "Julle is sterker as ek, julle beheer my lewe, nie ek nie."

* *Stimuli kom ook uit jouself.* Die belangrikste voorbeeld hiervan is die stimuli van negatiewe gedagtes. Dit is gewoonlik mense wat ledig rondsit wat die tyd het om hul negatiewe gedagtes te koester. Ek vind dit baie moeilik om hulle in terapie van hierdie gewoonte te genees. Hulle vorm deel van die mense wat in 'n eksistensiële vakuum vasgevang sit en die enigste manier om hulle daaruit te kry, is om met logo-terapie vir hulle te help om die betekenis van hul lewe te vind en dit te begin realiseer. Dan het hulle nie meer tyd om hierdie stimuli te troetel nie en maak hulle die keuse om hul negatiewe denke deur positiewe gedagtes oor die wonderlike betekenis van die lewe te vervang.

Die regte response maak die lewe die moeite werd

Kan jy nou verstaan dat jy met die beginsel om alle stimuli reg te hanteer, vir jou 'n betekenisvolle leefwyse kan skep? Die lewe sal vir jou 'n betekenis hê as jy in beheer van jou response is. Indien nie, sal jy deur die aanslae van lewe oorweldig word en die pyn daarvan ervaar.

Indien jy die alledaagse dinge van die lewe reg hanteer deur die regte response te kies, sal jy ook daarin slaag om dit in die groot aanslae van die lewe te kan doen. Omdat jy gewoond raak daaraan om jou response gereeld te kontroleer, kry jy dit makliker reg om in 'n groot krisis die regte respons te gee.

Sonder dat jy dit besef, stel jy ook 'n voorbeeld vir ander. Ek herinner my aan 'n seun wat vir my gesê het dat hy sy pa bewonder omdat sy pa alles wat met sy lewe verkeerd geloop het so goed hanteer het. Ons wil almal net hê dat dit met ons goed moet gaan, sodat ons kinders en ander mense ons kan bewonder, en besef nie dat dit soms met ons sleg moet gaan sodat ons vir ander 'n voorbeeld kan stel hoe om 'n krisis te hanteer nie. Is dit nie miskien die betekenis van jou huidige krisis nie?. Ek sê baie vir mense in 'n krisis, byvoorbeeld iemand wat 'n geliefde aan die dood moes afstaan, of besig is om aan kanker te sterf: "Dankie vir die voorbeeld wat jy vir my stel, jou krisis verryk ook my lewe."

Die "fisiese mens" het nie die spirituele krag om sy krisisse te hanteer nie. Al besit hy al die vormlike, materiële dinge, stort hy in duie sodra dinge vir hom begin verkeerd loop. Daarom beteken die lewe self vir hom niks nie.

Die lewensbeginsel om krisisse te hanteer, vrywaar die "spirituele mens" ook van kommer oor die toekoms. Hy glo dat hy ook sy krisisse vorentoe sal hanteer. Omdat hy daarvan bewus is dat hy nie alleen in die wêreld is nie, maar dat die bron van alle krag, God self, vir hom versterk om sy krisisse van dag tot dag te hanteer, daarom weet hy dat hy dit ook in die toekoms sal regkry.

Teen hierdie tyd weet ons al dat die "spirituele mens" se eerste reaksie op 'n krisis is dat dit 'n doel dien wat vir hom ten goede sal meewerk. Daarom sien hy 'n betekenis in sy krisis. Selfs wanneer hy deur 'n groot krisis geteister word, is hy nog in beheer van sy response. As hy byvoorbeeld 'n geliefde deur die dood verloor, soek hy eerder na die betekenis daarvan wat vir hom ten goede meewerk. Wanneer hy self 'n ernstige siekte ontwikkel, wat selfs sy dood kan beteken, is hy nog in beheer van sy response. Ook hierin maak hy die keuse om 'n betekenis daarin te vind. Met sy nuwe wêreldbeeld weet hy in elk geval dat sy liggaam tydelik is, maar dat hyself spiritueel vir ewig sal voortbestaan; dan kies hy gewilliglik om die tydelike vir die ewige te verruil.

Nou kan ons verstaan hoe die mense in Auschwitz in staat was om hul krisis te hanteer en te oorbrug; hulle het die regte response gekies, naamlik om 'n betekenis daarin te sien. Selfs toe hulle na die gaskamers toe gelei was, het hulle die regte response gegee en ook daarin 'n betekenis gevind. So het hulle die lewe betekenisvol gemáák.

Kan jy sien dat jy slegs 'n betekenisvolle leefwyse kan voer indien jy die aanslae van die lewe kan hanteer?

Jou huidige krisis

Wat is die krisis wat jou lewe vandag teister? Wat is die respons wat jy daarop gee? Kies jy die respons om daaroor te bly tob en vrae daaroor te vra? Kies jy om bitter te wees daaroor? Dit gaan nie die krisis oplos nie en dit maak net die lewe vir jou betekenisloos. Kies eerder om die regte respons daarop te gee. In stille meditasie en gebed sal jy die insig ontvang hoe jy jou krisis moet hanteer. Die antwoord lê êrens ín jou en jy sal dit vind as jy op die oplossing en nie op die probleem konsentreer nie. Dit was ook Henry Ford se leuse: "Bring vir my oplossings, nie probleme nie." Sielkundig is dit 'n feit dat hoe meer jy op iets konsentreer, hoe meer sal jy dit bewerk. As jy byvoorbeeld 'n finansiële krisis het en jy bly daarop konsentreer, is dit die agenda van jou brein wat jy onbewustelik sal uitvoer.

Soms weet jy wat die oplossing is, maar het jy nie die moed en vertroue om dit deur te voer nie. Dan moet jy die spirituele krag van jou geloof gebruik en doen wat jy weet jy moet doen en dit daadwerklik realiseer.

Aanvaar ook jou huidige krisis en weet dit moes so gewees het. Dit het 'n doel wat vir jou ten goede sal uitwerk. Moenie probeer om 'n oplossing af te dwing nie. Miskien is daar nie 'n ander alternatief nie en moet jy jou huidige omstandighede net aanvaar en daarmee saamleef. Laat dan jou lewe toe om voort te gaan en doen wat jou hand vind om te doen vir die dag wat voor jou lê. Alles sal ten goede vir jou uitwerk. In stille meditasie sal jy die krag kry om te glo dat hierdie omstandigheid jou lewe vorentoe sal verryk, al weet jy nie nou hoe nie. Hier beleef jy net die volmaakte bestuur wat God oor jou lewe handhaaf.

Selfs wanneer 'n krisis jou oorweldig en jy niks daaraan kan doen nie, soos wanneer 'n ongeneeslike siekte jou tref, moet jy die keuse maak om dit te aanvaar en te glo dat dit 'n betekenis vir jou het.

Indien jy voortgaan om te voel alles is téén jou, dan is dít die respons wat jy kies. Indien jy bitter is oor iets wat met jou gebeur het, is dít jou keuse en indien jy voortdurend ongelukkig in jou werk is, is dít ook jou keuse. Maak eerder vandag 'n ander keuse, naamlik om *die lewensbeginsel van hantering* in al jou omstandighede toe te pas; dan sal jy ervaar dat die lewe betekenisvol is en sal jy geluk en vrede ervaar. Om hierdie lewensbeginsel prakties toe te pas, is nie maklik nie. Jy sal dit gereeld moet oefen. Ek waarborg jou egter dat al pas jy net hierdie eerste lewensbeginsel toe, jy dit alreeds sal ervaar dat die lewe vir jou iets besonders beteken.

TOEPASSINGS

Ten einde 'n betekenisvolle leefwyse vir myself te skep, is dit my uitdaging dat ek in beheer sal wees van my response op alles wat vandag met my gebeur.

1. Ek sal kyk hoe ek normaalweg op 'n krisis reageer en gaan dit oefen om 'n beter respons te kies wat ek daarop kan gee.

2. Ek identifiseer een spesifieke respons wat ek wil verander. (Skryf dit neer. Byvoorbeeld dat jy gou kwaad word, of voel alles is teen jou. Later in die kursus sal jy leer hoe jy hierdie respons kan verander.)

BEVESTIGING:

Ek is in beheer van my response en laat nie toe dat dit my lewe ontwrig nie.

"Jou vryheid as mens, vrywaar jou nie van omstandighede nie, jy is egter vry om die regte standpunt daarteenoor in te neem."

Viktor E. Frankl

Dag 12

NEEM IN OORVLOED

Onlangs het ek 'n paar weke saam met my seun op sy seilboot spandeer. Aan die ooskus van die VSA het ons 'n hele paar mense ontmoet wat permanent op bote in die hawens woon. Dit is hulle manier om weg te vlug van die vormlike leefwyse en 'n betekenisvolle leefwyse te lei. Hulle vertel met trots hoe hulle van al hul vormlike besittings ontslae geraak het; huise, meubels, klere, luukse motors en 4X4's, swembaddens, televisiestelle, elektriese toestelle, en al die dinge wat op huurkoop gekoop is en aan die einde van die maand al hulle geld opslurp. Die valsheid van die "American dream" om sukses in hierdie dinge te vind, word nie meer nagejaag nie. In stede daarvan maak hulle "Carpe diem" hul leuse, wat beteken: "Neem besit van die dag". Om elke dag te geniet deur die kwaliteite van die lewe vir hulleself te neem en te waardeer, is nou hulle strewe. Bedags van agt tot vyf het hulle 'n betekenisvolle werk aan land wat hulle geniet, naweke seil hulle die see in en vakansies seil hulle na die Karibiese eilande om hulself met die skoonheid van die natuur te verryk. Daar is niks vormliks wat hulle aandag aflei nie. Hulle het tyd om in stilte te mediteer en hulle het tyd om rustig 'n kwaliteitgesprek met hul medemens te voer en liefde vir alles en almal te gee. Ons kon ure aanmekaar gesels oor dinge wat ons spirituele behoeftes verryk het. Aan hierdie lewenstyl, wat my seun ook beoefen, raak 'n mens so verslaaf dat jy nie na die sogenaamde beskaafde wêreld met sy vormlike leefwyse wil terugkeer nie.

Of hierdie mense daarvan bewus is, weet ek nie, maar dit is die tweede beginsel waarmee jy vir jou 'n betekenisvolle leefwyse kan skep, om van die lewe dinge *te neem* wat vir jou laat voel dat die lewe self iets besonders vir jou beteken. Ons is nie almal in staat om op seilbote te woon en ons van die vormlike leefwyse te onttrek nie. Daar is baie mense wat dieselfde beginsel beoefen waar hulle ook al moet bly en werk, om elke dag die spirituele kwaliteite van die lewe te neem en die betekenis daarvan in ekstase te ervaar. Hulle het hul lewenstyl net vereenvoudig en konsentreer daarop om elke dag, waar hulle ook al is, en wat hul omstandighede ook al is, die spirituele kwaliteite van die lewe raak te sien en dit te geniet.

Jy het al seker die uitdrukking gehoor: "Gister is geskiedenis, môre is 'n droom, maar hierdie oomblik is 'n geskenk wat jy nou moet neem en geniet." Onthou, jy leef net een maal, maar as jy dit reg lewe, is een maal genoeg! Wanneer jy elke oomblik die kwaliteite van die lewe neem wat jou innerlike spirituele behoeftes bevredig, sal jy waarlik gelukkig wees en vrede hê. Sulke dinge het nie 'n vorm nie en kos ook nie geld nie. Dit is die getuienis van vele mense wat hierdie leefwyse verruil het vir die vormlike leefwyse met sy spanning en stres, wat net op die uiterlike fisiese vorm van dinge konsentreer wat baie geld kos.

Hierdie lewensbeginsel om van die lewe te *neem*, word alleenlik moontlik gemaak deur jou spirituele vermoë van visie, wat jou in staat stel om raak te sien wat die lewe vir jou gee.

Gee en neem is 'n lewenswet vir ware geluk

Ons lewe in 'n wêreld van oorvloed. Daar is genoeg tasbare en ontasbare dinge vir almal om liggaam en siel te versorg. Om daarin te deel en dit te geniet, kan die lewe vir elkeen betekenisvol maak. Omdat die lewe dit vir ons gee, word daar verwag dat ons dit moet ontvang, dat ons dit moet *neem*, sodat ons uit dankbaarheid ook in oorvloed weer vir ander en die wêreld daarvan kan teruggee.

Die beginsel van *neem*, is 'n beproefde lewenswet wat daarop gebaseer is dat niks in die lewe staties is nie. Alles bestaan in 'n proses van *gee en neem*. Daar moet altyd 'n voortdurende wisselwerking wees tussen alles wat in die lewensbron van oorvloed bestaan. Daarom is dit belangrik wat jou intensie is wanneer jy uit die bron van oorvloed neem. Jou intensie moet wees om dit nie vir jouself te hou nie, maar om weer daarvan vir ander te *gee*. Wanneer ons hierdie lewenswet ignoreer omdat ons net op ons gejaagde en gespanne, vormlike leefwyse konsentreer om meer dinge vir onsself te kry, stop ons die proses. Daarmee kan ons nie lewensgeluk en vrede ontvang nie.

Die beginsels van "gee en neem" lê ook ten grondslag van jou ontwikkeling as "spirituele mens". Jy moet eers leer om die betekenis van die lewe te neem, voordat jy in staat sal wees om jou betekenis vir die lewe te gee. Daarom is jy tans besig om eers 'n betekenisvolle leefwyse vir jouself te skep, daarna sal jy die take ontdek wat jy moet doen, wat jy vir die lewe sal teruggee.

Kry 'n balans in wat jy neem

In hierdie stadium weet ons al dat die mens se ingesteldheid op die fisiese vorm van dinge of op die spirituele aspekte van lewe gerig is en dat dit al sy handelinge bepaal. Dit is ook hier die geval. Diegene wat op die fisiese vorm ingestel is, sal die oorvloed van lewe eensydig sien as die oorvloed van aardse besittings. Diegene wat op die spirituele aspek van lewe ingestel is, sien met sy visie ook die oorvloed van die onsigbare kwaliteite van lewe raak wat die innerlike siel versadig. Om te neem, is 'n aksie wat van jóú kant af kom, dit is iets wat jy moet doen, die lewe loop nie agter jou aan om dit vir jou te gee nie. Om die betekenis van die lewe te ervaar, moet jy daardie dinge neem wat die nodige waarde het om 'n betekenis te verskaf. Hierin sal jou spirituele kragte, wat daarop ingestel is om sulke waardes te identifiseer, jou lei. Dit is nie 'n eensydige keuse van nét materiële of nét spirituele dinge nie. Daar moet 'n balans wees. Aan die een kant bied die lewe jou 'n oorvloed van dinge om jou alledaagse materiële behoeftes te vervul, maar dit bied jou ook dinge om jou sielsbehoeftes te vervul en indien jy eers jou spirituele behoeftes bevredig, sal die paradoks ook vir jou werk dat jou materiële behoeftes ten volle vervul sal word.

Gewoonlik het ons nie 'n probleem om die materiële dinge na te jaag en te neem wat ons wil hê nie. Dit is die ander dinge wat ons innerlike spirituele behoeftes bevredig wat ons nie so spontaan najaag nie.

Ek gaan nou vir jou wys hoe die "spirituele mens" die gawes van die lewe raak sien en dit neem, ingevolge dit wat hy van homself ontvang, wat hy van ander (mense en God) ontvang en wat hy van die fisiese wêreld ontvang.

Neem van jouself

Om *dinge van onsself te neem,* is nie altyd maklik nie. Ons neem byvoorbeeld nie die mooi ervaringe wat ons in die verlede oor die lewe gehad het, waarmee ons die kwaliteit van lewe beleef het nie.

Dit vergeet ons gou. Ons onthou net die onaangename lewenservaringe wat ons gehad het. Dit is ongelooflik hoe ons ons gedagtes dáárop kan instel om vir onsself te oortuig dat dit nie die moeite werd is om te lewe nie. Ek beveel altyd aan dat jy jou goeie ervaringe sal neerskryf en dit gereeld sal lees sodat jy die mooi dinge van die lewe wat jy gesmaak het, kan onthou. Of dit is omdat ek nou op die laaste skof van my lewe is, weet ek nie, maar ek kan nou soos nooit tevore nie daardie mooi dinge wat ek in die lewe ervaar het vir lang tye in my gedagtes herbeleef en weer geniet.

Ons gee onsself ook nie maklik erkenning vir iets wat ons goed gedoen het nie. My oudste seun het die gewoonte om van homself erkenning te *neem* en gereeld wanneer hy iets suksesvols verrig, vir homself hardop te sê: "Dit was nou oulik van my om dit te doen!"

In my werk is een van die grootste uitdagings om mense te help om realiteite oor hulself raak te sien. Mense het vaste waarnemings oor hulself en hul lewe wat nie altyd korrek is nie. So byvoorbeeld het hulle 'n negatiewe beeld van hulself wat nie altyd realisties is nie. Dit is net hulleself wat die beeld geskep het, ander sien hulle nie so nie. Daarmee "neem" hulle 'n onwaarheid vir hulleself en rig hul lewe daarvolgens in. Die spirituele krag van visie stel jou in staat om sulke vasgelegde valse gedagtes (paradigmas) te verander (te verskuif) sodat jy die realiteit kan raak sien dat ander mense eintlik van jou hou soos jy is. Jy "neem" dus die realiteit vir jouself. "Spirituele mense" is in staat om sulke paradigmaverskuiwings in hul gedagtes te maak. Hulle sien gewoonlik al hul innerlike mooi kwaliteite raak en konsentreer nie net op hul uiterlike vorm nie. Daarom ervaar hulle dit dat die lewe iets besonders vir hulle beteken.

Neem van ander

Ook *om van ander te neem,* is nie altyd maklik nie. Wat is ons reaksie as iemand vir ons sê: "Jy lyk mooi"? Baie sal sê: "Aag, jy verbeel jou net." Ek het al gehoor hoe iemand op die woorde: "Jy lyk goed", reageer deur te sê: "So, jy dink ek is vet!" Mense gee dikwels vir ons 'n glimlag, 'n woord van aanmoediging, 'n goeie wens of selfs liefde. Hulle gee ook vir ons mooi eienskappe uit hul persoonlikhede of van hul kreatiewe dade wat hulle verrig het. Sien ons dit raak? Kan ons dit neem en geniet? Om nie net op jou medemens se uiterlike vorm te konsentreer nie en met jou geestesoog dieper as dit te sien, het jy die gawe van visie as spirituele krag gekry.

Teenoor die "fisiese mens", wat sy verantwoordelikheid om sy betekenis te vervul, ontvlug deur die teenwoordigheid van mense soos hyself op te soek, by wie hy niks het om te ontvang nie, handhaaf die "spirituele mens" 'n ander benadering. Hy soek mense op wat sy lewe kan verryk en neem iets van hul beproefde waardes, integriteit, intelligensie en selfwaarde vir homself. Ek was verbaas toe 'n jong man, wat my glad nie geken het nie, onlangs by 'n sosiale geleentheid my geselskap opgesoek het met die doel om my standpunte oor dinge te hoor om, soos hy gesê het, iets by 'n ouer persoon te leer wat die lewe al ervaar het.

Het jy al probeer om jou lewe te verryk deur iets uit die konstruktiewe gedagtegange van iemand anders te ontvang? Probeer maar gerus om die mooi dinge uit ander mense se lewe te neem en kyk hoe dit die lewe vir jou betekenisvol maak. Een van die waardevolste dinge wat jy van iemand kan neem, is om dit te ervaar dat die persoon vir jou lief is. Daarmee skep jy vir jou 'n betekenisvolle leefwyse. Hierdie dinge kos nie geld nie en is voortdurend in oorvloed tot jou beskikking.

Ek hoef nie veel te sê oor die "fisiese mens" wat net die lelike in ander se lewe raak sien nie. Hoe dit die lewe vir hom betekenisloos maak, is vanselfsprekend.

Die "spirituele mens" neem nie net van ander aardse wesens nie, hy *neem ook van die Ander wese, van God self.* Hy neem sy lewe as 'n geskenk van God waarvoor hy dankbaar is en kla nooit oor sy lewe nie, want dan sal hy die Gewer van lewe te na kom en eintlik sê: "God het 'n fout gemaak om my te laat lewe." Daarom aanvaar hy homself soos hy is, maak nie saak hoe sy vorm lyk nie, omdat die een skildery in 'n kunsgalery nie vir die skilder sê dat hy nie so mooi soos die ander is nie. Vir die skilder is almal verskillend, maar almal is vir hom ewe mooi.

Neem ook van die dinge in die wêreld

Jy moet ook *dinge van jou omgewing neem,* soos byvoorbeeld dinge uit die natuur: vars lug om in te asem, 'n mooi sonsondergang, die koelte van 'n boom, son en reën, 'n maan en sterre, die prag van plante en diere. Kan jy dit neem en geniet? Ek weet van baie mense wat die lewe betekenisvol ervaar, net omdat hulle wil bly lewe om die natuur in al sy aspekte te geniet en dit te beskerm teen uitwissing. Vir sommige, soos my skoonseun en dogter wat albei natuurbewaarders is, is dit selfs 'n lewenstaak. Hulle skep vir hulleself so 'n betekenisvolle leefwyse en staan teenoor diegene wat net daarop ingestel is om die natuur te vernietig, omdat dit niks vir hulle beteken nie. Oor ons verhouding met die natuur het ek ook 'n afsonderlike hoofstuk geskryf.

Uit die oorvloed van lewe kan ons so baie dinge neem om die lewe vir onsself betekenisvol te maak: kuns, musiek, kultuur, 'n boek om te lees, diere en plante, kreatiewe skeppinge, 'n beroep, vriende, lewenservaringe, en baie, baie ander dinge. Kyk maar net wat mense alles in stokperdjies doen wat hulle interesseer! Neem ons daagliks al hierdie dinge en ervaar ons dit met ekstase? Hy wat dit regkry, handhaaf 'n leefwyse wat betekenisvol is. Hy het innerlike vrede en geluk. Hy wil bly lewe en dink nooit daaraan om sy lewe te beëindig nie.

Hoe sal jy weet wanneer jy daarin slaag om dinge uit die lewe te neem wat die lewe vir jou betekenisvol maak? Wanneer jy 'n spinnerak sien wat perfek gebou is en dit bewonder; wanneer jy op jou reis langs die pad stilhou en op 'n donkiekarretjie klim en saamry, net om die gevoel daarvan te kry: wanneer jy spesiaal oor 'n houtbruggie met die stroompie daaronder gaan stap; wanneer jy twee maal dink voordat jy enige insek doodtrap en dit eerder bewonder en bestudeer; wanneer jy net 'n gier kry om 'n pen te neem en iets te teken wat jy gesien het, of 'n gier om 'n foto te neem, of musiek te speel; wanneer jy iets sien wat jou aan 'n liedjie laat dink en dit te sing; wanneer jy 'n gedig begin skryf; wanneer jy 'n kompliment aanvaar; en nog baie ander dinge. Kan jy sien dat jou spirituele vermoë van visie jou in staat stel om al hierdie dinge raak te sien?

Ek konsentreer tans daarop om te kyk wat mense alles doen om die lewe vir hulleself betekenisvol te maak; jy kan dit gerus ook doen. Daar is net een waarskuwing daaraan verbonde: dit is aansteeklik! Wat is die kwaliteite in die lewe wat vir jou die grootste genot en plesier gee? Ons praat van "pieke-ervarings" omdat dit ons laat voel dat ons die bergpieke van geluk bereik. Indien jy nie 'n antwoord het nie, moet jy gaan soek totdat jy sulke ervarings kry. Dit sal die lewe vir jou aangenaam en betekenisvol maak.

Jy kan ook van die materiële dinge vir jouself neem. Soos jy reeds gesien het, beteken dit nie dat die "spirituele mens" nie ook aardse besittings mag hê nie. In die laaste deel van die kursus waar dit gaan oor jou verhouding tot die aardse dinge, vertel ek jou meer daarvan.

Betekenis in die Karoo

Ek herinner my goed aan 'n tyd toe ek vir die weermag deeltydse sielkundige dienste gelewer het in 'n afgeleë Karoodorp. (Dit is hier waar ek op die Karoo verlief geraak het, met sy onvergeetlike sonsondergange, helder sterre, onversteurde stilte en onbeperkte spirituele energie. Hier lê my hart in 'n karoobossie en klop!) Baie van die jong manne uit die groot stad, wat in daardie jare nog verplig was om militêre diens in hierdie sogenaamde "godverlate" plek te verrig, moes my kom sien omdat hulle net nie meer normaal kon funksioneer nie. Hoekom nie? Hulle het toegelaat dat die plek die betekenisvolheid van lewe vir hulle versmoor. Hulle kon nie in hul gedagtes by 'n geliefde wees nie. Hulle het nie geleer om iets moois van ander mense te neem, of die trots van hul eie prestasie te ontvang, of iets uit hul omgewing te neem, soos die gesing van voëls, of 'n mooi sonsopkoms, of die blommeprag, waarvoor daardie plek bekend staan nie. Hulle kon niks van die lewe neem wat iets vir hulle kon beteken nie. Baie het kosbare tyd omgewens en verspil en met alkohol hul visie verdoof. Omdat hul vormlike lewe hulle oorweldig het, kon hulle nie die gawe van 'n oomblik van stilte neem nie. Die gawe om soms net vir die oomblik gelukkig te lewe, om net in stilte weg van alle vorm in vrede en geluk "te wees", was net nie deel van hul lewe nie.

Een van die grootste probleme wat mense vandag ervaar, is verveling. Dit is 'n kenmerk van die vormlike leefwyse dat mense minder wil werk en meer vrye tyd wil hê, maar nie weet wat om daarmee te maak nie en ledig raak omdat hulle nie geleer het om uit die lewe dinge te neem wat hulle kan besig hou en verryk nie. Kosbare tyd word met sinnelose rondlê vermors, net om die tyd om te kry.

Die "spirituele mens" het gewoonlik nie genoeg tyd om alles te doen wat hom interesseer nie. Met sy visuele vermoë sien hy dinge raak wat hy uit die lewe kan neem om te doen, en is hy voortdurend besig om iets te doen waarmee hy sy talente kan uitleef. Die take wat hy vervul om sy doel op aarde te realiseer, hou hom in elk geval so besig dat hy nooit ledig is nie.

Onaantasbare bates

In ons eie samelewing moet ek dikwels "fisiese mense" bystaan wat finansiële terugslae beleef of bankrot gespeel het. Hulle het nie meer genoeg geld en materiële dinge om aan die vormstandaarde van hul samelewing te voldoen nie. Dit ontsenu sommige so dat hulle nie in staat is om met hulle lewe voort te gaan nie, omdat hulle nie geleer het om die spirituele kwaliteite van die lewe vir hulself te neem nie.

Dit herinner my aan 'n baie onaangename ervaring in my praktyk toe iemand sy lewe geneem het omdat hy bankrot gespeel het. Sy uiterlike fisiese besittings was alles in sy lewe, sy voortbestaan was daarvan afhanklik. 'n "Spirituele mens" wat ook bankrot gespeel het, het vir my gesê: "Niemand kan my spirituele krag van my af wegneem nie. Daarmee sal ek weer vir my 'n toekoms bou."

Ek het dikwels gesien dat mense eers al hul aardse besittings moet verloor, met die doel om die oorvloed van die onsigbare lewenskwaliteite te ontdek en vir hulleself te neem wat hulle nie voorheen raak gesien het nie; daardie onsigbare dinge wat niemand van hulle kan wegvat nie. Die onsigbare kwaliteite van die lewe is in elk geval die rykdom van baie mense in die wêreld wat in uiterlike materiële armoede lewe, vir wie ons jammer kry, maar wat spiritueel soms ryker as ons is. As jy 'n paradigmaverskuiwing hieroor kan maak, sal jy dit ook in Afrika raak sien!

Almal sien vandag net alles raak wat met die tegnologiese ontwikkeling en vooruitgang te make het en meet alles net daaraan. Toe 'n klein dorpie in Indië volgens hierdie maatstaf as die mees verarmde groep mense op aarde geklassifiseer is, het die leier gesê: "Volgens spirituele maatstawwe is ons die rykste." Hulle kan mekaar nog in die oë kyk omdat hulle geen besittings het om hul aandag af te trek nie en hulle kan die spirituele gawes van die lewe neem, omdat daar nie sigbare tegnologiese produkte is wat hulle besig hou nie. Hulle ervaar nie eensaamheid nie, en is nooit ledig nie en weet nie wat die woord "geweld" beteken nie omdat daar niks is wat die moeite werd is om van mekaar te steel nie.

Die krag van dankbaarheid

Voordat jy as "spirituele mens" in staat kan wees om daardie spirituele kwaliteite uit die oorvloed van lewe te neem, moet jy eers dankbaarheid kan beoefen. Jy moet dankie kan sê vir alles wat jy het. Daarmee bedoel ek alles, vanaf jou denke wat jy het om hierdie gedagtes te deurdink, tot die mense wat vir jou omgee. Jy moet leer om te fokus op dit wat jy van die lewe ontvang het. Met dankbaarheid vir wat jy ontvang het, sal jy bewus word van alles wat die lewe jou gee en sal jy ook ander dinge raak sien wat jy nog vir jouself kan neem. Dan sal jy ook meer daarvan neem. Indien jy nie dankbaar is vir wat jy het nie, sal jy later glo dat daar niks is wat jy van die lewe kan ontvang nie. Dan neem jy ook later niks meer daarvan nie. Jy sien, sielkundig werk dit so dat jy meer sal neem van dit waarop jy jou gedagtes fokus.

Verstaan jy nou dat jy 'n betekenisvolle leefwyse kan hê deur van die spirituele kwaliteite te neem wat die lewe jou bied? So 'n betekenisvolle leefwyse kan jy op enige plek op aarde vir jouself skep, ook waar jy nou woon. Jy moet wegkom van die idee dat jy dit elders sal vind. Daarom hoor ons al meer die gesegde: "Jy sal begin lewe as jy ophou om die ideale lewe elders te soek." As jy dit nie in jou huidige omstandighede kan realiseer nie, sal jy dit ook nie elders realiseer nie.

Kan jy sien hoe die "spirituele mens" van die "fisiese mens" verskil wat net van die vormlike fisiese dinge wil neem en daarvan afhanklik is om gelukkig te wees?

TOEPASSINGS

My instelling is om my leefwyse betekenisvol te maak deur die spirituele kwaliteite van die lewe uit die bron van oorvloed te neem.

1. Ek sal vir 'n volle maand maak asof ek geen geld besit om vir myself iets te koop nie en in geen winkel kom nie, om dan te kyk watter spirituele lewenskwaliteite ek kan neem wat vir my iets beteken.

2. Ek stel my oop om die lewenswet te verstaan dat alles uit gee en neem bestaan. Daarom neem ek met dankbaarheid nie net materiële dinge uit die bron van oorvloed nie, maar veral die onsigbare lewenskwaliteite, sodat ek in oorvloed daarvan vir die lewe sal kan teruggee.

3. Ek identifiseer 'n aspek in my lewe wat dit vir my moeilik maak om iets van die lewe te neem, soos byvoorbeeld om in staat te wees om liefde te ontvang. Ek skryf dit neer omdat ek later gaan leer hoe om hierdie onvermoë te verander.

BEVESTIGING:

Ek lewe in 'n wêreld van oorvloed en neem alles daaruit wat die lewe vir my betekenisvol maak.

"Om elders vir 'n wonderwerk te soek, is 'n teken dat jy die feit ignoreer dat alles wonderbaarlik is."

A. Maslow

Dag 13

GEE IN OORVLOED

Die derde lewensbeginsel om 'n betekenisvolle leefwyse te skep, is om vir jouself en vir ander en vir die wêreld *iets te gee*. Hierdie beginsel is ook so oud soos die lewe self. Jy moet egter eers leer om te neem voordat jy sal weet hoe om te gee, soos dit in die vorige hoofstuk bespreek is. Ek weet dat dit vir jou klink asof die volgorde hier verkeerd is, maar dit is slegs wanneer jy ervaar hoe gelukkig dit jou maak om dinge te ontvang dat jy nie anders sal kan as om ook daarvan vir ander mense te wil gee nie. Die lewe moet eers vir jou iets gee voordat jy vir die lewe iets kan teruggee. Omdat jy in oorvloed ontvang, sal jy genoeg hê om ook baie vir ander te gee. Jy mag nie die vloei van oorvloed blokkeer of stopsit nie. *Gee en neem* is twee aspekte wat ons nie van mekaar kan skei nie. Wie dit doen, breek die reëls van 'n lewe met geluk en vrede, soos diegene wat 'n vormlike leefwyse handhaaf. Net diegene wat hierdie vloei bevorder, sal geluk en vrede ervaar.

Gee as lewensbeginsel is gebaseer op die spirituele vermoë van liefde, wat daarop uit is om met almal en alles te deel. Daar is niks wat die lewe vir jou meer betekenisvol sal maak as wanneer jy met liefde dinge vir ander kan gee nie. My uitdaging aan jou is dan ook om dit vir 'n volle week te doen, net soos ek dit nou vir jou gaan verduidelik, om dan self uit te vind hoe gelukkig dit jou maak. Dan sal jy ook ervaar dat die lewe vir jou iets besonders beteken.

Wat gee jy?

Jy kan net gee wat jy het. Dit wat jy gee, sal dus daarvan afhang of jy jouself spiritueel of fisies verryk het. Die "fisiese mens" wat net materiële dinge vir homself neem, kan net hiervan gee, soos byvoorbeeld geld en alle tasbare fisiese dinge. By geleentheid het 'n vrou haar pragtige diamantringe van haar vingers afgeruk en op die vloer voor my neergegooi en uitgeroep: "Dit is nie wat ek van my man wil kry nie." Op my vraag wat sy daarmee bedoel, het sy gesê: "Ek wil eerder hê my man moet saam met my op die berg in 'n tentjie gaan kamp." Sy het duidelik 'n lewenskwaliteit bo diamantringe verkies. Haar man kon dit nie vir haar gee nie.

Sommige "fisiese mense" is selfs nie eers in staat om die vormlike dinge te gee nie, omdat hulle net egoïsties op hulself ingestel is en net vir hulself vat. Die "spirituele mens" gee ook materiële dinge, maar sal eerstens uit die oorvloed van spirituele dinge gee wat hy ontvang het. Om dit te gee, maak die lewe vir hom betekenisvol. Kom ons kyk hoe hy dit doen.

Gee vir jouself

As "spirituele mens" moet jy *vir jouself iets gee*. Die feit dat jy hierdie kursus gebruik, is 'n bewys dat jy vir jouself 'n beter leefwyse wil gee. Jy gee vir jouself deur toe te pas wat jy hier leer. Daarom is die eerste deel van hierdie boek juis daarop ingestel om in jou verhouding met jouself spiritueel verryk te word; dan sal jy ander se lewe en die wêreld ook spiritueel verryk.

Die grootste gawe wat jy vir jouself kan gee, is om jouself lief te hê. Jy het reeds 'n oefening hieroor gedoen om vir jouself voortdurend te sê: "Ek is lief vir jou." Ek het ook 'n hoofstuk geskryf oor jou selfbeeld en dit is belangrik dat jy vir jou 'n selfbeeld moet gee waarvan jy hou. Dit kry jy veral reg as jy nie op jou uiterlike vorm konsentreer nie. Jou selfbeeld moet uit die visie voortspruit dat jy 'n unieke mens in die wêreld is met 'n unieke betekenis. Dit gee vir jou 'n unieke beeld van jouself wat jou gelukkig sal maak.

Jy kan vir jouself ook baie ander dinge gee soos selferkenning en vertroue in jouself, of die skepping van 'n goeie toekoms. Onthou, jy is nie meer soos die " fisiese mens" wat vir homself net negatiewe dinge gee om byvoorbeeld vir homself te sê hoe sleg, of onbekwaam of onaanvaarbaar hy is nie. Om so vir jouself te gee, sal jou veral in staat stel om te ervaar dat die lewe vir jou iets besonders beteken.

Gee vir ander

Hoe kan jy vir ander gee? Jy baseer dit ook op jou spirituele vermoë om liefde te gee. Met jou nuwe wêreldbeeld sal jy ervaar dat alle mense saam 'n doel in die wêreld het en dat elkeen 'n betekenis vervul. Jy sal net meer bewus raak van die uniekheid van mense en meer vir hulle begin gee. Jy sal ook geld en aardse dinge gee vir die wat dit nodig het, maar jy sal veral uit jou spirituele oorvloed vir hulle gee. Hiervan is liefde die grootste gawe; om alle mense lief te hê en so respek en eerbied aan hulle te gee. Dit is 'n gawe wat die "fisiese mens" nie het om te gee nie, hy is net daarop ingestel om ander af te breek en sleg te maak of selfs te haat.

Die eeue oue gesegdes is hier waar: "Wat jy gee, sal jy ontvang", en "Doen aan ander wat jy wil hê hulle moet aan jou doen". Daarom word die "spirituele mens" self verryk met wat hy gee en die "fisiese mens" verarm verder.

Een van die grootste gawes wat uit liefde gebore word, is om ander te aanvaar vir wie en wat hulle is. Dit beteken nie 'n regverdiging van alles wat hulle doen nie, maar om hulle toe te laat om hulleself te wees omdat ons almal van mekaar verskil. Aanvaarding van ander bring ons nader aan mekaar en veroorsaak dat ander ons ook aanvaar.

Ander gawes wat uit liefde gebore word, is om vir mense dinge te gee soos aanmoediging, begrip, hulp, raad, emosionele ondersteuning, 'n kompliment, 'n glimlag of selfs net 'n woord van dank. Bo alles kan jy vir iemand in nood 'n stille gebed gee. Dit alles kos jou nie 'n sent geld nie. Ek wil jou ook uitdaag om nie meer in die toekoms 'n fisiese geskenkie vir mense te gee wanneer jy by hulle gaan kuier nie, maar om daarop uit te wees om hierdie onsigbare geskenkies te gee.

Is dit wat ons vir ons huweliksmaat en kinders gee, of gee ons net die vormlike dinge soos geld en fisiese versorging? Ek vind dat huwelikskrisisse veral ontstaan omdat die een party spesifieke dinge van die ander wil ontvang en as hy dit nie kry nie, gee hy ook nie meer nie.

Twee mense kan mekaar ongelooflik straf deur iets van 'n ander te weerhou wat hy of sy baie nodig het. Dan moet ek hulle die inhoud van die paradoks leer: wanneer jy op daardie dinge konsentreer wat jy wel ontvang, sal jy nie afgeskrik word deur die dinge wat jy nie ontvang nie.

Ek help huwelikspare gereeld om 'n lysie te maak van die dinge wat hulle wel van hul huweliksmaat ontvang en wanneer hulle daarop konsentreer, bou hulle nie gevoelens op oor dit wat hulle nie kry nie. Omdat hulle sien wat hulle wel kry, hou hulle nie op om te gee nie, en wanneer hulle gee, ontvang hulle weer iets terug.

Mense wat kan gee, is ook nooit ledig nie. Hulle gebruik hul vrye tyd om vir ander mense, veral die minder gegoedes, iets te doen. Ek het dit baie gesien dat as mense so vir ander gee, hulle meer dankbaarheid in hul eie lewe ervaar. Hulle het ook nie tyd om oor hulself te sit en tob en depressief te raak nie. Ek het 'n geweldige bewondering vir my jongste dogter gehad toe sy laas Kersfees besluit het om nie in ons familiefees te deel nie en eerder 'n Kersete vir straatkinders te gaan gee.

Elkeen is nie in staat om te ontvang nie

Jy moet natuurlik daarvan bewus wees dat nie almal hierdie spirituele gawes van jou kan ontvang nie. Hoekom is dit so? Omdat sommige mense net daarop ingestel is om vormlike dinge van jou te kry. Hierdie mense sal jou liefde of erkenning of aanmoediging ignoreer en slegs verwag dat jy iets tasbaars vir hulle moet gee. Dit maak die "spirituele mens" se taak om te gee soms moeilik, wat hy alleen kan oorkom deur homself van ander se verwagtings te distansieer en te bly gee wat hy het om te gee, sonder om daaroor sleg te voel.

Die feit bly staan dat hy wat hierdie dinge vir sy naaste uit liefde kan gee, die lewe vir homself betekenisvol maak. Menige mense getuig daarvan dat niks anders die lewe so betekenisvol maak as om vir ander te kan gee nie. Hulle weet dat dit wat hulle vir mense gee, nie by die betrokke persone eindig nie, maar dat daardie persone dit weer vir ander mense sal gee. So bevorder hulle die lewensbeginsel van gee en neem, wat altyd moet bly voortvloei.

Gee vir God

As "spirituele mense" gee ons nie net vir ander wesens op aarde nie, ons gee ook vir die Ander wese, vir die kragbron van lewe, vir God. Vir God gee ons liefde, eerbied en dankbaarheid. Ons gee ons lewe vir God om die betekenis daarvan te vervul soos God dit wil hê. Dit moet die hoofsaaklike doel van ons lewe wees en sal vir ons die volmaakte gevoel gee dat die lewe vir ons alles beteken.

Gee vir die wêreld

Wat behels dit om vir die wêreld te gee? In Frankl se navorsing oor hoe mense hul lewe betekenisvol maak, staan een ding baie sterk uit en dit is die gee van jou kreatiewe werke. Dit het vir Frankl self in die konsentrasiekamp aan die lewe gehou; hy moes nog eers sy sielkundige bevindinge vir die wêreld in boekvorm deurgee. Dit was sy kreatiewe taak wat hy vir ons wou gee. Baie van sy medegevangenes moes nog eers as ingenieur 'n brug gaan bou of as sakeman sy besigheid gaan vestig, of as skilder of musikus sy talente vir die wêreld gaan gee het.

Die kreatiwiteit wat in elkeen van ons opgesluit lê, elk met sy eie aanleg, is 'n groot gawe wat ons vir die wêreld kan gee, waardeur ons die lewe as betekenisvol kan ervaar. Diep in jouself is daar sluimerende talente wat wag om tot uiting te kom in een of ander kreatiewe werk, maak nie saak hoe gering dit vir jou mag voel nie.

Waar ek sielkundige toetse gedoen het om hierdie aanlegte te bepaal vir loopbaanbeplanning, was my ervaring dat die keuse van 'n beroep waarin die persoon sy kreatiwiteit kan uitleef, een van die belangrikste aspekte wat die lewe vir hom betekenisvol maak. Die "spirituele mens" weet dat hy met sy kreatiewe werk 'n bydrae tot die wêreld maak, dat hy soos 'n rat in die wiel saam met almal anders wat werk die wêreld aan die gang hou. In 'n aparte hoofstuk behandel ek later hoe jy kan weet watter werk jy moet doen, asook wat ons benadering tot werk moet wees.

Om vir die wêreld te gee, beteken dat jy ook vir die diere en plante iets moet gee. Jy is nie die enigste vorm van lewe op aarde nie. Besef jy dat daar ook miljoene ander lewende spesies op aarde bestaan? Omdat ons so baie van hulle ontvang, moet ons baie vir hulle teruggee in versorging en bewaring. Dit is so belangrik dat ek ook hieroor 'n aparte hoofstuk geskryf het. Besef jy hoeveel liefde troeteldiere daagliks vir mense gee? Een van my kliënte wat nie van haar troeteldier wou afsien toe sy hospitaal toe moes gaan nie, het vir my gesê: "By my hondjie kry ek die onvoorwaardelike aanvaarding en liefde wat niemand anders nog vir my kon gee nie." Ek self wat ook so baie van my hondjie ontvang, en soveel plesier uit my tuin put, word gereeld daaraan herinner dat ek steeds meer vir diere en plante moet gee. Dit maak ook die lewe vir my betekenisvol.

Kan jy nou verstaan hoe die lewe vir jou betekenisvol kan wees wanneer jy gee? Jy voel dan dat dit lekker is om te lewe.

Kan jy met geluk en vrede in hierdie harde wêreld leef?

Ons het nou geleer hoe om die drie beproefde lewensbeginsels toe te pas om 'n betekenisvolle leefwyse vir onsself te skep. Alle mense wat hierdie leefwyse vir hulleself geskep het, getuig daarvan dat hulle nie begeer om terug te gaan na die vormlike leefwyse nie. Hulle is nie bereid om die ware vrede en geluk wat hulle as "spirituele mense" ervaar, te verruil vir die spanning en stres van die vormlike leefwyse wat net daarop ingestel is om materiële gewin na te jaag nie.

Het jy nou al iets van hierdie nuwe leefwyse gesmaak? As jy dit baie graag wil hê, moet jy oefen totdat jy dit regkry. Probeer dit gerus, *hanteer* die lewe met al die aanslae daarop, *neem* die kwaliteite van lewe daagliks wat jou innerlike siel kan verryk en *gee* vir alles en almal iets om hulle lewe ook te verryk.

Ek gaan jou eersdaags leer hoe jy die volgende vlak van jou ontwikkeling kan bereik deur jou unieke take te ontdek wat net jy alleen op aarde kan doen. Wanneer jy hierdie take gewilliglik vervul en dit geniet, sal jy nog meer vrede en geluk ervaar.

Die vraag wat baie mense vra, is of dit moontlik is om 'n betekenisvolle leefwyse te handhaaf in die hedendaagse harde wêreld met al die eise wat aan ons gestel word om te oorleef. Hulle is van mening dat jy met die handhawing van 'n betekenisvolle leefwyse nie meer jou daaglikse verpligtinge, veral finansiële verpligtinge, sal kan nakom nie; dat jy met die harde werklikheid moet rekening hou dat daar nie tyd is om van die lewenskwaliteite iets te neem nie; dat dit onrealisties is om vir ander te gee; dat elke mens net na sy eie belange moet omsien. Sommige meen weer dat jy net 'n betekenisvolle leefwyse kan leef indien jy jou gaan afsonder, weg van al die eise wat die lewe aan jou stel, en baie probeer dit ook doen, veral die jonger geslag.

Die feit is dat hierdie leefwyse nie jou verantwoordelikheid ophef om jou take, ook jou beroepstaak, te vervul nie. Jy kan 'n betekenisvolle leefwyse op enige plek en onder enige omstandigheid handhaaf, omdat dit telkemale bewys word dat die lewensbeginsels van *hantering, neem en gee* wonderwerke verrig. Daarmee word die paradoks telkens bewaarheid, dat wanneer jy jou spirituele behoeftes bevredig, jou fisiese behoeftes ook ten volle vervul word. Dit is die getuienis van menige dat hulle op alle terreine van hul lewe, ook in hul werksituasies, meer voorspoedig was en dat hulle selfs 'n beter lewenstandaard gehandhaaf het toe hulle hierdie beginsels in hul daaglikse lewe toegepas het. Dit is die kern van die nuwe suksesformule.

In die volgende paar dae gaan ek jou net eers wys hoe jy jou gekondisioneerde gedrag in die vormlike leefwyse kan verander, sodat jy in staat kan wees om 'n betekenisvolle leefwyse ten volle te handhaaf. Is dit nie 'n wonderlike ervaring om 'n sielkundige opleidingskursus te volg nie!

TOEPASSINGS

Van vandag af gaan ek ook die beginsel van "gee" daagliks toepas om dit te ervaar dat die lewe vir my iets besonders beteken.

1. Ek sal vir almal en alles met wie ek in aanraking kom 'n onsigbare geskenk gee, byvoorbeeld 'n glimlag of aanmoediging of net 'n stille gebed. Ek konsentreer daarop om vir myself, vir ander mense, vir God en die wêreld iets te gee wat ek nog nie voorheen aan gedink of gedoen het nie, en ek gaan dit geniet.

2. Ek identifiseer 'n aspek waar ek sukkel om te gee (byvoorbeeld om 'n kompliment of selfs vergiffenis te gee), wat ek in my lewe wil verander en ek skryf dit neer, omdat ek later in die kursus gaan leer hoe ek dit kan verander.

BEVESTIGING:

Ek hou daarvan om te gee. Ek gee gereeld iets vir myself, vir mense, vir God en vir die wêreld om my.

"Liefde is die grootste gawe wat jy kan gee."

Dag 14

MAAK VERANDERINGS

Ek weet van so baie mense wat probeer het om weg te breek van ons gejaagde vormlike leefwyse en elders 'n ander leefwyse vir hulself probeer skep het, maar sonder sukses. Dit word nou amper 'n mode om uit die gejaagde stadslewe uit te beweeg en elders op 'n afgeleë plek te gaan woon om geluk en vrede te vind. Baie mense in ons land emigreer met dieselfde hoop. Meeste kom maar weer terug na hul oorspronklike omgewings.

Hoekom is hulle nie suksesvol in hul pogings nie? Omdat hulle gedink het 'n nuwe omgewing sal 'n nuwe lewe vir hulle gee. Nee, 'n mens moet eers die beproefde beginsels van "hanteer", "neem" en "gee" kan bemeester om 'n beter leefwyse te voer. Dit is egter makliker gesê as gedoen.

Op hierdie oomblik is jy seker diep daarvan bewus dat dit nie maklik is om 'n vormlike leefwyse te verander na 'n betekenisvolle leefwyse nie. Dit wys jou maar net hoe moeilik dit is om gevestigde gedragspatrone in jouself te verander. Ons moderne samelewing met sy vormlike leefwyse het jou so geïndoktrineer dat jy sukkel om hierdie beginsels toe te pas. Dit is omdat jy ook nog sukkel om jou spirituele vermoëns te bemeester wat jou in staat stel om hierdie beginsels na te volg. Soos ons almal worstel jy ook maar om jou wilsvryheid toe te pas en die regte keuses te maak, om verantwoordelikheid vir jou eie toekoms te aanvaar en om liefde, geloof en visie in jou daaglikse lewe te beoefen. Jy besef dat jy jou gekondisioneerde optredes sal moet verander om dit reg te kry, maar jy weet nie hoe nie. Moenie moedeloos word nie, ek gaan jou nog help om hierdie veranderinge te bewerkstellig. Vandag kyk ons net eers na die belangrike rol wat veranderinge in die mens se lewe speel en wat ons instelling moet wees om suksesvol veranderinge in ons gedragspatrone te maak.

Alles verander altyd

Daar word gesê dat as ons onseker raak oor alles wat in die wêreld gebeur, ons van een ding seker kan wees en dit is dat alles altyd sal verander. So vind daar daagliks veranderinge op al die terreine van die alledaagse lewe plaas; tegnologies, polities, ekonomies, sosiaal, ekologies, ens. Hierdie veranderinge vind tans so vinnig plaas dat ons dit amper nie meer kan meet of op 'n grafiek kan aandui nie.

So byvoorbeeld het die veranderinge wat in Suid-Afrika plaasgevind het, ons almal verbaas en sommige selfs ontsenu. Vir sommige mense is dit 'n uitdaging om nog in die toekoms te glo en in hulle onsekerheid is hulle geneig om vas te hou aan dinge uit die verlede wat vir hulle struktuur gegee het. Daardeur pas hulle nie aan nie en beweeg eerder terug na dinge wat verby is en nie meer 'n plek het in 'n moderne wêreld nie. Hierdie tendens neem ons daagliks in Suid-Afrika waar.

Ons sien ook die veranderinge wat in onsself plaasvind soos ons liggaam en die lewensfases waardeur ons gaan, ons smaak vir dinge, ons werksituasies, ons waardes en noem maar nog baie dinge op. Daarby wil ons ook gereeld dinge in ons eie lewe verander wat ons verhinder om gelukkig te lewe.

Ons het in hierdie kursus ook gesien hoe ons samelewing se leefwyse verander het, dat seks en aggressie wat vroeër verdring was nou openlik seëvier en dat die spirituele kragte wat vroeër bewustelik beoefen was, nou verdring word. Vroeër het die mens openlik 'n spirituele lewe geleef, nou lewe hy openlik in vorm. Voorwaar 'n ongelooflike verandering!

Om by te bly en hierdie veranderinge reg te hanteer, is vir ons almal 'n uitdaging. Met my navorsingsmetode (sien pp 279-280) het ek hierdie veranderinge bestudeer om antwoorde op hoekom dit plaasgevind het, te kry. Met hierdie insig gee dit vir ons leiding oor hoe ons by hierdie veranderinge moet aanpas sonder om daardeur benadeel te word. Dit is ook die doel van hierdie kursus om jou hierin te lei.

Hedendaagse tegnieke vir hedendaagse mense

'n Feit van die lewe is dat daar nie 'n mens is wat nie een of ander tyd iets in sy lewe wil verander nie. Ek en jy is byvoorbeeld tans baie bewus daarvan dat dit ons uitdaging is om ons vormlike leefwyse na 'n betekenisvolle leefwyse te verander.

Om die mens te help om veranderinge in sy lewe te bewerkstellig, is werklik 'n kuns. Die sielkunde en die ander menswetenskappe maak voortdurend 'n studie van hoe hulle die mens hierin kan help. Die grootste uitdaging is dat die tegnieke wat gebruik word om verandering by die mens te bewerkstellig, in lyn met die ontwikkeling van die mens van ons dag moet wees. Die gevaar is dat tegnieke gebruik kan word wat reeds uitgedien is en nie tred hou met die veranderende mens en wêreld nie. So byvoorbeeld geld die terapeutiese tegnieke wat Freud op die mens van sy tyd toegepas het, nie meer vir die mens van ons tyd nie. Daarom maak ek in hierdie kursus van onlangse tegnieke gebruik wat op die hedendaagse mens van toepassing is.

Vir sommige mense is nuwe tegnieke so bedreigend dat hulle allerlei verskonings aanwend om nie hierdie tegnieke te gebruik nie. Hulle beskou dit selfs as verkeerd om dit te doen, tog maak hulle en hul kinders van byvoorbeeld opvoedkundige tegnieke gebruik wat tien jaar gelede ook as vreemd en verkeerd voorgekom het.

Die regte instelling op veranderings

Om veranderinge in jouself te bewerkstellig, is voorwaar nie 'n maklike taak nie, veral omdat jou gedragspatrone oor jare gekondisioneer en vasgelê is en jy outomaties daarop terugval. Dink maar hoeveel keer jy Nuwejaarsbesluite geneem het en nie daarin kon slaag om dinge te verander wat jy as belangrik beskou het nie. Ons is ook bang om te verander en daar word gesê dat ons liewer binne ons "veiligheidsones" bly, binne dit wat vir ons bekend is, as dat ons nuwe, onbekende dinge moet onderneem. Baie sielkundiges is van mening dat ons eintlik 'n aanvoeling het vir die innerlike krag waaroor ons beskik en dat ons bang is om daardie krag te gebruik. Dit maak vir my sin as ek sien wat ons spirituele krag alles kan vermag.

Die "spirituele mens" is op verandering ingestel en nie bang daarvoor nie, daarom slaag hy daarin om gereeld veranderinge in sy lewe aan te bring. Hoe kry hy dit reg? Ten eerste weet hy wat hy wil verander en neem hy die besluit om dit te doen. Almal wat veranderinge in hul lewe gemaak het, getuig van die krag van besluitneming, om te se: "Ek het genoeg hiervan gehad." Dan gebruik hy onlangse tegnieke wat vir die mens van sy tyd geld. Hy dink nuut, daarom bedreig nuwe metodes hom nie. Hy het die insig om sy strategie te verander as die metodes wat hy gebruik nie vir hom werk nie en hy maak hy ook gebruik van rolmodelle, waar hy kyk hoe ander mense daarin slaag om hul lewe te verander. Hy het dus die vermoë bemeester om sy vasgelegde idees en waarnemings (paradigmas) te verander (te verskuif) omdat dit nie meer realisties is nie.

Indien jy dus jou gevestigde gedragspatrone wil verander, soos ek jou in die volgende deel gaan help, moet jy ook jou paradigmas verskuif om nie bevooroordeeld te wees teenoor nuwe tegnieke wat vir ander mense wondere verrig nie. Onthou, iemand het gesê: Wat jy ook al wíl doen of nie wíl doen nie, jy kry dit altyd reg!

Jou spirituele kragte bewerk jou verandering

Jy is met spirituele kragte toegerus om jou te help om veranderinge in jou lewe te bewerkstellig. Mense vra dikwels die vraag: "Hoekom is sommige mense so effektief in alles wat hulle doen en ander nie?" Feit is dat alle mense oor dieselfde spirituele vermoëns beskik. Die verskil is net dat sommige dit ten volle benut en ander nie. Baie mense het die verskoning dat hulle nie oor sulke vermoëns beskik nie en bewys dit vir hulleself deur sodanig op te tree dat hulle regkry wat hulle glo. Ander glo weer dat hulle oor die vermoëns beskik en bewys dit ook in hul optrede dat hulle die onmoontlike kan bereik. Dit het ek self as dosent ervaar hoe jy nie vir sekere studente moet sê hulle sal nie in 'n spesifieke kursus slaag, omdat hulle nie oor voldoende vermoëns beskik nie. 'n Paar van hulle het later met die graadsertifikaat in die hand na my toe gekom en gesê: "Sien, professor, jy was verkeerd gewees!"

Daar word onmeetbare resultate bereik indien jy jou spirituele kragbronne gebruik. Die resultate hiervan is in die wêreld aanwesig; ons sien dit net nie raak nie omdat ons resultate net met vormlike maatstawwe meet. Teenoor die tegnologiese wondere wat ons kan sien, bestaan daar ook die onsigbare spirituele wondere soos iemand wat 'n effektiewe moeder of vader is, iemand wat fisiese siekte en lyding effektief hanteer, 'n effektiewe werknemer wat sy taak met blydskap vervul, iemand wat daagliks liefde vir sy medemens gee, die resultate van die onderriggewer, die filosoof, die navorser, die gelukkige huwelikspaar, die getroue vriend, die navolger van God, die persoon wat vir plant en dier versorg, die persoon wat sy verslawing oorkom het, die persoon wat sy lewe gegee het om 'n ander te red, die musikus in 'n orkes, die kunstenaar, die kind wat sy vader en moeder eer en nog baie ander voorbeelde.

Die slapende reus in jou

As "spirituele mens" beskik jy veral oor hierdie spirituele krag en dit is so sterk dat jy enigiets kan regkry wat ander mense doen. Daarom hoor ons dat mense sê daar is 'n reus in jou verskuil wat alles kan vermag, jy moet net in hierdie reus glo en hom vrylaat. Jy het onbeperkte krag om jou lewenstake te vervul!

In hierdie stadium weet jy al dat JY jou verantwoordelikheid moet aanvaar. Daarom moet JY jou krag gebruik. JY is in beheer daarvan en JY moet dit reg aanwend. Dit hang in baie groot mate van JOU af. Dit is soms 'n goeie oefening om te kyk wat ander mense reggekry het, ook in die geskiedenis, net om vir jouself te oortuig dat jy dit ook kan doen omdat jy net so 'n mens soos hulle is en oor dieselfde kragte beskik.

In die volgende dagstuk gaan ek jou leer hoe om hierdie krag aan te wend om veranderinge in jou lewe te bewerkstellig.

Aksie is belangriker as kennis

Tereg is daar gesê dat dit vandag nie meer kennis is wat "mag" is nie, maar dat aksie "mag" is. Ons beskik oor meer kennis as wat enige mens vroeër oor beskik het, maar dit is aksie wat by ons ontbreek. Om veranderinge te maak, beteken om aksie te kan neem en om aksie te kan neem, is ons wilsvryheid as 'n spirituele vermoë aan ons gegee. Daarmee is jy in staat om met jou wil die aksies te neem en bokant enige omstandigheid uit te styg.

Ek wil dit egter hier sterk beklemtoon dat ons nie altyd alle omstandighede uit ons lewe kan verwyder nie. Al my kliënte wil hê ek moet al hulle krisisse van hulle af wegvat, asof daar êrens 'n utopie van lewe sonder krisisse bestaan. Dan moet ek hulle daarop wys dat hulle hul krisis moet aanvaar en dat hulle daarmee moet saamlewe en dit moet hanteer deur die regte standpunt daarteenoor in te neem. 'n Krisis het altyd ook 'n betekenis. So byvoorbeeld moet ouers met 'n vertraagde kind hierdie omstandigheid hanteer en dit as 'n betekenisvolle taak sien wat hulle op aarde moet verrig. Soms moet ons dankie sê vir 'n krisis omdat dit 'n spesifieke doel in ons lewe dien.

Omdat ek so sterk daarop ingestel is om self 'n betekenisvolle leefwyse te lei en ander te help om dit ook te doen, vra ek altyd vir diegene wat suksesvol daarmee was, hoe hulle dit reggekry het. Meeste van hulle antwoorde en my eie ervarings het ek in hierdie kursus ingewerk. Wat uitstaan, is dat jy nie jou lewe verander deur jou woonplek te verander nie, jy verander dit deur nie meer 'n betekenis in die uiterlike vorm van dinge te soek nie, maar om met behulp van jou spirituele kragte daagliks die drie lewensbeginsels toe te pas en daarmee jou innerlike sielsbehoeftes te bevredig. Om dit reg te kry, moet jy baie aksie en oefening insit. Ek is verbaas om te sien hoe baie mense dit regkry, al woon hulle ook in die middel van 'n groot stad in 'n betonoerwoud.

Een van die dinge in my lewe waarvoor ek die meeste dankbaar is, is dat my kinders in menige opsigte 'n voorbeeld vir die jonger geslag stel oor hoe 'n betekenisvolle leefwyse moet lyk, al is hulle ook meeste van die tyd vasgevang in die gejaagde Westerse leefwyse. Die vormlike maatstawwe wil maar net nie op hulle pas nie, maar volgens spirituele maatstawwe is hulle betekenisvolle leefwyses soms onmeetbaar. Dit word ook op hul kinders oorgedra. By geleentheid het my oudste dogter se kind spontaan vir sy onderwyser begin bid wat flou geword het. Daarna het hy na die onderwyser gegaan en vir hom gesê hulle moet nou saam dankie sê dat God hom genees het! Hierdie spirituele uitkyk van lewe dat God se krag genesing bewerk, het hy by sy ouers gekry.

Die krag van besluitneming

Die doel van hierdie hoofstuk was om jou te help om die regte houding in te neem teenoor die veranderinge wat jy in jou optredes moet maak om 'n betekenisvolle leefwyse te lei. Vandag moet jy net 'n gewilligheid en ingesteldheid openbaar om te verander. Jy moet ook soos diegene wat daarin geslaag het om 'n verandering in hul lewe te bewerkstellig, eers by die punt uitkom waar jy sê: "Tot hiertoe en nie verder nie!" Jou wilsvryheid stel jou in staat om hierdie keuse te maak. Dit sit soveel krag in jou besluit dat jy dit sál kan uitvoer. Sonder hierdie spirituele krag bly jou besluite maar net Nuwejaarsbesluite wat jy nooit uitvoer nie.

Wat het jy in die vorige drie hoofstukke geïdentifiseer wat jy in jou lewe wil verander? Het jy dit neergeskryf? Ek gaan jou in die volgende hoofstukke tegnieke leer wat jou sal help om hierdie veranderinge te maak.

TOEPASSINGS

My besluit vandag is dat ek veranderinge in my lewe sal aanbring om effektief te lewe.

1. Ek stel my daarvoor oop om hedendaagse tegnieke te gebruik om my lewe te verander.

2. Ek neem die besluit om daardie spesifieke dinge in my lewe te verander wat my lewe verwoes. Ek glo dat ek oor die spirituele krag beskik om dit te verander.

BEVESTIGING:

Ek verander daagliks dinge in my lewe. Ek maak gebruik van effektiewe metodes om dit te doen.

> ***"Die grootste ontdekking van my geslag is dat mense hul lewe kan verander deur hul denke te verander."***
>
> **William James**

Dag 15

BEMEESTER JOU BREIN

Ek wil vandag vir jou help om jou gedragspatrone te verander wat jou verhinder om 'n betekenisvolle leefwyse te leef. Wat het jy in die vorige hoofstukke alles neergeskryf wat jy wil verander? Hou dit gereed; jy gaan dit vandag nodig kry. Om dit te kan verander, gaan ek eers vir jou wys hoe jy jou brein en jou denke moet bemeester.

Jou brein is 'n databank van al jou lewenservaringe

Hoe die menslike brein presies funksioneer en hoe ons dit kan benut om 'n effektiewe lewe te lei, word nou eers ontdek en ons sal in die toekoms nog meer inligting daaroor ontvang. Vroeër het die funksionering van die brein omtrent geen rol in die sielkunde gespeel nie. Vandag word dit die prioriteit van navorsing en die inligting hieroor word selfs as die handboek beskou oor hoe ons ons brein kan programmeer om vir ons tot bykans enigiets in staat te stel; amper soos dit met 'n rekenaar die geval is.

Ons weet dat jou brein uit miljoene selle of neurone bestaan. Wat ons nie geweet het nie, is dat al jou waarnemings en lewenservaringe, van die dag van jou geboorte af, in hierdie neurone geregistreer word. Dit word ook neuroregistrasies genoem. Jou brein is dus 'n databank van waarnemings. Elke ervaring of belewenis wat jy gehad het, word deur middel van jou sintuie in die neurone van jou brein geregistreer. Alles wat jy sien, hoor, voel, ruik of proe, word in die neurone vasgelê, amper soos die prentjie op die negatief van 'n film. Hierdie registrasies kan weer deur die mens opgeroep word wanneer hy dit nodig kry. Wanneer iemand vir jou sê dat 'n roos mooi is en lekker ruik, sal jy die prentjie van 'n roos kan oproep en dit in jou gedagtes sien en jy sal selfs die reuk daarvan kan ervaar.

'n Sesde sintuig?

Let daarop dat die sielkunde hoofsaaklik nog net op die waarnemings van jou vyf sintuie konsentreer. Daar word nog nie genoeg aandag gegee aan 'n sesde of selfs 'n sewende sintuig waaroor jy dalk mag beskik nie. Die parapsigologie probeer egter om meer hieroor uit te vind. Jy weet byvoorbeeld dat jy oor intuïsie beskik, waar jy net 'n aanvoeling vir iets het, soos wanneer iemand agter jou staan en na jou kyk, en jy omdraai en die persoon opmerk. Hoe het jy dit geweet? Jy het ook al telepatiese ervarings gehad waar jy met iemand anders ver van jou af kontak gemaak het.

Dit is my oortuiging dat jou spirituele vermoëns ook vir jou in staat stel om naas jou vyf sintuie waarnemings te maak wat as registrasies in jou brein vasgelê word. Ek glo dat intuïsie byvoorbeeld hier 'n rol speel. Dink ook aan jou geloofservarings of liefdeservarings of visies wat jy gehad het wat niks met jou sintuie te doen het nie. Ek glo dat hierdie waarnemings en ervarings in jou regterbrein geregistreer word en indien jy jou regterbrein kan bemeester, sal jy ook in staat wees om meer van hierdie waarnemings te maak.

Wat jy dink, doen jy

Dit is belangrik om daarop te let dat hierdie neuroregistrasies uit jou verlede jou denke beïnvloed. Jou denke is saamgestel uit jou vorige waarneminge en ervaringe. Wat jy byvoorbeeld van jouself dink, kom uit die registrasies van vorige ervaringe wat jy oor jouself gehad het. Jy moet ook daarop let dat jou denke jou handelinge bepaal. Daarom moet jy onthou: **"Wat jy dink, sal jy doen."** Kyk maar gerus hoe jy alles realiseer wat jy dink.

Wanneer ons 'n negatiewe ervaring oor iets gehad het en dit so in die brein geregistreer is, sal ons hierdie negatiewe ervaring met ons denke oproep wanneer ons in 'n dergelike omstandigheid is. So byvoorbeeld sal ons keer op keer ervaar dat sekere kossoorte sleg is, of dat mense nie van ons hou nie, omdat ons eenmaal so 'n ervaring gehad het. Dan reageer ons daarop, en is daardie kossoort altyd vir ons sleg, of ons voel altyd dat ons onaanvaarbaar is, al is dit ook nie waar nie. Ons bevestig dan hierdie pynlike ervarings in ons brein.

Nou kan ons ook verstaan hoekom ons net die slegte dinge en mislukkings van ons lewe onthou en nie die goeie dinge of prestasies nie.

Dit is omdat ons hierdie slegte ervarings oor en oor bevestig. Hierdie ervarings word gereeld beleef en die registrasies daarvan word oormatigend bevestig sodat die brein dit later spontaan optel. Hierdie registrasies word later sensitief en pynlik en is soos seer wonde in die brein. Ons onthou net hierdie pyn. Positiewe registrasies wat ons gemaak het, sal natuurlik ook positiewe gedrag veroorsaak, sonder dat ons dit agterkom. Omdat ons nie daarop bly konsentreer nie, vergeet ons dit.

Indien jy negatiewe registrasies oor godsdiens gehad het, sal jy dus alles vermy wat godsdiens mag verteenwoordig. Dan sal jy ook skepties staan teenoor die spirituele dinge wat ek in hierdie kursus beskryf. Aan die ander kant sal positiewe spirituele ervarings weer jou spirituele gedrag versterk, soos dit byvoorbeeld met geloof die geval is. Indien jy, sonder jou vyf sintuie, in iets of in God geglo het en goeie ervarings daaroor gehad het, sal jy dit ook in jou daaglikse gedrag vorentoe beoefen.

Verander jou kondisionering

Kondisionering van gedrag vind plaas wanneer ervarings by herhaling in die brein herbevestig word. Indien jy byvoorbeeld voortdurend die registrasie in jou brein bevestig dat jy nie voor mense kan optree nie, sal dit moeilik wees om hierdie gedragspatroon te verander. Die goeie nuus wat nou met nuwe ontdekkings na vore kom, is dat jy jou neuroregistrasies kan verander. Dan verander jou denke en so ook jou gekondisioneerde gedrag. Ja, glo dit as jy wil, maar jy kan die registrasies van enige vorige ervaring verander. Hoe doen jy dit? Eenvoudig deur 'n ander ervaring by herhaling in die brein te registreer. Die vorige registrasie wat op die neurone gemaak is, word later uitgewis en deur die nuwe registrasie vervang, amper soos 'n bandkasset waarop jy 'n nuwe opname maak.

Hoe doen jy dit? Jy doen dit deur van dieselfde sintuie gebruik te maak wat jy aanvanklik gebruik het toe jy die registrasie gemaak het. Deur jou sintuie te gebruik en voortdurend in jou gedagtes te *sien* hoe jy suksesvol voor mense optree en te *hoor* hoe jy 'n goeie rede lewer en te *voel* hoe almal vir jou hande klap, sal jy later in staat wees om te doen wat jy dink. 'n Ander algemene voorbeeld hiervan is om jou negatiewe denke oor jouself te verander deur met jou gehoorsintuig aanhoudend vir jouself hardop te sê: "Ek hou van jou en ek is lief vir jou." Met hierdie inset verplaas jy alle vorige registrasies waar jy vir jouself gesê het dat jy nie van jouself hou nie. Jy bevestig hiermee 'n nuwe ervaring. Ons verstaan nou die krag van bevestigings wat ons reeds in hierdie kursus gebruik het.

Om jou denke te verander, moet jy dus jou neuroregistrasies verander. Hierdie kuns word vandag in terapie en opleidingskursusse vir mense geleer. Ek wil vir jou ook die basiese beginsels daarvan leer, sodat jy daardie ongewenste handelinge en gedrag van jou, wat jy in die vorige dagstukke aangeteken het, kan verander.

So byvoorbeeld sal jy 'n neuroregistrasie uit vorige ervarings hê, dat jy nie van 'n spesifieke persoon of van sekere mense hou nie en hulle nie kan aanvaar soos hulle is nie. Miskien sukkel jy om iemand vir iets te vergewe. Daarom kan jy nie die spirituele krag van liefde beoefen nie. Dit is wat in jou denke is en daarvolgens sal jy ook handel en in alles wat jy doen dienooreenkomstig optree. Jy sal net die lelike in daardie mense sien en niks goeds nie, en vir jouself bewys jy is reg.

Simulatoroefeninge

Indien jy hierdie gedrag van jou wil verander, moet jy dit vervang deur 'n nuwe registrasie dat elke mens iets goeds in hom het en net soos jy 'n unieke wese op aarde is. Dan moet jy jou sintuie gebruik om hierdie gedagte in jou brein te registreer. Doen dit met soveel moontlik van jou sintuie. *Sê* dit, *sien* dit, *voel* dit, keer op keer. Ek noem hierdie oefening die "*simulatoroefening*", omdat dit soos die simulator van 'n vliënier werk, waarin hy vliegervaringe simuleer totdat hy daaraan gewoond is, om dan daarbuite in die werklikheid op te tree soos hy dit in die simulator met sy denke geoefen het.

Wanneer die ou gedagte by jou opkom, skakel jy onmiddellik oor na die nuwe gedagte wat jy gesimuleer het. Jou siening van en gevoel oor daardie mense wat jy nie kan liefhê nie, sal met hierdie metode verander en jy sal daarin slaag om die beginsel van "gee" in al die fasette daarvan te beoefen. Met hierdie metode kan jy enige denkwyse verander. Ek gaan dit weer later demonstreer.

Gaan kyk gerus na die registrasies wat jou brein vir jou gee oor verskillende aspekte van jou lewe. Kyk na alles wat jy dink en besluit of jy daarmee tevrede is of nie. Indien nie, moet jy vir jou brein ander denkpatrone gee. Gebruik die simulatoroefening om dit te doen.

Vervang byvoorbeeld jou denke dat alles teen jou is deur 'n denke dat alles vir jou is en dat elke krisis 'n geleentheid is waaruit jy iets kan leer. Vervang jou denke dat mense nie van jou hou nie deur 'n denke dat hulle wel van jou hou. Jy sal dan ook so begin optree dat hulle van jou hou.

Een van die belangrikste nuwe registrasies wat jy in jou simulatoroefening kan doen, is om 'n betekenisvolle leefwyse (soos ek dit vir jou geleer het) in jou gedagtes te simuleer sodat dit later jou denke oor die vormlike leefwyse kan vervang.

Paradigmaverskuiwings

Effektiewe mense maak vandag al meer gebruik van die kuns om paradigmaverskuiwings te maak. Ook hier moet jy jou vasgelegde waarnemings (paradigmas) in jou neurosisteem kan toets aan realiteite en dit verander (verskuif) indien nodig. Baie van die waarnemings wat jy gemaak het, was nie korrek nie. Dit is wat in Copernicus se dae gebeur het toe mense dit verkeerdelik waargeneem het dat die aarde die middelpunt van die kosmos is. Copernicus het die regte paradigmaverskuiwing gemaak om te sien dat die son die middelpunt is.

Vandag is mense daarop ingestel om regte waarnemings te maak. So byvoorbeeld het 'n sekere boer onlangs die vasgelegde waarneming dat 'n spesifieke bossie onkruid is, in sy denke verskuif deur die realiteit in te sien dat dit in werklikheid voedsel is. Tans verbou hy dit met groot sukses! Iemand het gesien dat houtskaafsels nie meer by saagmeulens weggegooi hoef te word nie (soos almal altyd gedink het), maar dat dit in 'n bruikbare produk omskep kan word indien dit met gom gemeng word. Vandag gebruik ons dit in stede van soliede hout vir allerlei dinge. Hierdie persoon het natuurlik 'n multimiljoenêr geword met sy denkverskuiwing. Om dinge anders te sien, is die grondslag van alle nuwe uitvindsels. Jou spirituele krag van visie kan jou ook in staat stel om nuwe dinge raak te sien. Enige mens beskik oor onbeperkte kreatiewe vermoëns om unieke dinge te skep en nuwe uitvindsels te maak.

Jy sal moet leer om as "spirituele mens" ook jou neuroregistrasies oor die spirituele dinge te verander; om nie te bly dink soos almal dink nie, maar om nuut te dink. As ons hierop konsentreer, sal ons ook die antwoorde kry oor wat ons spirituele vermoëns alles behels.

'n Baie belangrike neuroregistrasie wat jy moet verander, is om nie te bly dink soos almal in die vormlike lewe dink nie. Jou brein is vol ervarings en waarnemings van die vormlike lewe en jy sal dit moet verander indien jy wil raak sien dat 'n betekenisvolle leefwyse vir jou meer kan bied. Ons is so gekondisioneer om vormlike materiële dinge te wil besit, dat ons nie kan insien dat ons dit nie nodig het om 'n gelukkige lewe te lei nie. Ons kan net nie die ander dinge raak sien wat die lewe vir ons meer aangenaam kan maak nie. In hierdie kursus sal jy baie denkverskuiwings moet maak om die dinge waarop ek jou wys, te kan raak sien.

Ek gaan vorentoe weer na die simulatormetode verwys en vir jou leer hoe jy jou neuroregistrasies en daarmee jou denke, kan verander.

Wat wil jy verander?

Wat is die dinge in jou lewe wat jy in die vorige dagstukke neergeskryf het, wat jy wil verander?

* Watter omstandigheid of krisis wil jy beter *hanteer*? Is dit 'n huwelikskrisis, of 'n siekte, of geldprobleme, of jou kind, of wat is dit? Skryf neer hoe jy dit nog altyd hanteer het. Skryf dan langsaan hoe jy dit in die toekoms anders wil hanteer.

* Wat wil jy van die lewe *neem*? Is dit liefde van iemand, vriendskap, beroepsvervulling, huweluksgeluk, mooi eienskappe van mense, of iets anders? Skryf dit neer. Skryf langsaan wat jy kan doen om dit te neem.

* Wat wil jy vir jouself of ander *gee*? Is dit erkenning, liefde, vergiffenis, dankbaarheid, gemeenskapsdiens, opvoeding, of iets anders? Skryf dit neer. Skryf langsaan neer wat jy gaan doen om dit te gee.

Wat is die een ding in jou gedrag wat jy die graagste wil verander, wat jou lewe sal verbeter? Skryf neer hoe jy wil hê jou gedrag moet wees.

Doen die oefeninge

Nou kan jy dit wat jy neergeskryf het en wat jy wil verander, net so in jou gedagtes simuleer soos jy wil hê dit moet wees. *Sê* dit hardop vir jouself, *sien* dit in jou gedagtes, *voel* dit, *ruik* en *proe* dit as jy kan. Gebruik al jou sintuie en herhaal dit oor en oor totdat dit 'n spontane werklikheid word. Kry vir jou 'n tyd en plek waar jy hierdie oefeninge gereeld kan doen. Die beste plek is natuurlik in jou plek van stilte en meditasie.

My kliënte, wat hierdie oefeninge gereeld doen, getuig daarvan dat dit hulle leefwyse verander. Jy kan dit ook regkry. Die probleem is net dat min mense gewillig is om hierdie oefeninge op 'n gereelde basis te doen. Baie mense is nie eers gewillig om die dinge neer te skryf wat hulle in die plek van ou gewoontes wil hê nie. Hulle verstaan nie dat die brein dit gereeld moet sien om dit in te neem nie, omdat daar duisende gedagtes daagliks deur die menslike brein flits wat hul aandag aftrek. As die brein hierdie dinge nie sien om dit in te neem nie, vergeet die brein dit.

Ek het reeds daarop gewys dat die eintlike rede waarom mense nie die oefeninge doen nie, eintlik is omdat hulle bang is vir die reus wat in hulle onbewuste verskuil lê. Hierdie reus is in elk geval besig om te ontwaak vir 'n spirituele revolusie wat op die wêreld wag. Jy kan net sowel vroegtydig met jou reus kennis maak.

TOEPASSSINGS

Ek kan nou daardie dinge wat ek wil verander, bewerkstellig deur my neuroregistrasies daaroor te verander. Dit doen ek soos volg:

1. Ek sal hierdie hoofstuk lees totdat ek verstaan hoe my brein werk.

2. Ek skryf die gedrag of dinge wat ek wil hê neer. Ek simuleer dit in my brein net soos ek dit begeer. Ek sien en hoor en voel my nuwe ervaringe. Ek onderneem om dit oor en oor te doen, totdat ek dit spontaan in my alledaagse lewe beoefen.

BEVESTIGING:

Ek geniet my nuwe gedrag wat ek aangeleer het.

"Die menslike denke wat tot nuwe insigte kom, keer nie terug na die oorspronklike registrasie daarvan nie."

O.W. Holmes

Dag 16

VERANDER JOU SELFBEELD

Jy is nog steeds besig om vir jou 'n betekenisvolle leefwyse te skep. Jy is tans besig om gedragspatrone in jou lewe te verander wat jou verhinder om hierdie leefwyse te voer. Kan jy al die verskil agterkom hoe hierdie leefwyse van die vormlik leefwyse verskil? Sien jy die kwaliteite van lewe raak en *neem* jy dit vir jouself in ekstase? Voel jy goed daaroor om vir ander liefde te *gee*? Het jy meer vrede in jou binneste omdat jy jou krisisse en omstandighede beter *hanteer*?

Vandag gaan ons kyk hoe 'n goeie selfbeeld jou sal help om hierdie betekenisvolle leefwyse te vervolmaak. Met die hulp van die tegnieke wat jy in die vorige dagstuk geleer het, kan jy jou selfbeeld verander as dit jou ongelukkig maak.

Jou prentjie oor jouself

Jou selfbeeld is daardie beeld of prentjie in jou denke, hoe jy jouself sien, byvoorbeeld hoe jou liggaam lyk, hoe jy in jou kleredrag lyk, hoe goed jy in sport is, of jy sosiaal is, of jy 'n openbare spreker is, 'n goeie ouer is, 'n effektiewe bestuurder is, goed is in 'n taal en wiskunde, of jy dryfkrag het, en nog baie ander dinge. Hierdie prentjies het jy uit die verlede gevorm en dit is met neuroregistrasies in jou brein vasgelê.

Omdat jy jouself so sien, dink jy dat ander mense jou ook so sien. Jy is nie altyd reg met hierdie siening van jouself nie. Dit was net jou eie waarnemings oor jouself in die verlede wat daartoe gelei het dat jy jouself so sien en dat jy so oor jouself dink. Omdat jy byvoorbeeld op skool, in jou tienerjare, toe jou liggaam nog ontwikkel het, oorgewig of maer was en ander jou daaroor gespot het, het jy 'n prentjie van jou liggaamsbeeld gevorm. Omdat jy miskien gesukkel het met somme, of die ander kinders vir jou gelag het toe jy voor hulle moes optree, het jy gevoel jy is nie begaafd nie.

Gedurende jou lewe het jy miskien baie ervarings gehad waarin jy gevoel het dat jy misluk het. Vandag nog reageer jy op daardie registrasies wat jy in jou brein gemaak het. Jy glo dit nou nog en wat jy dink, dra jy oor op ander mense, asof hulle dit ook dink. Met ander woorde, jy het nog nie die denkverskuiwing gemaak om jou waarneming te verander deur die realiteit raak te sien dat mense 'n ander prentjie van jou in hulle denke het nie. Gewoonlik is dit 'n beter een as wat jy het.

Selfsabotasie

Wat nou met jou denke oor jouself gebeur, is die volgende: alhoewel ander mense jou nie sien soos jy dink nie, dra jy later jou denke op hulle oor. Met die beeld van jouself saboteer jy jouself later sonder dat jy dit besef, want *wat jy dink, doen jy*. Omdat jy byvoorbeeld dínk jy is vet of lelik of dom, sal jy onbewustelik dit in jou daaglikse lewe realiseer om vir jouself te bewys jy is reg, ongeag daarvan dat iemand anders, of 'n geliefde sê dit is nie waar nie en dat hy of sy van jou hou soos jy is.

Baie verhoudings loop so op die rotse. Die ander party gee later op om die persoon lief te hê, omdat die persoon al sy/haar swak punte bly beklemtoon, totdat niemand meer in staat is om die persoon lief te hê nie. Dan sal die persoon sê: "Sien, ek was reg, niemand is lief vir my nie." Uiteindelik oortuig die persoon vir almal dat hy/sy onaanvaarbaar is. 'n Verkeerde of swak selfbeeld gee aanleiding daartoe dat die persoon al minder van homself hou en homself later glad nie meer aanvaar nie, en selfs begin haat, wat later tot selfmoord kan lei.

Dit is veral die "fisiese mens" wat homself saboteer omdat hy net op sy uiterlike vorm konsentreer, op sy liggaam en wat ander daarvan dink, of dit vir mense aanvaarbaar is of nie. Hy konsentreer ook net daarop om te sien of sy uiterlike handelswyses vir ander aanvaarbaar is of nie en of hy oor die regte materiële dinge beskik wat ander van hou. Hy word hoofsaaklik deur sy onmiddellike omgewing beïnvloed wat net op vorm ingestel is, en om aanvaarbaar te wees, probeer hy om aan daardie standaarde te voldoen. Hy is afhanklik van ander se opinie en van die vormlike dinge. Dit maak sy lewe baie pynlik, daarom geniet hy nie die lewe ten volle nie. Daarom is sy vormlike leefwyse onbevredigend.

Die "spirituele mens" konsentreer nie op die uiterlike dinge nie. Hy sien homself as 'n ewige "spirituele wese" wat net oor 'n tydelike liggaam beskik en dit maak nie vir hom saak hoe dit lyk nie. Hy is hoofsaaklik daarop ingestel om die betekenis van sy lewe te verwesenlik en geen uiterlike aspek kom eerste in sy lewe nie.

Oor die rol wat ons liggaam in 'n betekenisvolle leefwyse speel, het ek 'n afsonderlike hoofstuk geskryf, omdat dit so belangrik is om dit reg te hanteer.

Verander jou selfbeeld

Indien jy 'n swak selfbeeld het waarmee jy jou lewe saboteer, is dit noodsaaklik dat jy dit moet verander. Jy kan nie 'n betekenisvolle leefwyse handhaaf met 'n selfbeeld wat jou ongelukkig maak nie. Die belangrikste aspek om 'n doeltreffende verhouding met jouself te hê, is dat jy 'n beeld van jouself het waarvan jy hou. Ja, dit is moontlik om jou selfbeeld te verander. Jy het mos al ervaar wat die krag van simulatoroefeninge is, dat 'n nuwe denke wat jy in jou brein insit, blywend kan wees. Jy moet dus besluit watter beeld jy van jouself wil hê en dit neerskryf om as program te dien vir jou simulatoroefening. Na herhaalde oefeninge sal jy hierdie nuwe beeld spontaan na buite uitdra.

Die vraag is natuurlik hoe daardie nuwe selfbeeld gaan lyk wat jy nou wil hê. Die "fisiese mens" sal sy nuwe selfbeeld sodanig formuleer dat dit vir ander mense in vorm aanvaarbaar moet wees. Hy sal net aan sy uiterlike vorm en sy uiterlike gedrag dink, om ander daarmee te plesier. Miskien sal hy 'n beeld wil hê wat meer "seksie" is en meer mag vertoon. Miskien wil hy soos iemand lyk wat baie ryk en welvarend is. Die "spirituele mens" sal sy selfbeeld anders wil hê. Die program wat hy vir sy simulator skryf, sal daaruit bestaan dat hy homself wil sien as 'n mens wat 'n betekenis in die lewe het om te vervul. Hy sal homself as 'n unieke mens wil sien, wat spesiale take het om in die lewe te vervul wat net hy alleen kan verrig. Hy sal nie op sy uiterlike voorkoms konsentreer nie, maar op sy innerlike spirituele kragte en homself wil sien as iemand wat hierdie kragte in sy daaglikse lewe beoefen. Hierdie prentjie sal hy in sy denke visualiseer. Hy sal 'n selfgesprek wil handhaaf wat sê: "Ek is lief vir jou, ek hou van jou soos jy is, omdat jy uniek in die wêreld is."

Jy sien in werklikheid kan ons 'n onderskeid maak tussen jou *ware self* en jou *uiterlike self*. Jou *ware self* is jou spirituele self met spirituele krag. Dit is wat jy in werklikheid is. Jou ware self is vol selfvertroue en sekuriteit omdat jou spirituele kragte jou tot enigiets in staat stel. Met hierdie kragte vervul jy jou betekenis ten spyte van enige krisis.

Jou *uiterlike self* is die sigbare beeld wat jou ego van jou na buite vertoon. Dit is die sosiale masker wat jy dra wanneer jy jou ware self nog nie gevind het nie. Hierdie masker is net daarop gerig om die behoeftes van jou ego te bevredig, wat fisiese behoeftes is. Daarom is dit van die uiterlike fisiese dinge afhanklik. Dit floreer op dinge soos erkenning en status. Die mens met 'n uiterlike self se sekuriteit lê buite homself.

Omdat die "spirituele mens" 'n betekenis wil vervul, sal hy 'n selfbeeld wil hê wat ooreenstem met sy ware self. Dit gee hom sekuriteit en selfvertroue om sy betekenis te vervul. Dan maak dit nie meer vir hom saak hoe hy lyk, of hy vet of maer, lank of kort, wit of swart is nie. Hy stel nie belang in 'n uiterlike self nie. Hy wil sy ware self uitbou wat sy onsigbare spirituele kragte huisves. Hy is nie meer afhanklik van ander se goed- of afkeuring oor sy uiterlike vorm nie, trouens, hy is nie van enigiets vormliks afhanklik nie. Al wat hy wil doen, is om sy verantwoordelikheid te aanvaar om sy betekenis te vervul.

Omdat hy nie op mense se goedkeuring ingestel is nie, kan hy doen wat hy wil doen, al kry hy nie die erkenning daarvoor van ander mense nie. Hy weet hulle kan sy optrede net meet aan die vormlike standaarde en dit geld nie meer vir hom nie. Daarom skep hy vir homself 'n "spirituele selfbeeld" wat met sy ware self ooreenstem. Dit is hierdie innerlike beeld wat ons soms in ander mense raak sien wat hul uiterlike beeld so oorweldig dat ons nie eers omgee hoe hulle van buite af lyk nie. Daarmee trek hulle ons net aan soos motte om 'n kers. Ons sê dit is hul persoonlikheid, maar dit lê veel dieper as dit. Dit is mense wat hul spirituele kragte bemeester, wat liefde kan gee, mense wat geloof en visie het en hul verantwoordelikhede in die lewe nakom. Die "spirituele mens" is daarop uit om so 'n selfbeeld te ontwikkel. Met hierdie selfbeeld is hy hoofsaaklik daarop ingestel om die betekenis van sy lewe te aktualiseer. Hy vervul hierdie taak gewilliglik saam met ander spirituele mense, omdat hy weet dat dit wat hulle saam "gee", die lewe en wêreld 'n beter plek sal maak. Sy leuse is: "Niemand kan jou minderwaardig laat voel tensy jy jou goedkeuring vir hulle daartoe gee nie."

Jou nuwe prentjie

Jou uitdaging is om vandag die simulatoroefening te gebruik om jou selfbeeld te versterk of selfs te verander, indien nodig. Sodoende sal jy ook selfvertroue ontwikkel om jou unieke take, wat net jy kan doen, te ontdek en uit te voer.

Neem 'n potlood en papier en trek 'n vertikale lyn in die middel. Skryf aan die linkerkant hoe jy jouself op hierdie oomblik sien, met ander woorde wat jou selfbeeld tans is. Wees eerlik met jouself daaroor en skryf al daardie dinge neer wat so gereeld in jou gedagtes opkom, hoe jy jouself sien. Skryf dan aan die regterkant wie en wat jy wil wees, hoe jy jouself sal wil sien. Maak seker dat jou nuwe selfbeeld 'n "spirituele selfbeeld" is. Vou dan die papier in die middel, sodat jy net kan lees wat jou nuwe beeld behels. Skryf dit nou in die teenswoordige tyd. Skryf byvoorbeeld neer:

* Ek ís 'n unieke persoon omdat ....
....

* Ek ís hier op aarde met 'n doel om ....
....

* Ek hou van myself omdat ....
....

* My uiterlike vorm is nie vir my meer belangrik nie, maar wel
....
....

* My onsigbare spirituele krag maak my mooi, omdat ....
....

* My besondere talente is ....
....

* Ek geniet die lewe te opsigte van ....
....

* Ek kan ....

* Ek ís ....

* Ek ....

Sê dit nou hardop vir jouself, oor en oor, honderd keer op 'n dag. Voel dit in jou binneste, oor en oor en oor. Sien dit in jou gedagtes, oor en oor, elke uur, elke dag. Gebruik ook jou geloof om te glo jy sal wees wat jy wil wees. Die resultaat hiervan is dat jy later sonder inspanning sal optree en handel volgens jou nuwe selfbeeld. My ervaring met my kliënte is dat hulle ongelooflike resultate met hierdie metode bereik.

'n Nuwe leefwyse

Daar is bykans niks wat die lewe vir jou meer betekenisvol sal maak as 'n goeie "spirituele selfbeeld" nie. Dit sal jou gelukkig maak en vir jou vrede gee. Die pyn wat mense deurmaak omdat hulle net op hul uiterlike vorm en voorkoms konsentreer, is onbeskryflik. Daar is ook niks meer spanningsvol as om voortdurend daarop ingestel te wees om met jou optredes ander te plesier nie. Jy sal die lewe baie meer betekenisvol vind indien jy met 'n "spirituele selfbeeld" daarop uit is om met liefde, geloof en visie vir ander te gee en die mooi dinge vir jouself te neem en met wilsvryheid kies om die regte response op jou krisisse te gee.

Lê jou ook daarop toe om verby die uiterlike vorm van ander mense te kyk en jy sal sien dat daar meer mense met 'n "spirituele selfbeeld" is as wat jy gedink het.

TOEPASSINGS

Vandag neem ek die besluit om 'n beeld oor myself te skep waarop ek trots is.

1. Ek doen die oefeninge daagliks net soos dit hierbo beskryf is om vir my 'n "spirituele selfbeeld" te skep.

2. Wanneer ek by ander mense kom, sal ek op die nuwe prentjie in my gedagtes oor myself konsentreer en daarvolgens optree.

BEVESTIGING:

(Vul jou naam in) . . . . , ek is lief vir jou! Ek hou van jou! Jy is uniek!

"Jy moet jou naaste liefhê . . . soos jouself."

Dag 17

ONTDEK JOU LEWENSTAKE

Uiteindelik het jy by die punt gekom waarvoor jy so lank gewag het, om die eintlike bedoeling van jou lewe te ontdek, hoekom jy hier op aarde is. Vandag wil ek vir jou help om daardie unieke take te ontdek wat net jy alleen op aarde kan verrig.

Daar is nie 'n kortpad na enige vorm van sukses nie. Jy moes eers sekere insigte ontvang en 'n groeiproses deurgaan het om by hierdie punt uit te kom. Jy moes eers jou spirituele vermoëns ontdek het om daarmee vir jou 'n betekenisvolle leefwyse te skep. Tans is jy ook nog besig om sekere gedragspatrone in jou lewe te verander om hierdie nuwe leefwyse beter te handhaaf, en dit is slegs vanuit hierdie raamwerk wat jy jou unieke take kan ontdek. Omdat jy dit nou ervaar dat die lewe vir jou iets beteken, sal jy in staat wees om vir die lewe iets te beteken. Nou kan jy in jou spirituele ontwikkeling die volgende vlak bereik om 'n ware effektiewe mens te wees.

Jou unieke betekenis

Dit is nou reeds aan jou bekend dat jy oor spirituele kragte beskik waarmee jy bykans enigiets kan bereik, maar as jy dit nie op jou spesifieke take rig nie, is jy soos 'n vuurpyl wat afgeskiet word sonder 'n teiken. Daarom moet jy met erns daarop konsentreer om die spesifieke take te ontdek wat net jy op aarde kan vervul.

Onthou jy nog wat die eksistensiële sielkunde se siening hieroor is? Dit leer ons dat elke mens 'n unieke mens op aarde is en dat elkeen 'n unieke taak het om hier te vervul. Almal werk sodoende saam aan die doel van die lewe, wat deur God bepaal word. Jy het nie self besluit om hier te wees nie, dit is deur groter kragte as jy bepaal, maar jy het die krag van verantwoordelikheid ontvang om uit te vind hoekom jy hier is en om dit te realiseer. Jou wilsvryheid ondersteun jou hierin; jy is vry om die keuse te maak dat jy jou take gaan vervul en jy is vry daarvan om nie deur enige krisis oorweldig te word om dit reg te kry nie. Jou lewe is uniek. Daar is niemand anders wat jou take vir jou kan vervul nie.

Onthou, jou grootste motivering bestaan daarin om jou unieke take te realiseer. Jou basiese samestelling as mens is sodanig dat jy daarop ingestel is om te kan sê: "Dít is die unieke bedoeling van my lewe, dít is die take wat net ek kan verrig." Jy sal nooit tot ruste kom as jy dit nie kan sê nie. Al die geld en besittings in die wêreld kan nie hiervoor kompenseer nie. Een of ander tyd sal jy die vraag: "Wat is die unieke betekenis van my lewe?" wil beantwoord. Dit is in elk geval die vraag wat elkeen van ons op ons sterfbed beantwoord wil hê. Daar is ook niks anders wat die lewe vir jou meer aangenaam sal maak as hierdie wete dat jou lewe iets besonders op aarde beteken nie. Dit gee jou dryfkrag en hou jou aan die lewe, selfs onder die haglikste omstandighede, soos sommige mense in Auschwitz.

Jou take is op aarde en nie in die hiernamaals nie

Jy moet daarop let dat die mens hoofsaaklik oor die dinamika beskik om 'n unieke betekenis hiér op aarde te vervul, en nie om alles te weet wat na sy dood met hom sal gebeur nie. Daarom kon mense deur al die eeue dit nog nie duidelik formuleer wat presies na die dood met ons sal gebeur nie en soek hulle nou nog antwoorde daarop. Die mens het net sy geloof wat vir hom antwoorde oor die hiernamaals gee en dit verskil van mens tot mens en godsdiens tot godsdiens. Daarenteen het baie mense presies geweet wat hulle hiér op aarde wil en moet doen en wou hulle nie sterf voordat hulle dit nie afgehandel het nie. Te veel mense in die spirituele ontwaking is net oor hul lewe in die hiernamaals bekommerd en kom nie hul verantwoordelikheid na om hul lewe hier op aarde effektief te lei, soos dit van hulle verwag word nie. Baie doen niks met hul lewe nie en sit net en wag om van hierdie lewe verlos te word. Vir diegene geld die woorde ook: "'n Gelukkige lewe sal gevind word sodra jy ophou om 'n beter lewe elders te soek."

Ek het vir baie jare 'n broertjie dood gehad daaraan dat sommige mense hul kosbare lewe so kan verspil, deur niks doelgerigs op aarde te verrig nie. As daar nou een ding in my lewe was waaraan ek hard moes werk, was dit om my negatiewe houding teenoor sulke mense te verander en hulle lief te hê soos hulle is. Miskien was dit omdat ek self sonder 'n pa grootgeword het, en van kleintyd af altyd doelwitte gehad het om te vervul om iets besonders van my lewe te maak. Ek het altyd gesê dat alhoewel ek nie in reïnkarnasie glo nie, ek kan verstaan dat sommige meen dat sulke mense terug aarde toe moet kom om reg te maak wat hulle verbrou het. Later het ek met visie ingesien dat elke mens tog 'n doel vervul, of hy daarvan bewus is of nie, al moes hy net 'n kind in die lewe verwek het, of iemand êrens bygestaan het, of 'n werk van 'n aard vervul het. God wat alles skep en beheer, moet tog ook 'n doel met sy lewe hê. Wat waar is, is dat hy sy taak beter kan vervul deur hom daarop toe te spits, en dat hy kan help om 'n beter lewe daar te stel en nie van ander verwag om dit vir hom te doen nie.

Aan die ander kant is dit ook nie reg wanneer mense (veral jongmense is geneig om dit te doen) hulle van die lewe onttrek en êrens afgesonderd in 'n utopie gaan lewe om met hul spirituele kragte net liefde en vrede te beleef nie. Nee, elkeen het take om hier te vervul en moet uitvind wat dit is.

Dit is die rede hoekom ek die eksistensieel-sielkundige beskouing in hierdie kursus so sterk beklemtoon, om vir jou daarop te wys dat jou spirituele kragte vir jou gegee is om jou betekenis hiér op aarde te vervul. Jy het take om hiér te verrig. Ek wil voorkom dat jy na spirituele kragte soek waarmee jy jou eensydig net op die transendente sal rig. Ek sien daagliks hoe mense in die spirituele ontwaking net in hierdie "nuutjie" belangstel en allerlei eienaardighede daarmee aanvang wat soms my hare laat rys. Is dit nie die fout wat ons in die verlede ook in godsdiens gemaak het nie? Wat is die gevolg daarvan? Die mens draai later sy rug daarop.

Dit is belangrik om te onthou dat die take wat jy moet vervul buite jouself lê. Dit kan nie op jouself en jou eiebelang gerig wees nie; dit is nie op die vervulling van die behoeftes van jou fisiese of psigiese dimensie gerig nie, maar op die vervulling van jou spirituele behoeftes, naamlik om vir ander mense en die lewe self in die wêreld iets te beteken. Frankl stel dit duidelik dat net in die mate waarin jy jou van jouself en jou eie selfgesentreerde belange kan onttrek, jy 'n outentieke bestaan met betekenis sal kan vervul.

Waninterpretasies van doelwitte

In die afgelope jare het sommige opleidingskonsultante agtergekom dat die mens in sy diepste wese gemotiveerd is om unieke take in die lewe te vervul. Sogenaamde "sukseskursusse" is saamgestel, wat hierop gebaseer is. Die kragtige dinamiek hiervan is uitgebuit om vir die mens te lei om doelwitte te vind wat hulle suksesvol kan maak in die vormlike lewe. Daar is daarop klem gelê dat jy "moet weet wat jy wil hê", en dat jy daarop moet fokus en alles moontlik moet doen om dit te kry. Die beginsel is so kragtig dat dit ongelooflike resultate bied. In hierdie eensydige benadering word die mens mislei, omdat die persoon in 'n slagyster trap om dinge te kies wat hy begeer soos dit spontaan uit sy fisiese behoeftes na vore kom. Ek het baie pynlike ervarings saam met sommige van my kliënte en selfs vriende belewe, wat in hierdie slagyster getrap het. Doelwitstelling word gewoonlik deur materiële begeertes oorheers. Boaan die lys staan gewoonlik geskryf: "om meer geld te maak". Om die mens se motiveringskrag op 'n doelwit te vestig, is so kragtig dat mense meestal hierdie materiële dinge wat hulle wil hê, ook kry, maar ten koste van baie stres en spanning en soms ten koste van die gepaardgaande siektes en hartaanvalle en selfs 'n vroeë dood wat voorkom kon gewees het. Dit versterk ook net hul vormlike leefwyse om in 'n "eksistensiële vakuum" te leef en met die uiterlike vorm vir die innerlike spirituele behoefte aan 'n ware betekenis te kompenseer.

Hierdie metode om sukses te bereik, word gelukkig hedendaags deur al meer mense net as "word gou ryk "-skemas beskou, en hulle stel nie meer daarin belang nie omdat dit nie vir hulle werklik 'n gelukkige, vredevolle lewe gee nie. Jy kan nie jou spirituele "wil tot betekenis" kul met valse doelwitte nie.

Vermy die slagyster

Voordat iemand doelwitte kan stel, moet hy eers voorberei word om dit vanuit sy spirituele raamwerk te doen. Hy moet eers verstaan dat daar net sekere doelwitte is wat vir hom as unieke persoon betekenisvol sal wees. Gelukkig is daar vandag ook konsultante wat dit beklemtoon dat jy eers moet vasstel wat jou waardes en beginsels is, voordat jy doelwitte stel. Hulle kursusse en boeke is nou hoog in aanvraag.

Tot dusver het ek jou gehelp om eers jou spirituele vermoëns te ontdek en om daarmee 'n betekenisvolle leefwyse te lei, en jy het hard daaraan gewerk om by hierdie punt uit te kom waar jy nou jou unieke take kan formuleer. Daarom sal jy nie in die slagyster trap om net op materiële doelwitte te konsentreer nie. Jy weet dat dit jou eerste prioriteit is om die take te vind waarmee jy jou unieke betekenis op aarde kan vervul. Hierdie take vorm ook altyd deel van 'n betekenisvolle leefwyse; dit pas nie in by die vormlike leefwyse nie.

Tog weet jy dat die paradoks ook vir jou bewaarheid sal word dat jy ruim in al die materiële dinge sal deel as jy eerstens daarin slaag om jou spesifieke take op aarde te vervul. Hieroor sê ek later baie meer.

Die groot ontdekking

Oor wat jou spesifieke take nou eintlik is, het Frankl dit duidelik en by herhaling gesê: "Jy vind dit nie uit nie, jy ontdek dit." Hierdie ontdekking kan jy nie vinnig in 'n kursus of in terapie maak nie; dit neem tyd en dit word alleenlik ontdek op die pad wat jy tot dusver geloop het. Dit is veral jou spirituele vermoë van visie wat jou in staat sal stel om die take raak te sien wat jy moet vervul; dit help jou om hierdie ontdekking te maak.

Soms maak jy hierdie ontdekking deur net in te sien dat jou take voor die hand liggend is, byvoorbeeld dat jy sonder jou toedoen binne 'n sekere familie gebore is en verpligte take het wat jy teenoor jou familielede, soos jou ouers, broers en susters moet vervul. Of dat jy in 'n sekere sosiale groep gebore is, wat nie toevallig is nie en dat jy ook hier take het om te vervul. Dit is nie toevallig dat jy in Suid-Afrika gebore is nie; jy het 'n taak om hier te vervul en jy mag dit nie ontsnap om te emigreer as die uitdaging te groot word nie. Indien jy getroud is en ook kinders het, is dit nie toevallig nie en het jy teenoor hulle take om te vervul. Net jy kan dit doen, iemand anders kan nie vir jou as pa of ma instaan nie, dit is jou taak en jy moet dit met verantwoordelikheid aanvaar. Ander take is nie so voor die hand liggend nie en dit is jou uitdaging om jou daarop in te stel om dit te ontdek.

Jou beroep as taak

Een van die belangrikste take wat die mens op aarde moet ontdek, is die spesifieke beroep of werk wat hy moet beoefen. Met die beginsel van "gee", het jy reeds gesien dat jou unieke kreatiwiteitsvermoë een van die belangrikste aspekte is wat jy vir die lewe moet gee. Dit sluit nie net jou skeppingsvermoë in soos byvoorbeeld om iets te vervaardig nie. Dit sluit ook jou verbeeldingskrag in om oplossings vir probleme te vind of om beplannings te doen of strategieë uit te werk. Uit hierdie kreatiewe vermoëns van mense is die wêreld tot vandag toe gebou en sal dit in die toekoms verder voortgebou word. Sommige mense pas dit toe op 'n werk wat met fisiese dinge te doen het, soos die natuurwetenskappe; ander weer pas dit toe op 'n werk in die niesigbare, in die geesteswetenskappe. Jy moet nie die belangrikheid van jou kreatiewe bydrae vir die wêreld onderskat nie. Indien jy jou sluimerende kreatiwiteit kan uitlewe, sal jy baie gelukkig wees. Indien nie, is dit een van die grootste frustrasies wat jy kan hê.

Jy het ook 'n kreatiewe bydrae om vir die wêreld te gee, hoe klein ook al in jou oë. Ja, jou taak is onmisbaar in hierdie proses. Ek geniet dit altyd om die verskeidenheid van werke te sien wat mense doen. Elkeen se werk is 'n skakel in die werksketting, waarin die een skakel nie los van die ander skakel kan bestaan nie en waar almal saam die doel vervul wat God met die wêreld het. Daarom sal jy ook 'n taak in een of ander werk moet vind, wat jóú kreatiewe bydrae in hierdie ketting is. Ek het nog altyd baie in die boubedryf belang gestel en my eie huise gebou of gerestoureer. Hier het ek dit telkemale belewe hoe verskillende werksmense, elk volgens hul aanleg, 'n bydrae maak om die huis te voltooi. Sonder elkeen se bydrae sou dit nie moontlik gewees het nie.

Jou unieke aanlegte speel 'n baie belangrike rol in hierdie werksketting. Jy beskik oor aanlegte wat net vir jou gegee is om jou spesifieke taak in 'n werk te vervul en dit sal vir jou 'n aanduiding gee van watter werk jy op aarde moet doen. Jou aanlegte kom gewoonlik na vore in daardie dinge wat jy van hou om te doen. Wanneer jy daarmee besig is, het jy geen idee van tyd nie en kan jy nie ophou om dit te doen nie.

Miskien is die werk wat jy nou reeds doen, waarteen jy so in opstand is, jou unieke werkstaak op aarde. Dit is tog nie toevallig dat jy dit doen nie! Miskien moet jy 'n ander werk doen wat jy nog moet ontdek. Dit is selfs moontlik dat jy reeds weet watter ander werk jy moet doen, maar dat jy nie jou geloofskrag kan gebruik om te glo dat jy daarin sal slaag nie.

Een ding is egter vir seker, as jy nog nie jou unieke beroep gevind het nie, en as jy bymotiewe in jou huidige beroep het, sal niks jou motiveer om dit effektief te beoefen nie.

Jou beroep is nie jou enigste taak nie

Ek vind dat mense die fout maak om hul spesifieke taak op aarde nét in 'n beroep te soek. Dit is nie al waarvoor jy hier is nie. Dit het 'n siekte geword om vir iemand te vra: "Wat doen jy?" bedoelende watter soort werk hy doen, om hom dan daarvolgens as mens goed of af te keur. Daar is ook baie ander take wat jy moet vervul. Daar moet 'n balans wees, omdat jy ook op baie ander lewensterreine beweeg.

Ek vra gewoonlik vir mense wat die take is wat hulle ontdek het om hul unieke betekenis in die lewe te verwesenlik. Naas hulle beroepstake hoor ek antwoorde soos: om 'n liefdevolle ma of pa te wees, om my man of vrou lief te hê, om my kinders te versorg en voor te berei vir die lewe, om my ouers te eer en te versorg, om altyd vir ander mense iets te doen, om 'n getroue vriend te wees, om diere te beskerm teen uitwissing, om my kennis te verbreed en dit met ander te deel, om mense te onderrig, om die minder gegoedes te help, om 'n boek te skryf en ander se lewe te verryk, om vrede in my land te bewerkstellig, om die natuur te beskerm, om besoedeling van die wêreld te voorkom, om demokrasie te bevorder, om kuns te bevorder, om musiek te komponeer, om die siekes te genees, om geestesgesondheid te bevorder, om iets goeds in ander raak te sien en hulle erkenning daarvoor te gee, om in my werk 'n bydrae vir die wêreld en die mensdom te bied, om vir God te dien, en nog baie, baie ander dinge.

Meeste mense skryf die take neer wat hulle ontdek het en lees dit gereeld om hulle daaraan te herinner. Hulle skryf nuwe take neer wat hulle ontdek en skrap take wat reeds vervul is. Jy kan dit gerus ook doen. Jy kan ook sulke take saam met jou gesin formuleer, wat julle as familie saam wil doen. Dit is in elk geval 'n beginsel wat jy vir jou kinders van kleintyd af moet leer.

Daar is ontelbare voorbeelde van hoe mense hier op aarde geplaas was om spesifieke take te vervul om vir die lewe 'n besondere bydrae te lewer. So moes 'n Beethoven en ander musikusse, of 'n Einstein en ander wetenskaplikes, of 'n Frankl en ander geesteswetenskaplikes, of 'n apostel Paulus en ander godsdienstiges, asook baie ander besondere take hier vervul wat vandag nog vir ons almal iets beteken. Daar is egter menige ander mense wat besondere take hier verrig het wat ons nie raak gesien het of van weet nie. Dit geld vir mense in die vooruitstrewende kulture, maar ook vir mense in die mees veragterde kulture van die wêreld. Baie van hierdie take mag vir ons miskien gering klink, maar elkeen het 'n doel gehad al was dit net om geboorte aan 'n kind te gee. Iemand het gesê dat indien jy op aarde is om net vir een ander mens iets te doen, dan is jou verblyf hier betekenisvol.

Ek is bevrees dat ons vandag min voorbeelde van rolmodelle raak sien van mense wat hierdie spirituele lewenstake met ywer vervul, omdat ons so oorweldig word met modelle van vormlike mense, wat net die materiële dinge nastrewe.

Almal is ook nie beskore om met hul take wêreldberoemd te word nie. As kind het ek 'n boek gelees wat 'n geweldige indruk op my lewe gemaak het. Ek dink die titel was: "Van proefbuis tot proefbuis." Die hoofkarakter, 'n mediese dokter, het sy lewe daaraan gewy om met navorsing 'n middel vir 'n ongeneeslike kwaal te ontdek. Hy is egter dood voor hy dit kon regkry, maar sy bevindinge het vir 'n volgende dokter die geheim gegee om die middel daar te stel, wat hom beroemd gemaak het. Net so is ons lewe soms net 'n proefbuis wat weggegooi word, maar waarsonder die eindresultaat nie moontlik sou gewees het nie. Agter elke wêreldleier, ook hier te lande, was daar 'n onmisbare moeder wat nooit in die kalklig gestaan het nie. Ek kan dit ook nie verdra wanneer 'n rugbyspeler wat 'n drie druk, al die eer kry nie. Sonder die aksies wat sy maats vooraf ingesit het, sou hy dit nie reggekry het nie. Miskien sal jy nie die eer kry vir die taak wat jy verrig nie, maar sonder jou kan die eindresultaat nie bereik word nie.

Hoe ontdek jy jou lewenstake?

My ervaring met kliënte is dat die ontdekking van 'n taak gewoonlik deur sekere ervarings voorafgegaan word. So byvoorbeeld moet sommige eers die vormlike lewe ervaar. Hulle moet eers take formuleer wat egoïsties net op hulself gerig is. Ek konsulteer baie mense wat erken dat hulle 'n sekere taak verrig het net vir die geld en die sekuriteit daarvan. Hulle moet soms eers uitvind dat dit hulle nie werklik bevredig nie. Ander getuig daarvan dat hulle ontdekking van 'n taak dikwels voorafgegaan was deur dinge wat anders verloop het as wat hulle dit wou gehad het, om hulle by die regte keuse uit te bring.

Soms moet hulle eers al hul materiële sekuriteit verloor, voordat hulle by hul ware lewenstake uitkom. Sommige moes eers by die dood omgedraai of 'n geliefde verloor, of ernstig siek geword het. Eers dan besef hulle dat alles so ten goede meegewerk het, sodat hulle oë kon oopgaan om hul werklike taak raak te sien.

Dit gebeur ook dat iemand reeds besig is met 'n taak, veral 'n beroep, wat hy op aarde moet vervul, maar omdat "vorm" sy aandag aftrek, wil hy dit nie beoefen nie. Hy verruil dan sy eintlike beroepstaak vir 'n ander werk, net om meer geld te maak. Dan moet hy eers ervaar dat meer geld hom nie werklik beroepsbevrediging gee nie en moet hy die punt bereik waar hy sy eintlike taak nie meer beveg nie, maar dit aanvaar, om dit dan met vreugde te vervul.

Sommige ervaar dat hulle bo alle rasionele redes in 'n rigting gedryf word, wat alle logika te bowe gaan om by 'n taak uit te kom wat hulle nooit vir hulself voorsien het nie. Dit was ook my persoonlike ervaring met die skryf van hierdie boek. Daarmee het ek geleer dat as jy jou daarvoor oopstel om jou unieke take te vervul, jy nie die taak ontdek nie, maar dat die taak jou ontdek!

Die meeste mense getuig egter daarvan dat jy eers 'n "spirituele mens" moet word en 'n betekenisvolle leefwyse moet voer om die visie te kry wat jou take is. Vir my klink dit logies omdat jy nie met 'n vormlike leefwyse jou betekenis kan vervul nie.

Dit is gewoonlik in jou stille afsondering van gebed en meditasie waar jy jou take ontdek. Hier word jy deur jou spirituele kragte gelei. Jy kry net daardie ingewing, jy weet net dat jy 'n spesifieke taak moet verrig. Al weerstaan jy die gedagte aanvanklik, sal jou spirituele krag jou gewillig maak om dit te doen, ook al is jy alleen in 'n taak wat radikaal verskil van ander mense s'n, selfs van jou nabymense en al moet jy dit ten spyte van hulle teenstand vervul.

Daardie "groot droom" in jou gedagtes oor wat jy nog wil doen, is baie keer die taak wat vir jou lê en wag. Dit is net jou denke wat daardie droom kan formuleer. Dit maak jou uniek. Jy moet onthou dat wat jou denke oor kan droom, jy ook kan doen. Van Albert Einstein is gesê: "Groot denkers het altyd opposisie van die gemiddelde mens." Dit is drome wat leiers van navolgers onderskei. Ek kan jou verseker dat ek ook baie opposisie en teenstand gekry het toe ek besluit het om hierdie boek te skryf en ek sal dit ook van sommige lesers kry.

Wat jou beroep betref, moet jy nie vergeet nie dat jou aanlegte, daardie dinge waarvan jy hou om te doen en goed regkry, 'n sterk aanduiding is van watter taak jy moet vervul. Soms moet jy eers 'n sekere beroep volg om uit te vind dit is nie regtig vir jou nie en begin doen wat regtig by jou aanlegte pas. Ek sê later meer hieroor (Dag 28).

Iemand het ook gesê dat indien jy 'n paar miljoen rand wen en jy bly doen wat jy nou doen, dan moet jy weet dit is die take wat jy hier moet vervul.

Take eindig nooit nie

Daar kom natuurlik tye wanneer jy 'n taak klaar vervul het, en dan moet jy weer na jou ander take soek. Niemand het net een taak in sy lewe om te vervul nie. Take wissel ook van tyd tot tyd en van persoon tot persoon. Ook wanneer jy die dag aftree, moet jy nuwe take vind. In my eie lewe het ek van tyd tot tyd verskillende take kon verrig, waaroor ek baie dankbaar is en alle eer vir God gee wat my daartoe in staat gestel het. Tans het ek die taak om hierdie boek te voltooi. Ek het egter reeds visies oor take wat ek vorentoe nog wil verrig. Take hou nooit op nie. Ek sal nooit vergeet hoe my moeder op die ouderdom van 96 jaar geglo het haar taak is om elke oggend om vyfuur op te staan en vir die hele familie, vir iedereen by die naam, te bid, voordat elkeen sy dagtaak begin nie!

Om nuwe take te ontdek, moet jy onthou dat jou take in drie fasette van lewe gevind word, naamlik ten opsigte van jouself, jou medemens en God, asook ten opsigte van die fisiese dinge in die wêreld. Om jou take te ontdek, het ek 'n aparte oefening hier bygevoeg wat jy vandag met erns moet doen. Jy mag nie rus voordat jy jou unieke take gevind het nie.

Take is missies

Let daarop dat elke taak 'n missie moet wees. 'n Missie is om op 'n sending te wees, om 'n taak te vervul totdat dit afgehandel is, met dryfkrag en 'n gevoel van dringendheid dat jy die taak tot elke prys moet vervul, al beteken dit dat jy daarvoor moet sterwe.

Iemand wat 'n taak ontdek wat 'n missie word, rig hom so daarop dat hy van niks en niemand meer afhanklik is nie. Dit vorm die kern van sy lewe. Ek ervaar dit elke dag dat mense se probleme net verdwyn wanneer hulle 'n missie ontdek het omdat hulle al hul energie hierin kanaliseer. Indien jy hierdie take gewilliglik vervul en dit geniet, hoef jy nie oor die resultaat bekommerd te wees nie; jy sal resultate behaal waaroor ander net kan droom!

Dit is nou jou geleentheid om jou verantwoordelikheid te aanvaar om jou lewenstake te ontdek en daarmee vir jou monumente op aarde na te laat, onuitwisbare voetspore wat hier sal agterbly lank nadat jy nie meer hier is nie. Vandag moet jy die belangrikste bedoeling van jou lewe begin aktualiseer. Om jou gedagtes te prikkel, kan jy die vorm op die volgende bladsy wat oor "jou unieke take" handel, invul. Waak egter daarteen om te veel take op een slag te probeer doen.

Die paradoks is: as jy dit ontdek wat jy móét doen, waarvoor jy hier is, sal jy so gelukkig daarmee wees dat jy sal voel dit is die enigste ding wat jy wíl doen.

TOEPASSINGS

My uitdaging en doel is om vandag spesifieke take te vind waarmee ek my unieke betekenis op aarde kan vervul.

1. Ek vul die vorm op die volgende bladsy in om my te help om 'n taak te ontdek wat ek moet doen.

2. Een van die belangrikste take wat ek nou moet vervul, is ....
   ....
   ....

BEVESTIGING:

Ek soek en vind elke dag take wat net ek op aarde kan doen.

> ***"Niks anders kan 'n mens help om sy probleme te oorbrug, soos die wete dat hy 'n taak in die lewe het om te vervul nie."***
>
> **Viktor Frankl**

MY UNIEKE TAKE

Hierdie vorm sal jou gedagtes prikkel om take te ontdek wat jy kan vervul teenoor jouself, mense, God en die fisiese dinge in die wêreld. Bestudeer die vorm deeglik voordat jy dit invul. Skryf aan die regterkant dinge neer wat jy wil gee, neem en hanteer. Dink hoe jy dit kan doen met jou spirituele kragte van verantwoordelikheid, wilsvryheid, liefde, geloof en visie. Sien bladsy 162 waar iemand hierdie vorm ingevul het.

	Hanteer	Neem	Gee
MYSELF			
MENSE			
Familie			
Man			
Vrou			
Kinders			
Vriende			

	Hanteer	Neem	Gee
Werksmense			
Alle mense			
GOD			
FISIESE DINGE			
Jou werk			
Jou geld			
Jou besittings			
Die natuur			
Ander dinge			

'N VOORBEELD VAN TAKE

Iemand het take soos volg geformuleer en gesê, **my taak is om:**

	HANTEER	**NEEM**	**GEE**
MYSELF			
Myself lief te hê:	My omstandighede te oorwin	My mooi eienskappe raak te sien	Net oor positiewe van myself te dink
MENSE			
My lewensmaat by te staan:	My lewensmaat se negatiewe gedrag te ignoreer	My lewensmaat se mooi eienskappe raak te sien en te waardeer	My lewensmaat vir altyd lief te hê
My kind te versorg:	My kind se nukke te verdra	My kind as 'n gawe van God te neem	My kind 'n goeie opvoeding te gee
Alle mense lief te hê:	Alle mense onvoorwaardelik te aanvaar soos hulle is	Mooi dinge in alle mense te sien	Liefde vir almal te gee
My vriende by te staan:	Al my vriende se eienaardighede te aanvaar en te verdra	Vriendskap te neem as 'n gawe	My vriende deur dik en dun by te staan en vriendskap te bou
My werksmense te help:	Hulle te vergewe vir die foute wat hulle maak	Dankbaar te wees vir wat hulle vir my doen	Mense by die werk te komplimenteer vir wat hulle goed en reg doen
GOD			
God te dien:	Die kerk te vergewe vir foute wat gemaak word	Met dankbaarheid my lewe as 'n gawe van God te neem	My lewe vir God te gee deur my doel op aarde te vervul
FISIESE DINGE			
My unieke werk te geniet:	Op te hou om oor my werk te kla	My werk te sien as die taak wat ek alleen kan vervul	Met my werk 'n bydrae vir wêreld te gee
Die natuur te versorg:	Nooit oor die weer te kla nie	Al die mooi dinge in die natuur elke dag raak te sien	Alle plante en diere te versorg
My besittings te waardeer:	Nie te kla oor materiële dinge wat ek nie het nie	Altyd dankbaar te wees vir dit wat ek het	Vir ander mense wat swaarkry te help
My musiektalent te bevorder	Meer tyd te maak om te oefen	Lesse te neem oor hoe ek my instrument moet bemeester	Ander se lewens met my musiek te verryk

Dag 18

GLO EN SIEN DIT

Jy het reeds geleer dat geloof een van jou spirituele vermoëns is en jy het reeds begin om dit te beoefen. Nou gaan ek jou wys hoe jy jou unieke take suksesvol kan vervul deur die krag van jou geloof te gebruik. Jou geloof sal jou in staat stel om enige missie wat jy graag wil vervul, enduit deur te voer en dit suksesvol af te handel. Vandag sal jy verstaan hoe sommige mense daarin slaag om die bykans onmoontlike te verwesenlik.

Wat is daardie een belangrikste taak wat jy in hierdie stadium van jou lewe so graag suksesvol wil voltooi? Met jou geloof kan jy hierdie droom verwesenlik.

Geloof vermag enigiets

Jy het van kleintyd af al gehoor dat jy iets sal kry as jy dit glo. Dit staan ook so in alle religieuse geskrifte opgeteken. As jy dit sonder sukses probeer het, hef dit nie die waarheid daarvan op nie; dit bewys net jou onvermoë om geloof reg toe te pas.

Baie mense vra dinge vir God en sit dan terug en verwag dat God dit vir hulle moet doen, en as hulle dit nie kry nie, blameer hulle God daarvoor. Weer eens kom hulle nie hul eie verantwoordelikheid na om hul geloof self te beoefen nie. Wanneer sal ons ophou om ander die skuld te gee vir dinge wat onsself nie gewillig is om te doen nie?

Jy het miskien ook grootgeword met die idee dat geloof iets is wat jy net in godsdiens beoefen. Daarom dink jy dat dit iets bonatuurliks is en dat as jy glo, God die wonderwerk moet verrig. Jy besef nie dat jy self jou geloof in elke aspek van jou lewe op aarde moet beoefen nie. Geloof is daardie innerlike oortuigings wat jy in jou denke plaas, wat vir jou óf sukses waarborg, óf vir jou mislukking bewerk. Wat jy glo, kom gewoonlik uit ervarings wat met neuroregistrasies uit die verlede in jou brein vasgelê is. So sal jou brein byvoorbeeld nog altyd vir jou die registrasie gee dat jy daarvan oortuig is dat jy nie die

Marathon suksesvol sal kan voltooi nie. Die realiteit is dat feitlik enige mens dit met oefening kan doen. Jou geloof tree soos 'n bevelvoerder in jou brein op wat jou rig om te doen wat jy glo. Wanneer jy glo iets sal gebeur, dan gee dit vir jou brein die opdrag om dit uit te voer. Dit is maar weer die ou bekende waarheid: "Wat jy dink, sal jy doen."

Geloof is soos die enjin van 'n motor, dit bring jou waar jy wil wees. Sonder geloof is jy soos iemand wat in die mooiste motor met die stuurwiel in hul hand sit, klaar gepak om na die plek van sy drome toe te ry, maar die motor het nie 'n enjin in nie. Naas jou verantwoordelikheid en jou wil om die regte keuses te maak waarheen jy wil gaan en jou visie wat jou bestemming duidelik sien, is dit die krag van jou geloof wat jou by jou eindpunt uitbring.

Jy het al baie gehoor: "Kannie, is dood." Vandag hoor jy: "Jy kan, as jy glo." Geloof is dus 'n keuse wat jy maak, waarin jy sê dat jy kán, of dat jy nié kan nie. Wat jy sê, sal jy doen. Die paradoks is dat *jy* dit doen, maar dat dit eintlik die krag van *God* is wat jou daartoe in staat stel.

Visie as komponent van geloof

Visie is 'n belangrike komponent van geloof. Met die spirituele krag van visie moet jy dit waarin jy glo soos 'n duidelike *uitstaande teiken* in jou gedagtes sien. Daardie taak wat jy wil vervul, moet jy nie net somtyds in jou gedagtes sien nie, jy moet voortdurend daarop *fokus*. Om te fokus, beteken om met die spirituele vermoë van visie al jou aandag op jou teiken te bly vestig. Dit moet vir jou so belangrik wees om die teiken te bereik dat alle ander dinge tweede kom. Daarom skryf die "spirituele mens" gewoonlik sy take neer wat hy wil vervul en lees dit gereeld om dit te onthou. Hy merk die een taak wat sy prioriteit is en handhaaf die suksesbeginsel om eerste dinge eerste te stel. Hy weet dat daar duisende gedagtes per dag deur sy brein flits en dat baie ander dinge sy aandag van sy teiken aftrek. Wanneer hy sy teiken so duidelik afbaken, vra hy homself af hoe hy daarby sal baat en hoe sy lewe daardeur sal verander en hy skryf dit neer. Hy lees gereeld wat hy neergeskryf het totdat dit vir hom so belangrik word om dit te doen, dat hy spontaan elke oomblik daaraan dink. Veral wanneer hy daarvan oortuig is dat dit 'n taak is wat net hy kan doen en dat dit deel van sy doel op aarde is om dit te doen, word dit 'n onuitwisbare teiken in sy gedagtes.

Wat is die spesifieke taak wat jy wil vervul? Staan dit so duidelik uit dat jy dit in jou gedagtes kan sien as jy jou oë toemaak? Wanneer iemand jou in die nag wakker maak en vra wat jou eerste doelwit in die lewe is, moet jy dit sonder huiwering kan sê. Dit is hoe die mense in Auschwitz oorleef het. Jy kan dit ook doen. Onthou, jy lewe nie meer in 'n "eksistensiële vakuum", waarin jy net van dag tot dag voortbestaan omdat jy geen take het waarmee jy 'n spesifieke betekenis op aarde wil vervul nie.

Wanneer jy op jou taak fokus, sal jou wilsvryheid vir jou 'n gewilligheid gee om jou taak te vervul en jy sal die keuse maak om dit tot elke prys te verwesenlik. Om 'n taak te vervul, is nie gebaseer op kennis nie. Dit is eerstens gebaseer op 'n gewilligheid om iets te dóén. Hoekom bereik jy nie wat jy wil bereik nie? Die antwoord is dikwels omdat jy nie gewillig is om die aksie te neem om dit te doen nie. Miskien wil jy ook nie sekere dinge prysgee om dit te doen nie.

Versterkers van geloof

Daar is dinge wat jou geloof versterk of verswak. Met die neuroregistrasies van jou brein, sal sekere ervarings jou beïnvloed. Indien jy in 'n omgewing lewe waar mense om jou niks in die lewe bereik nie en geen betekenis vervul nie, sal dit jou beïnvloed om ook niks met jou lewe te bereik nie. Daarom is die keuse van die regte vriende en rolmodelle so belangrik. Wanneer jy sien hoe ander doen wat hulle glo, sal jy dit ook begin navolg.

Ervarings uit jou eie verlede sal ook jou geloof versterk. As jy dit eenmaal ervaar het dat jy iets reggekry het omdat jy dit geglo het, sal jy dit weer regkry. Ek het dit baie in my opleidingskursusse gesien dat sodra iemand ervaar dat hy in 'n sekere aspek van sy werk kan doen wat hy glo, dit die begin van sy sukses is. Ek self het my geloof versterk dat ek 'n boek soos hierdie kan skryf nadat ek my eerste ligte populêre boek met sukses gepubliseer en vir myself bewys het ek kan van my akademiese wa afklim. Omdat ek dit toe geglo en my geloof gerealiseer het, glo ek dat ek dit keer op keer kan doen.

Jou geloof word ook versterk met voorbeelde van ander mense wat met geloof 'n wonderwerk verrig het. Daarom is die lees van goeie boeke in hierdie opsig so essensieel. Gaan kyk maar watter boeke staan op die rak van mense wat hulle geloof suksesvol beoefen. Ek het nog altyd gesê dat my beste suksesvolle vriende op my boekrak staan. Aan die ander kant kan jy kyk watter boeke mense lees wat nie in staat is om geloof te beoefen nie.

Simulering van geloof

Een van die grootste versterkers van jou geloof om te kry wat jy wil hê, is om jou taak wat jy wil vervul (jou droom) in jou brein te simuleer. Daar bestaan vandag klinieke waar mense geleer word om die geloof dat hulle genees sal word, in hul brein te simuleer. Die suksesverhale van hierdie metode is verstommend.

Die "spirituele mens" maak ook gebruik van hierdie praktiese tegniek om met sy spirituele krag van visie op sy teiken te bly fokus. Hy visualiseer dit in sy gedagte hoe hy sy teiken bereik. Hy maak sy geloof 'n werklikheid, asof hy nou reeds al het wat hy wil hê. Hy sien dit nie net nie, hy beleef dit ook met sy gevoel en wat hy vir homself daaroor vertel. Omdat dit vir hom betekenis gee, is dit vir hom ook lekker om dit te beleef. Hy simuleer dit in sy gedagtes, oor en oor, soos ek dit vroeër vir jou geleer het. Sodoende word sy droom vir hom 'n werklikheid wat hy nou reeds ervaar. Dan kan hy nie meer daaraan twyfel nie, al sê wie ook wat. Iemand het gesê dat fokus soos 'n laserstraal is; dit sny deur enige hindernis wat in die pad van jou doelwitte kom.

Jy moet soos die kind wees wat met haar oopgemaakte sambreel oor haar kop kerk toe gestap het om te gaan bid vir reën. Wat jy wil wees, is jy nou al. Indien jy dit in jou gedagtes gerealiseer het, is dit klaar 'n werklikheid. Indien jy 'n goeie pa of ma wil wees, is jy dit nou al. Indien jy suksesvol in jou besigheid wil wees, is jy dit nou al. Indien jy gesond wil wees, is jy dit nou al. Einstein het ons daarop gewys dat daar eintlik nie so iets soos tyd bestaan nie, dit is net iets wat onsself geskep het. Indien jy oor drie jaar jou doel wil bereik, kan jy dit net sowel nou al ervaar, want dit is klaar 'n werklikheid. Al studeer jy nog vir 'n sekere beroep, kan jy dit nou al ervaar dat jy die beroep beoefen. Eers wanneer jy daarin slaag om dit te kan doen, kan jy sê dat jy glo.

Watter take wil jy vervul? Dit is reeds vervul, omdat jy dit in jou gedagtes nou al so beleef. Met hierdie oortuiging sal jy onbewustelik al die aksies doen om dit te realiseer. Nou verstaan jy die opskrif hierbo: "Glo en sien dit." Dit is die teenoorgestelde van wat die ongelowige Thomas gesê het: "Ek sal dit eers glo wanneer ek dit sien."

Dit is hierdie geloofsaksies wat die wonderwerk verrig. In die vroeë geskiedenis toe mense se spirituele kragte nie verdring was nie, was hulle in staat om met hul geloof die wonder te laat plaasvind. Ons kan nie verstaan hoe hulle dit reggekry het nie, maar kan dit ook doen as ons ons geloof reg beoefen. Omdat ons hierdie spirituele krag verloor het, moet ons van voor af leer hoe om dit toe te pas. Die riglyne wat ek hier gee, is maar een praktiese aspek daarvan.

Om die wonderwerk te laat gebeur, moet jy ook iets doen. Geloof sluit nie jou eie aksies uit nie. Selfs die Bybel sê dat geloof sonder die werke dood is. Dit sê ook dat as jy geloof het soos 'n mosterdsaad, jy berge sal versit, wat beteken dat 'n mosterdsaad die kleinste saadjie is, maar tot die grootste boom groei. Daar moet dus groei wees. Groei is 'n aksie en 'n proses, en dit is jou verantwoordelikheid om hierdie geloofsaad in jou te laat groei. Jy moet die pik en graaf in die proses gebruik en glo jy sal die berg versit!

Die paradoks van die wonderwerk is dat jy die aksies doen, maar dat jou spirituele krag jou daartoe in staat stel en dat dit eintlik God is wat dit bewerk.

Die krag van jou denke

Jy moet nie die belangrike rol wat jou denke in die beoefening van geloof speel, onderskat nie. Jou denke speel 'n groter rol in jou lewe as wat jy ooit sal besef. Dit is jou denke wat jou as mens uniek maak en jou van die diere onderskei. Die mens se denke is spesifiek vir hom gegee om sy betekenis op aarde te verwesenlik. Hoe anders moet hy dit doen? Indien dit van jou verwag word om hier 'n betekenis te vervul, moet jy tog oor die toerusting beskik om dit te doen. Daarom bemeester jy al jou spirituele vermoëns met jou denke. Daarmee kry jy geloofsteikens en fokus jy daarop.

Dit is hoekom menige daarvan getuig dat daardie doelwitte wat hulle in hul denke as werklikhede beleef het, later 'n realiteit in hul lewe geword het, meestal op maniere wat hulle begrip te bowe gegaan het. Hoe dit presies werk, weet hulle nie. Hulle het net die toerusting gebruik wat vir hulle gegee is.

Dit is dus met jou denke dat jy onbewustelik soms die wonderwerk verrig. Vra jy hoe dit moontlik is? Dit bly maar 'n wonder. Indien die sielkunde iets van hierdie wonder probeer verklaar, dan word dit soos volg gedoen: Jy neem onbewustelik daagliks sekere belangrike aksies in jou alledaagse lewe. Wanneer jy byvoorbeeld in 'n posisie van gevaar verkeer, sal jy die situasie evalueer en tot die oortuiging kom om te hardloop. Dit is wat jy dink die beste is om te doen. Nadat jy in jou denke hierdie besluit geneem het, hoef jy nie verder te dink hoe jy jou bene moet beweeg en wat jy moet doen om te hardloop nie. Jou denke gee net 'n opdrag aan jou brein. Jou brein neem hierdie funksie self oor en jy doen dan onbewustelik self al hierdie aksies. Wat jy dink, doen jy net, jy weet self nie hoe nie. Dit word net 'n realiteit.

Dieselfde gebeur wanneer jy eet. Jy dink nie hoe jy die kos gaan verteer en hoe dit jou liggaam moet voed nie. Jy doen net die aksie om te eet. Die res word deur die normale lewensprosesse oorgeneem.

Dieselfde gebeur met jou geloof. Jy doen net sekere aksies. Wanneer jy op jou doelwit fokus en beleef dat jy dit reeds vervul, neem die spirituele kragte van God oor om dit vir jou te realiseer. Onbewustelik werk jy daarmee saam. Wat jy dink, doen jy. Wat jy glo, sal jy sien.

Persoonlike ervarings

Uit my eie lewe kan ek ook hiervan getuig. Ek het van kleintyd af die geloofsoortuiging gehad dat ek sekere take sal verrig, omdat ek geglo het dat ek daarmee die betekenis van my lewe sal vervul. Volgens verskeie omstandighede in my lewe was dit menslik gesproke onmoontlik dat ek dit sou bereik. In my gedagtes het ek nogtans net altyd gesien dat ek dit alreeds bereik het. Dit het alles so gerealiseer soos ek dit gedink het, moenie vir my vra hoe nie. Ek het my eers met sewe jaar se studie in die teologie bekwaam soos ek wou, sonder dat ek oor enige finansies beskik het. Daarna het ek 'n professor in sielkunde geword soos ek wou, ek het voltyds as sielkundige gepraktiseer soos ek wou, ek het 'n opleidingskonsultant geword soos ek dit wou doen en tans is ek besig om al my ervarings in boekvorm vir ander deur te gee, soos dit my begeerte is.

In my denke sien ek dit nou reeds hoe jy hierdie boek sit en lees. Ek ervaar dit nou reeds dat ek 'n skrywer is, al het ek dit na byna sestig jaar nog nooit tevore probeer doen nie. Ek weet hoe moeilik dit is om vandag, met al die kompetisie, 'n boek te publiseer. Tog sien ek dit in my denke hoe hierdie boek op die rakke van boekwinkels staan.

Intussen doen ek net al die skryfwerk, ek geniet dit en kan net nie ophou nie. Ek moes van die begin af leer om met 'n rekenaar te werk wat 'n vriend van my vir my gegee het. Hoe ek dit alles doen, weet ek nie.

Jy kan ook jou missies vervul as jy glo jy kan en jy sal saam met my en baie ander ervaar dat daar besondere mense in jou lewe is wat jou sal bystaan om dit te verwesenlik. Teenoor diegene wat jou teengaan, ontwikkel jy net 'n houding wat sê: "Ek is dankbaar vir diegene wat my teengegaan het, hulle het my net aangemoedig om dit sonder hulle hulp self te doen."

Hoekom kry jy nie die resultate nie?

Een van die groot redes vir die vraag hoekom jy nie kry wat jy glo nie, is dat jy dalk met die verkeerde take besig is. Dit was ook by tye my ervaring. Hoe werk dit? Onthou, jy het geleer dat jy oor die motiveringskrag beskik om bo alles die betekenis van jou lewe te realiseer. As jou geloof daarop ingestel is om jou unieke take te vervul, sal jou spirituele kragte jou help om dit te doen. Maar, indien jy met take besig is wat vormgeoriënteerd is, kan jou spirituele kragte nie die opdrag ontvang om dit uit te voer nie, omdat dit nie daarop ingestel is nie. Jy kan dus net dinge bewerk wat in lyn is met die spesifieke bedoeling van jou lewe op aarde. Dit help nie om iets te forseer nie. As dinge nie vir jou uitwerk nie, is dit dalk 'n aanduiding dat dit nie jou regte missie is nie en moet jy iets anders probeer doen. In die proses sal alles uiteindelik vir jou ten goede meewerk, as jy dit glo.

Jy het reeds gesien dat dit nie maklik is om jou ware take te ontdek nie. Dit is veral jongmense wat hiermee sukkel, spesifiek ten opsigte van beroepstake. Ek het hierdie pad saam met al vier my kinders gestap. My jongste seun beskik oor pragtige talente en lewensvisies en soek tans nog na sy unieke take. Hy het die geloof dat hy sy spesifieke take sal ontdek en vervul, daarom weet ek dat hy daarin sal slaag. Laas Kersfees was hy heeltemal platsak en het vir my gesê:"Ek het nie geld om vir Pa iets te koop nie, maar ek gee vir jou die ster langs die Suiderkruis." Hierdie geskenk sal ek elke keer waardeer wanneer ek saans, soos dit my gewoonte is, na die hemelruim staar. Wie sal dit verstaan? Net diegene wat soos hy "spirituele mense" geword het.

Onthou gerus om ook geloof in jou kinders se toekoms te hê; met jou twyfel blokkeer jy dikwels hulle insig. Onthou dat ons almal soms maar ons koers verloor. Wat belangrik bly, is dat ons almal net voortdurend na ons werklike missies sal bly soek. Goethe het gesê: "Ons moet na die kol bly mik, al weet ons dat ons dit nie altyd sal raak skiet nie."

Die goue reël

Die goue reël is dat indien jy die take ontdek wat net jy op aarde kan vervul en dit met genot vervul, sal jy nie alleen daarin suksesvol wees nie, maar sal jy ook materiële resultate kry om jou te help om jou taak te voltooi. Jy kan nie vooraf op materiële resultate besluit wat jy in jouself goeddink om te verkry en dit probeer afdwing nie. Jou aksies lê in die vervulling van jou taak, nie in die verkryging van vormlike resultate nie. Met hierdie instelling sal jy die paradoks beleef dat jy die fisiese resultate ook sal kry. Dit is die suksesformule van die "spirituele mens". Daarmee leef hy in geluk en vrede in 'n betekenisvolle leefwyse, maar kry hy ook resultate wat die "fisiese mens" net oor kan droom.

Ek verskil van mense wat sê dat hulle met geloof enigiets sal kry wat hulle wil hê. Die mens kan alleenlik dit kry wat in ooreenstemming is met sy spesifieke take op aarde en dit is net jou spirituele visie wat vir jou kan sê wat daardie take is. Ek het te veel mense gesien seerkry met die valse aanmoediging dat hulle met geloof die fisiese resultaat sal ontvang waaroor hulle droom. Ek weet van baie mense wat met geloof net fokus op die miljoene wat hulle wil hê, maar wat dit nooit ontvang nie. Intussen gaan 'n betekenisvolle leefwyse by hulle verby en vervul hulle geen unieke take nie. Baie lewe so en sterwe so.

Ware geluk en vrede sonder kommer

Nou sal jy verstaan dat jy net ware geluk en vrede kan hê wanneer jy jou spirituele behoeftes bevredig om die betekenis van die lewe te ervaar en te beleef dat jy jou unieke take vervul. Teenoor die "fisiese mens" wat hom altyd bekommer oor môre omdat sy sekuruteit in die fisiese dinge lê waaraan hy verslaaf is en hy geen kontak het met die spirituele kragbron van God nie, staan die "spirituele mens" wat met geloof hom oor niks bekommer nie. Hy het net die geloof dat alles ten goede vir hom en sy dierbares sal uitwerk en dat hy sal sien wat hy glo. Hy beoefen die Bybelse woorde wat sê: "Werp al julle bekommernis op Hom, want Hy sorg vir julle", en "Kwel julle nie oor môre nie, want môre sal hom oor sy eie dinge kwel."

Beperkende geloof

Tot nou toe het ons gesien hoe om dinge te kry waarin ons glo. Kom ons kyk hoe ons ons beperkende geloof kan verander. Dit dui op daardie dinge waarin ons níe glo nie. Dit het gewoonlik te doen met ongeloof in ons eie vermoëns, soos byvoorbeeld dat ons nie in staat is om 'n sekere dinge te doen nie. Beperkende geloof kan verander word. Daarvoor gebruik jy weer die simulatoroefeninge.

Skryf in die simulatorprogram neer hoe jy wél daardie dinge sál doen wat jy glo jy nie kan doen nie. Lees dit hardop en hoor dit, visualiseer dit in jou gedagte hoe jy dit suksesvol regkry en voel hoe lekker dit is. Herhaal dit totdat jy die ou neuroregistrasie verander het. Dit sal jou beperkende geloof verander en wanneer jy die taak moet verrig, sal jy ervaar wat jy geglo het jy kan doen.

Vandag is dit jou uitdaging om toe te pas wat jy hier geleer het. As jy nou weet watter take jy wil verrig en glo dat jy dit suksesvol sal voltooi, sal dit 'n werklikheid word.

TOEPASSINGS

Ek aanvaar die uitdaging om te glo dat ek my take en my droom sal vervul. Ek gaan dit soos volg doen:

1. Ek gaan seker maak dat my lewensdroom my besondere missie op aarde is, en dat dit nie net op my egoïstiese belange en die vormlike leefwyse ingestel is nie.

2. Ek simuleer dit in my gedagte dat ek nou al is wat ek wil wees en dat ek nou al bereik het wat ek nog eendag wil bereik. Met die krag van my geloof sal ek al die aksies neem om dit te vervul, daarom weet ek dat die resultaat vir my gegee sal word.

3. Ek skryf my beperkende geloof neer, daardie dinge wat ek glo ek nie kan doen nie, en verander dit met 'n simulatoroefening.

BEVESTIGING:

Wat ek nou glo, sal ek sien.

"Die siel dink nooit sonder 'n prentjie nie."

Aristoteles

Dag 19

JY EN JOU LIGGAAM

Jou liggaam speel 'n baie belangrike rol om die bedoeling van jou lewe op aarde te realiseer. Sonder jou liggaam kan jy nie jou take en missies hier vervul nie. Daarom moet jy weet hoe jy jou liggaam moet hanteer.

Mikro- en makrokosmos

Aangesien jou liggaam 'n definitiewe vorm het en dit juis vorm is wat jou leefwyse negatief kan beïnvloed, moet jy vir jou liggaam die regte plek in jou wêreldbeeld gee. Die mens is geneig om net in sy eie klein wêreldjie te leef. Hy konsentreer gewoonlik net op sy klein mikrokosmos, op sy eie lewe in die dorp waar hy woon, met sy huis en familie, sy werkplek, sy vriende en sy alledaagse handel en wandel. In hierdie wêreldjie staar hy hom blind op sy onmiddellike belange. Sy liggaam speel 'n baie belangrike rol hierin en hy is net daarvan bewus of sy liggaam gesond genoeg is om sy daaglikse balange te realiseer. Hy dink selde aan die groter wêreld en die kosmos waarin hy bestaan. In sy liggaamsvorm is hy ook sodanig gebou dat sy oë net voor hom en na die aarde toe kan kyk. Hy het nie 'n oog bo-op sy kop nie en tel selde sy kop op om na die breëre kosmos te kyk.

Met die spirituele vermoë van visie sal jy jouself met jou liggaam anders sien. In jou geestesoog sal jy sien dat jy deel van die makrokosmos is, waarin jy maar net soos 'n stofdeeltjie bestaan. Jy sal die ewige voortbestaan van alles raak sien, al is dit 'n konsep wat jou menslike denke te bowe gaan. Jy weet net dit het geen begin en geen einde nie, en tog het alles 'n volmaakte patroon van orde en word alles volmaak beheer, en is jy met jou liggaam 'n deel van dit alles. Wanneer jy so hieroor nadink, dan dink jy vanuit jou liggaam wat wel 'n begin en 'n einde het, en jy weet dat voor jou bestaan op aarde ander mense met hul liggame gelewe het en dat na jou daar weer nuwe mense met nuwe liggame sal lewe. Uit 'n tydelike vorm dink jy oor die ewige dinge en glo jy iets oor die ewige voortbestaan daarvan. Is dit nie wonderbaarlik nie?

Dit is jou spirituele vermoë wat hierdie denke vir jou moontlik maak. Jy besef dat jy by hierdie ewigheid inskakel en anders as jou liggaam, 'n ewige deel daarvan vorm. Jy weet net dat JY bly voortbestaan, maar nie jou liggaam nie. Jy besef net dat JY 'n spirituele wese met 'n tydelike liggaam is. Wanneer jy dit so insien, sal jy nie meer die klem in die eerste plek op jou liggaam kan plaas nie.

Pas jou liggaam op

Die vraag is nou hoe jy jou liggaam moet hanteer. Moet jy dit ignoreer en net aan jou spirituele dimensie aandag gee? Nee, omdat jy weet dat jy in 'n vorm hier op aarde bestaan met 'n spesifieke doel om unieke take te vervul, sal jy jou liggaam so lank moontlik versorg en oppas om jou betekenis te verwesenlik.

Die "spirituele mens" weet dat die ou gesegde waar is dat 'n gesonde liggaam 'n gesonde gees huisves. Daarom maak hy gebruik van alle moontlike inligting oor hoe hy sy liggaam moet versorg met byvoorbeeld die regte eetgewoontes en oefeninge. Ek gaan nie veel hieroor sê nie, behalwe dat jy nie alleen die noodsaaklikheid daarvan moet besef nie, maar dat jy inderdaad ook iets daaromtrent moet doen. Hier kan jy iets leer by die "fisiese mens" wat eensydig net op sy liggaam ingestel is, sodat jy kan sien wat met 'n fikse en gesonde liggaam bereik kan word. Die energie wat hierdeur geskep word, sal vir jou ongelooflike stukrag gee om jou take te vervul en jou missies te voltooi.

Baie getuig daarvan dat toe hulle "spirituele mense" geword het, hulle spontaan hulle liggame begin versorg het sonder dat hulle eers doelwitte daarvoor gestel het. Hulle het verslawingsgewoontes oornag oorbrug, waar hulle in die verlede tevergeefs probeer het om dit te oorkom. Die "spirituele mens" ignoreer dus nie sy liggaam nie, hy sien dit eerder as die draer van sy lewe op aarde wat hy so lank moontlik wil behou, om al die take te verrig waarvoor hy hier is. Die gelowige mens sien sy liggaam in elk geval as die "tempel van God".

In 'n betekenisvolle leefwyse ervaar jy ook in jou liggaam dinge wat die lewe vir jou betekenisvol maak. Dit lê op 'n wye spektrum, vanaf die lug wat jy inasem tot die sinnelike genot wat jy ervaar. Indien plesier 'n doel op sigself word, kan dit nie werklik bevredigend wees nie, maar as dit 'n neweproduk van jou lewensbetekenis is, bevredig dit jou fisies-biologiese behoeftes ten volle. Daarom beleef die "spirituele mens" sy fisiese ervarings as die feesviering vir die sukses van take en missies wat hy vervul. Dit word nooit vir hom eensydige doelwitte, soos by die "fisiese mens" nie.

In 'n afsonderlike hoofstuk sal jy ook leer hoe jy selfs jou seksuele plesier kan geniet.

Die effek van liggaamlike houdings en voorkoms

Die "spirituele mens" weet ook hoe om sy liggaam te gebruik om sy geestesingesteldheid te verander om suksesvol te wees in die uitvoering van sy take. Hy plaas byvoorbeeld sy liggaam in sekere houdings, wat sy denke positief beïnvloed. Dit is moeilik om depressief te voel as jy met 'n fiks liggaam regop sit, diep asemhaal, 'n glimlag het of selfs begin sing! Jou selfvertroue word met so 'n liggaamshouding versterk.

Jy kan gerus ook hier van simulatoroefeninge gebruik maak deur jouself in 'n goeie liggaamlike houding in te dink, dit te ervaar en dit dan in jou werk of lewe toe te pas. Jy moet dus jou liggaam waardeer en geniet en gebruik om jou betekenis te aktualiseer.

Aan die ander kant moet jy nie toelaat dat jou liggaam jou betekenisvolle leefwyse nadelig beïnvloed nie. Jou liggaam wat deel is van die vormlike dinge, kan vir jou baie ongelukkig maak as jy nie die regte ingesteldheid daarteenoor het nie. Jy het byvoorbeeld nie 'n sê gehad oor hoe jou liggaam lyk, of jy vet of maer, kort of lank, swart of wit, of selfs 'n man of vrou is nie. Die "fisiese mens" wat net op uiterlike vorm konsentreer, kan baie ongelukkig wees oor sy voorkoms, veral waar hy in 'n samelewing leef wat net op vorm ingestel is. In my praktyk het baie trane gerol oor mense wat nie die vorm van hulle liggame kan aanvaar nie. Hoekom is dit só? Omdat hulle net ingestel is op hulle vorm vir aanvaarbaarheid. "Fisiese mense" maak ook gereeld aanmerkings oor mekaar en aanvaar of verwerp mekaar oor fisiese voorkoms. Kyk hoe wreed is die vormlike leefwyse!

Dit lei daartoe dat mense se aandag eensydig net op hul eie vorm gevestig word. As jy in hierdie slagyster trap, sal jy baie pyn ervaar as jy jou plooie begin raak sien, jou bles sien begin, jou maag sien sak, of dat jou bene dikker word. Om ouer te word, is dan vir jou net 'n nagmerrie! Dan sal jy aansluit by die skare van mense wat vandag miljoene rande spandeer om mooier, jonger of fermer te lyk en altyd ongelukkig is as hulle dit nie regkry nie.

Natuurlike skoonheid en 'n lang lewe

Wat is die "spirituele mens" se siening hieroor? Alhoewel hy sy liggaam versorg en geniet, beleef hy in die eerste plek sy spirituele ervarings en daarna sy liggaamlike ervarings. Daarom is sy liggaam nie sy eerste prioriteit nie en kan hy homself aanvaar soos hy is en pla die veranderinge wat in sy vorm plaasvind hom nie. Hy fokus eerder op die betekenis van sy lewe, op die take wat hy doen, op die missies wat hy vervul. Die uitwerking hiervan is dat sy innerlike mens so daardeur verryk word dat dit in sy liggaam se voorkoms gesien word.

Ek het baie mense ontmoet wat 'n lang lewe met kwaliteit leef en in verhouding met ander baie min op hulle uiterlike vorm spandeer, maar wat sprankel met 'n voorkoms wat ander jaloers maak. Dit is omdat dit nie vir hulle net om hul uiterlike vorm gaan nie, maar om die persoon agter die vorm wat besig is om sy besondere betekenis te aktualiseer.

Dit is natuurlik ook by herhaling bewys dat mense wat 'n spesifieke missie het om te voltooi, net nie sterwe voordat hulle dit afgehandel het nie. Die sprekende voorbeeld hiervan was Goethe, wat op 'n baie hoë ouderdom sewe jaar gewerk het om sy manuskrip *Faust* finaal te voltooi. Twee maande daarna is hy dood en het hy 'n lang lewe voltooi wat biologies gesproke reeds moes geëindig het. Aan die ander kant sien ek gereeld mense wat sonder biologiese redes 'n vroeë dood sterwe, omdat hulle niks het om voor te lewe nie.

Aanvaar jou liggaam

Jou uitdaging is om jou liggaam te aanvaar soos wat dit is. Dit is nie altyd maklik nie omdat ons in 'n wrede wêreld leef wat net op die uiterlike dinge ingestel is. Tog is dit moontlik om jou van jou vorm te distansieer en so 'n beter verhouding met jouself te hê. Ek verduidelik hierdie kuns in die hoofstuk met die opskrif: "Ongebondenheid". Sodoende kan jy jouself distansieer van alle vorm, ook van die mense se vorm rondom jou sonder om kontak met die persoon self te verbreek. Indien jy jouself kan aanvaar vir wie jy is, sal jy ook ander aanvaar vir wie hulle is. Van die wêreld se mees suksesvolle mense loop in elk geval in 'n vorm rond wat min mense sal begeer.

Daardeur skep jy 'n klimaat waar mense leer om mekaar te aanvaar omdat almal deel van hierdie lewe is en elkeen 'n taak en doel het om te vervul. Met hierdie gesindheid bou jy saam aan 'n beter lewe en 'n beter wêreld.

Die *paradoks* is: hy wat sy betekenisvolle take vervul, het 'n lang lewe in 'n gesonde liggaam, maar hy wat net na sy liggaam omsien en geen betekenisvolle taak vervul nie, sterf 'n vroeë dood in die frustrasie van betekenisloosheid.

TOEPASSINGS

Ek aanvaar die uitdaging om my liggaam te aanvaar soos dit is en minder aan my liggaam te dink en my meer met my take te bemoei.

1. Omdat ek my take en missies wil voltooi, versorg ek my liggaam elke dag.

2. Ek is daarop ingestel om nie op die uiterlike vorm van ander mense te konsentreer nie, maar om die mens agter sy vorm raak te sien.

BEVESTIGING:

Ek versorg my liggaam om my missies te voltooi.

"Jou liggaam is jou tuin . . . jou wil is die tuinier."

William Shakespeare

Dag 20

PARADOKSE EN WONDERWERKE

Dink jy dit is moontlik dat jy baie hard daaraan kan werk om 'n spesifieke taak te vervul en dan kry jy net die teenoorgestelde resultate? Dit gebeur inderdaad gereeld met ons. Ons noem dit 'n paradokservaring.

'n Paradoks is 'n stelling wat teenstrydig klink, maar altyd 'n waarheid bevat. Soos jy die boek tot dusver gelees het, het jy al daarmee kennis gemaak. Ek gaan vandag vir jou meer van paradokse vertel en jou daarop wys hoe jy te werk moet gaan om in die take wat jy vervul, nie dalk die teenoorgestelde resultaat te verkry van wat jy graag wil hê nie.

Waar ek paradokse sielkundig verklaar, is dit omdat ek as sielkundige daarop ingestel is om gedrag te ontleed. Ek is egter daarvan bewus dat paradokse nie altyd met menslike insig verklaar kan word nie en soms wonderwerke is.

Paradoksale intensie as terapeutiese tegniek

In die eksistensiële sielkunde was dit Frankl wat die belangrikheid van paradokse onder ons aandag gebring het. Hy het 'n terapeutiese tegniek, naamlik "paradoksale intensie" ontwikkel wat 'n deel vorm van sy logo-terapie. Dit kom daarop neer dat jy met die teenoorgestelde intensie of bedoeling, die resultaat kry wat jy eintlik wil hê. Met hierdie tegniek word daar byvoorbeeld vir 'n hakkelaar opdrag gegee om soveel moontlik voor ander mense te hakkel. Hy moet dít doen wat nie sy werklike intensie is nie, dít wat hy juis nie wil doen nie, wat hy vrees. Hy moet dus die teenoorgestelde doel of intensie hê. Die resultaat is dat hy dan nie meer hakkel nie.

Jy kan gerus hierdie tegniek toepas op al jou vrese, byvoorbeeld dat jy nie voor mense kan optree nie, of tussen mense duiselig gaan word en omval, of in 'n hysbak sal versmoor wat vassit, of uitermatig sal sweet, of wat ook al. Dit werk ook goed vir diegene wat sukkel om te slaap. Moenie jou vrees probeer vermy en daarop konsentreer om dit nie te doen nie; maak dit jou intensie om dit wat jy vrees opsetlik te bewerkstellig en kyk hoe jy met hierdie teenoorgestelde intensie kry wat jy wil hê. My kliënte gebruik dit met groot sukses.

Die tegniek van paradoksale intensie het ontstaan toe Frankl daarvan bewus geword het dat die mens nie net oor 'n fisiese liggaam beskik nie, maar dat hy ook oor spirituele vermoëns beskik wat hom daartoe in staat stel om hom van sy fisiese bestaan los te maak en hom daarvan te distansieer. As sielkundige het Frankl gesien hoe die mens sy psigiese siektetoestande kan oorkom deur hom daarvan te distansieer.

Dit is hierdie vermoë van selfdistansiëring, wat dan ook vir die mens in staat stel om sy wilsvryheid en verantwoordelikheid te beoefen. Dit is hoe hy daartoe in staat is om nie die slaaf van omstandighede te wees nie en homself daarvan kan losmaak en hoekom hy self sy lewe kan rig soos hy wil. Daarmee word hierdie eksistensieel-sielkundige beskouing bevestig, wat teenoor die algemene beskouing in die sielkunde bestaan dat die mens se gedrag deur kragte buite sy beheer bepaal word. Hierdie beskouing maak ook die kern van hierdie boek uit, dat wanneer die mens met hierdie spirituele vermoë van selfdistansiëring homself van alle aspekte van vorm distansieer, hy meer daarvan kry as ooit tevore.

Die seksuele neurose

Frankl het die uitwerking van paradoksale intensie veral in die seksuele neurose waargeneem, wat dit vir hom bevestig het dat die mens onbewustelik teenoorgestelde intensies of oogmerke bewerkstellig. Hierdie neurose bestaan daarin dat die persoon se seksuele lewe benadeel word met die ervaring van impotensie by die man en frigiditeit by die vrou. Hoe meer die man daarop konsentreer om sy manlikheid met sy ereksie te demonstreer en die vrou daarop konsentreer om te demonstreer dat sy daarop kan reageer om 'n orgasme te bereik, hoe minder kry hulle dit reg. Indien hulle egter nie daarop konsentreer en dit hulle oogmerk maak nie, neem die normale liggaamsprosesse oor en is die seksuele verhouding geslaagd.

Nou verstaan jy hoe die paradoks bewerkstellig word wanneer jy jou oogmerk op jou betekenis rig, wat 'n spirituele aangeleentheid is, en dan al jou fisiese behoeftes ten volle bevredig. Omdat jou oogmerk nie op plesier en mag gerig word nie, kry jy die plesier en die mag! Sodra jy plesier en mag 'n doel maak, kry jy dit nie meer nie. Hoe meer jy daarna strewe, hoe minder bereik jy dit. Dieselfde geld vir enige fisiese resultaat: hoe meer jy dit jou oogmerk maak, hoe minder kry jy dit.

Daarom rig die spirituele mens hom daarop om take buite homself te verrig, ten opsigte van die dinge in die wêreld of vir mense of vir God. Sy betekenisvolle take lê altyd buite homself, dit is altyd meer as sy fisiese self, en omdat hy dit doen, word al sy fisiese behoeftes bevredig.

Sielkundige verklarings

In die toepassing van die tegniek van paradoksale intensie, moet jy dus die teenoorgestelde oogmerk nastrewe om die resultaat te bereik wat jy eintlik wil hê. Dit is 'n oorgawe met geloof dat die normale proses van lewe sy gang sal gaan, sonder dat jy dit hoef af te dwing. Daarom werk dit nie wanneer jy resultate self probeer forseer nie.

Die prosesse van paradokse kan nie altyd met logiese beredenering verklaar word nie; soms bly dit net wonderwerke. Indien ons dit sielkundig tog moet verklaar, sal ons dit soos volg kan doen: In die seksuele neurose, byvoorbeeld, is die persoon so op sy eie seksuele prestasie gefokus dat hy begin vrees dat hy dit nie sal regkry nie. Sy vrees oorheers later sy brein wat dit dan as 'n opdrag neem om uit te voer. Hy doen dan wat hy dink en bewerk sy vrees.

Net so konsentreer die hakkelaar so op homself dat hy sien hoe die mense vir hom gaan lag as hy hakkel, en dit dan 'n vrees by hom word wat sy denke oorheers. Sy vrees word dan deur sy brein as opdrag geneem en voer dit uit, net soos hy dit in sy gedagtes dink. Wat hy dink, doen hy. Indien die hakkelaar die teenoorgestelde (paradoksale) oogmerk het om sy hakkel te aanvaar en dit doelbewus te beoefen, hakkel hy nie meer nie. Dit gebeur omdat hy nie meer 'n vrees het wat sy gedagtes oorheers nie en omdat hy nie meer aan hierdie vrees dink nie. Sy brein kan dit nie as 'n opdrag neem om uit te voer nie. Dan neem sy normale lewensprosesse oor, wat hom in staat stel om normaal te praat.

Paradoksresultate kan jou benadeel

Jy kan die tegniek van paradoksale intensie gebruik om jou take waarmee jy jou betekenis op aarde verwesenlik meer effektief te verrig. Die uitwerking van paradokse kan jou take egter belemmer as jy nie daarmee rekening hou nie. Kom ons kyk na 'n voorbeeld hoe jy die teenoorgestelde resultaat kan kry in die vervulling van jou take sonder dat jy dit bedoel.

Hier is 'n voorbeeld van 'n paradoks: Hoe meer jy daarop ingestel is om baie geld te maak, hoe minder kry jy dit reg. Klink dit vir jou bekend? Hoe werk dit? As jy byvoorbeeld net daarop uit is om in jou eie belang geld te maak, omdat jy intens bewus is van hoe nodig jy dit het om jou lewenstandaard te handhaaf, maak jy nie die geld wat jy beoog nie. Hoekom bereik jy die teenoorgestelde resultaat? Hoe verklaar ons dit? Omdat jou denke onbewustelik eintlik net op jou vrees gevestig is dat jy nie genoeg geld sal maak nie. Jou denke is eintlik op jou vrees gevestig wat alles met jou sal gebeur as jy nie geld maak nie, en is miskien ook vol bekommernisse oor jou skuld en wat sal gebeur as jy dit nie betaal nie en wat die mense sal sê.

Sonder dat jy dit besef, vat jou brein die sterkste gedagte, naamlik jou vrees as opdrag en voer dít uit! Dan doen jy, net soos die hakkelaar, onbewustelik al die aksies om jou vrees te bewaarheid, dat jy nie die geld maak wat jy beoog nie. Dit gebeur dan ook dat jy so sit en tob oor jou skuld, dat jy al jou energie daarin plaas en geen kreatiwiteit aan die dag kan lê om jou werk of besigheid effektief te bedryf nie, wat as gevolg het dat jy jou werk verloor of minder winste maak.

Daar is die verhaal van 'n persoon wat op 'n sakereis gegaan het. Sy vriend wou hom 'n streep trek en het hom gebel om te sê dat hy 'n miljoen rand gewen het. Wat was die resultaat? Hy het sy sake uitermate suksesvol bedryf en transaksies gesluit soos nog nooit tevore nie. Hoekom? Omdat sy gedagtes rustig was met die wete dat hy baie geld gewen het. In sy denke was hy 'n ryk man. Hy het nie meer 'n vrees gehad dat sy sakereis nie sal slaag nie en hy dus nie geld sal hê om sy skuld te betaal nie. Hy kon dus nie sy vrees verwerklik nie. Wat hy reggekry het, was dit wat hy in sy gedagtes gehad het, naamlik dat hy 'n skatryk man is en eintlik nie geld nodig het nie. Met hierdie selfvertroue het hy sodanig opgetree dat hy die teenoorgestelde resultaat bereik en baie geld gemaak het.

Die "spirituele mens" maak baie geld

Die "spirituele mens" het ook 'n paradokservaring oor geld. Omdat hy nie in die eerste plek in geld geïnteresseerd is nie, kry hy net meer en meer daarvan. Daar is ook 'n sielkundige verklaring hiervoor. Sy denke is op sy taak gerig wat buite homself en sy eie belange lê, wat hy geniet om te doen, en hy bekommer hom nie oor geld nie. Hy stel ook nie daarin belang nie omdat hy dit nie nodig het in sy betekenisvolle leefwyse, waar hy net die onsigbare lewenskwaliteite geniet wat geen geld kos nie. Vir hom is dit nie belangrik om 'n sekere luukse lewenstandaard te hê nie. Hy vervul net sy taak met entoesiasme en geniet die kwaliteite van 'n betekenisvolle leefwyse deur mooi dinge uit die lewe te neem en met liefde vir almal te gee, wat hom geen geld kos nie. Hy vind nie sy geluk in allerlei materiële dinge wat geld kos nie. Aan die einde van elke maand het hy baie geld oor en spaar of belê hy dit en sy geld maak vir hom meer geld. So word die Bybelse woorde bewaarheid: "Vir hulle wat het, sal meer gegee word."

Ek sien sulke paradokse daagliks. Aan die een kant het ek kliënte wat alles in hulle lewe verloor en bankrot anderkant uitgekom het, omdat hulle net op geld ingestel was en die onderliggende vrees gehad het dat hulle dit nie sal kry nie of dalk sal verloor. Aan die ander kant sien ek mense wat 'n bron van materiële oorvloed besit, omdat hulle nie daarin belang gestel het nie. Alhoewel hulle nou finansieel ryk is, is dit nog steeds nie hulle eerste belangstelling nie. Niemand kan verstaan dat hulle in ou klere kan rondloop en met 'n tweedehandse motor ry nie! In hul innerlike wese is hulle egter skatryk in spirituele kwaliteite. Hulle leef net betekenisvol en het meer materiële dinge as wat hulle regtig nodig het.

Miskien is ek in die skryf van hierdie boek oorbewus van vorm en paradokse, maar dan is dit omdat ek die negatiewe effek daarvan so dikwels met my kliënte en ook in my eie lewe ervaar het.

Belangrike paradokse

Kom ons kyk na die belangrikste paradokse wat jy in hierdie boek sal teëkom:

1. Die volgende paradoks ken jy reeds: *Indien jy eerstens jou spirituele behoeftes vervul deur die betekenis van jou lewe te verwesenlik, sal jy ook jou fisiese behoeftes aan plesier en magsbeoefening vervul.* Hoe werk dit? Dit gebeur omdat plesier en mag net 'n uitvloeisel is van die mens se oogmerk om sy spirituele betekenis te vervul. Daarom word seksuele plesier eers ten volle ervaar wanneer iemand die spirituele oogmerk

het om 'n ander persoon te bemin en onvoorwaardelik lief te hê. Dit is die neweproduk van jou betekenis om iemand lief te hê.

Geen neweproduk kan 'n doel op sy eie word nie. Net so kan magsbeoefening nie 'n doel of oogmerk op sy eie wees nie. Dit is net 'n neweproduk daarvan dat jy 'n betekenis vervul en dan voel jy dat jy in beheer van jouself is en gee dit jou 'n gevoel van mag.

2. 'n Ander belangrike paradoks is: *Indien jy eerstens jou unieke take vervul en dit geniet, sal jy resultate kry wat ander net oor kan droom.* Dit beteken dat jy nie fisiese resultate 'n oogmerk of doel kan maak nie, omdat fisiese resultate ook net 'n neweproduk is van 'n spirituele oogmerk om 'n betekenis te vervul. Ons het reeds gesien wat gebeur as iemand net op die resultaat ingestel is om geld te maak.

Dit beteken natuurlik nie dat jy nie daadwerklik iets moet insit om resultate te behaal nie. Resultate kom nie sommer na jou toe nie. Jy moet optree, maar die aksies wat jy insit, moet op die regte plek geplaas word. Jy ontvang die resultaat omdat jy met jou aksies op jou take konsentreer en dit jou eerste oogmerk is. Die paradoks werk omdat jy jou besondere betekenis op aarde geniet en daarop konsentreer. Jy plaas geloof en visie op jou taak wat jy wil vervul en nie op die resultate wat jy sal ontvang nie. Omdat dit 'n spirituele behoefte is wat jy buite jou fisiese bestaan vervul, word die fisiese, materiële resultate deur die normale prosesse van lewe vir jou gegee. Jy blokkeer dit nie meer nie.

Die "fisiese mens" is oormatigend net op fisiese, materiële resultate ingestel en bereik dit nie altyd soos hulle dit wil hê nie omdat hulle die intensie op die verkeerde plek plaas.

Let daarop dat die resultaat vir elkeen gegee word ooreenkomstig die unieke taak wat hy vervul. Jy kan nie resultate afdwing vir wat jy dink jy moet kry nie. Daarom kan jy nie besluit jy wil 'n miljoener word nie. Dit kan dalk die resultaat van sekere mense se take wees, maar is dalk nie vir jou beskore nie. Die oorgrote meerderheid van mense op aarde het nog altyd net resultate ontvang ooreenkomstig die take wat hulle hier op aarde moet vervul. Alhoewel hulle nie almal miljoeners is nie, word hulle uit die bron van oorvloed versorg en leef hulle 'n gelukkige lewe.

3. Dit bring ons by 'n volgende paradoks: *Enige werk wat jy verrig, waarmee jy jou betekenis vervul, sal jou finansieel en materieel genoegsaam versorg.* Dit is ook die ervaring van meeste mense wat 'n spesifieke

werk op aarde moet verrig wat hulle nie skatryk kan maak nie. Daar is baie mense wat hard werk en 'n klein salaris daarvoor ontvang. Tog leef hulle gelukkig en betekenisvol en het nooit finansiële gebrek nie. Ek sê meer oor resultate en finansiële versorging in die dagstukke wat oor jou beroep en jou materiële besittings handel.

4. Daar is nog 'n belangrike paradoks: *Indien jy jou losmaak van alles en almal in vorm, sal jy 'n beter verhouding met almal en alles handhaaf*. Omdat hierdie paradoks so belangrik is, behandel ek dit in 'n aparte dagstuk. Dit is hierdie paradoks wat jou in staat stel om te midde van ons huidige gejaagde en spanningsvolle vormlike leefwyse jou eie betekenisvolle leefwyse te handhaaf.

Indien jy die basiese beginsels van paradokse verstaan, sal jy ook 'n insig hê in die ander paradokse wat ek soms aanhaal.

Die oog kan homself nie sien nie

Die beginsel van paradokse sal jou ook help om die spesifieke take en missies te ontdek wat jy vorentoe moet vervul. Frankl vergelyk dit met die mens se oog. Omdat die oog homself nie kan raak sien nie, sien hy al die ander dinge raak. Hoe minder jy dus op jouself, op jou vorm of jou plesier of jou mag konsentreer, hoe meer sal jy jou spesifieke take en missies raak sien, want dit lê buite jouself, dit is take wat jy vir die wêreld, die mensdom en God verrig. Miskien sal jy 'n sesde sintuig ontdek as jy nie net op jou vyf sintuie konsentreer nie!

Is paradokse dalk die masker waaragter die wonderwerk skuil? Wanneer ons ophou om alles self te wil doen en doen wat ons moet doen, sal groter kragte as ons weer die wonderwerk verrig!

TOEPASSING

Jy word uitgedaag om te kyk hoekom jy nie altyd die resultate kry wat jy wil hê nie. Toets jou aksies aan bogemelde verklarings en vind uit wat jy moet verander om beter resultate te kry.

> Ek is oop daarvoor om in te sien dat ek eerstens die betekenis van my lewe moet verwesenlik en dat ek dan die waarborg het dat ek alles uit die lewe sal kry wat my gelukkig sal maak.

BEVESTIGING:

Ek vervul net my take en missies en dwing nie enige resultate af nie.

"Vervul jou betekenis en jy sal resultate ontvang waaroor ander net kan droom."

Dag 21

EIENSKAPPE VAN DIE "SPIRITUELE MENS"

Ek het vir jou belowe dat ek 'n opsomming sal gee van die eienskappe wat die "spirituele mens" algaande ontwikkel. Ons kan ook sê dat hy sekere karaktertrekke ontwikkel. Onthou die "spirituele mens" is die persoon wat sy spirituele vermoëns ontdek het en dit bemeester en nie net ingestel is op sy fisiese bestaan nie. Dit het niks te doen met godsdiens nie.

Die volgorde waarin ek dit gee, is ook die volgorde waarin die mens dit normaalweg ontwikkel. Die kursus het jou tot dusver ook gehelp om in hierdie volgorde te groei. Hierdie eienskappe vorm uiteindelik die spontane gedragspatroon wat die "spirituele mens" in al sy optredes handhaaf.

Hierdie oorsig kan vir jou as 'n gids dien om te sien watter eienskappe jy nog moet ontwikkel om as "spirituele mens" 'n betekenisvolle leefwyse te leef en jou bedoeling op aarde te vervul. Vandag kan jy 'n studie daarvan maak.

Die eienskappe van die "spirituele mens" staan teenoor die eienskappe van die "fisiese mens". Onthou, dit dui nie daarop dat die een 'n godsdienstige mens is en die ander dit nie is nie. Dit bedoel ook nie dat die een goed is en die ander een sleg is nie. Die verskille dui net op gedragspatrone wat elkeen uit vrye keuse gekies het, en met die spirituele krag van liefde mag ons nie die een meer liefhê as die ander een nie.

Die eienskappe van die "spirituele mens" is soos volg:

1. Hy het 'n spirituele visie met insig

Dit stel hom in staat om:

* denkverskuiwings te maak en nuwe insigte te kry;
* te sien dat hy oor fisiese en ook oor spirituele vermoëns beskik;
* homself van sy fisiese vorm te distansieer en nie daaraan ge-

bonde te wees nie;

* 'n nuwe wêreldbeeld te hê;
* die eensydige tegnologiese ontwikkeling van die wêreld raak te sien en saam met ander daarna te soek om te sien hoe hierdie wanbalans herstel kan word;
* sy spirituele behoefte raak te sien dat hy bo alles sy besondere betekenis op aarde wil vervul en in te sien dat dit sy eerste motivering is om dit te doen;
* die spirituele kwaliteite van lewe raak te sien.

Die "fisiese mens" is net van sy liggaam bewus en hy sien net die fisiese vormlike dinge raak.

2. Hy beoefen sy wilsvryheid

Dit stel hom in staat om:

* die keuse te maak en die besluit te neem dat hy sy betekenis sal vervul;
* te kies om enige krisis te oorkom wat hom mag verhinder om sy betekenis te vervul;
* nie 'n slaaf van omstandighede te wees nie;
* sy mag in homself te ervaar en nie afhanklik te wees van magsbeoefening oor ander nie;
* te aanvaar dat alles 'n doel het en ten goede meewerk;
* met wilskrag gereeld ongewenste gedrag te verander;
* om sy ware self te handhaaf.

Die "fisiese mens" is 'n slaaf van sy omstandighede en gee vir ander die skuld vir sy mislukkings en dat hy is wie hy is. Hy het nie die wil om dit te verander nie.

3. Hy aanvaar sy verantwoordelikheid

Hieruit vloei voort dat hy:

* sy betekenis op aarde verwesenlik;
* van niemand en niks afhanklik is nie;
* hom losmaak van alles en almal;
* sy eie lewe rig om sy take en missies te vervul en 'n sukses daarvan maak;

* al sy aksies eerstens op sy betekenis rig;
* ook ander mense se lewe, en die wêreld self probeer verbeter;
* voortdurend 'n liefdevolle verhouding met ander mense handhaaf.

Die "fisiese mens" is van alles en almal afhanklik en gebonde aan die fisiese dinge en gee niks om vir ander mense of vir die wêreld nie.

4. Hy beoefen voortdurend liefde, geloof en visie

Hy doen dit deur:

* gereeld stil tye vir homself af te sonder vir meditasie en gebed om sy spirituele vermoëns te leer ken en te oefen om dit te gebruik;
* *liefde* vir homself te gee, asook vir mense, God, en dinge soos diere en plante, en almal te vergewe en niemand te oordeel nie;
* dit in *geloof* te aanvaar dat alles 'n doel het en te glo dat hy sy missies sal voltooi en sal sien wat hy nou glo;
* met *visie* die spirituele kwaliteite van lewe raak te sien en tot nuwe insigte te kom en op die vervulling van sy missies te fokus.

Die "fisiese mens" beoefen nie liefde nie en is gewoonlik wraaksugtig en vyandig en vol bitterheid. Hy glo net wat hy kan sien en hou aan sy ou opinies vas omdat hy nie tot nuwe insigte kan kom nie.

5. Hy ervaar die lewe as betekenisvol

Hy doen dit deur beproefde *lewensbeginsels na te volg* waarmee hy:

* met wilsvryheid en geloof krisisse en omstandighede *hanteer;*
* met visie waardevolle dinge van die lewe *neem;*
* met liefde vir almal en alles *gee;*
* met hierdie beginsels alles in die lewe as betekenisvol ervaar en geniet;
* ware geluk en vrede beleef;
* oorweldig word met waardering en dankbaarheid vir alles in die lewe;
* die drang ontwikkel om altyd te glimlag en bly te wees.

Die "fisiese mens" voel sy lewe is sinneloos en sonder betekenis en sien net al die dinge raak wat hom ongelukkig maak.

6. Hy vervul sy spesifieke take en missies

Hy fokus daarop om:

* spesifieke take en missies te ontdek waarmee hy sy unieke betekenis kan vervul;
* al sy take en missies effektief te voltooi;
* sy talente in sy take uit te lewe;
* die proses te geniet en al sy aksies op sy take te rig en nie op die resultate wat hy daaruit sal kry nie.

Die "fisiese mens" het net doelwitte wat op die bevrediging van sy fisiese behoeftes gerig is en konsentreer net daarop om fisiese resultate te kry.

7. Hy glo in paradoksresultate

Omdat hy verstaan hoe 'n paradoks werk:

* is sy visie net op die vervulling van sy betekenis en sy missies gerig;
* laat hy die verloop van alles aan groter kragte as hy oor;
* stel hy nie eerstens belang om met ander te kompeteer nie;
* is hy nie ingestel om resultate af te dwing nie;
* glo hy in wonderwerke en bekommer hom nie oor môre nie;
* ontvang hy met dank resultate wat ander net oor droom.

Die "fisiese mens" is net op resultate ingestel, hy glo in sy eie beperkinge en glo nie in wonderwerke nie, maar net in toevallige geluk.

TOEPASSING

My uitdaging is om hierdie eienskappe in my lewe aan te kweek en daarop te konsentreer om dit in my daaglikse lewe te beoefen. Daarom maak ek 'n studie hiervan en oefen ek om dit daagliks te beoefen.

BEVESTIGING:

Ek groei daagliks in my ontwikkeling as "spirituele mens".

"Die lewe het geen ander betekenis as dit wat die mens aan sy lewe verleen deur die ontvouing van sy vermoëns nie."

Erich Fromm

DEEL 2
Jy en die mense

In die tweede deel van die kursus gaan ek jou daarop wys hoe doeltreffende verhoudinge met ander wesens (mense en God) jou sal help om jou betekenis op aarde te vervul.

Dag 22

JOU VERHOUDING MET MENSE

Jy het reeds geleer dat die eksistensiële sielkunde die siening handhaaf dat die mens voortdurend in drie verhoudinge betrokke is: met homself, met ander wesens (mense en God) en met die fisiese dinge in die wêreld. In hierdie verhoudinge, is daar 'n wedersydse interaksie tussen die partye. Hierdie sielkundige siening maak daarop aanspraak dat 'n effektiewe en geestesgesonde lewe alleenlik kan bestaan wanneer die mens al hierdie verhoudinge doeltreffend handhaaf. 'n Abnormale lewe en geestesafwykings ontstaan waar daar swak of ondoeltreffende verhoudinge bestaan, en terapie word dan daarop gerig om hierdie verhoudinge te bevorder, wat die afwyking herstel.

Daarom is dit noodsaaklik dat jy hierdie drie verhoudinge doeltreffend moet handhaaf. Dit sal jou normaal laat funksioneer en jou in staat stel om jou take effektief te vervul.

In die eerste deel van die boek het jy geleer hoe jy 'n doeltreffende verhouding met jouself moet handhaaf. Jy het gesien hoe jy nie alleen in 'n interaksie met jou liggaamlike dimensie moet wees nie, maar ook in 'n interaksie met jou spirituele dimensie. Sodoende het jy van 'n "fisiese mens" na 'n "spirituele mens" verander en dit raak gesien dat jou lewe 'n unieke bedoeling op aarde het. Jy het weggebreek van die vormlike leefwyse deur vir jou 'n betekenisvolle leefwyse te skep. In hierdie leefwyse het jy spesifieke take ontdek wat missies is wat net jy op aarde kan doen. Tans is jy besig om hierdie take wat jy ontdek het, te verrig, en met jou geloofskrag weet jy dat jy daarin sal slaag om dit enduit te voer.

In hierdie tweede deel van die kursus gaan jy leer hoe om doeltreffende verhoudinge met alle mense en met God te handhaaf. Dit is alleen wanneer jy hierdie verhoudinge doeltreffend handhaaf dat jy in staat sal wees om jou take effektief te vervul. Hiermee sal jy die derde vlak van jou ontwikkeling as "spirituele mens" bereik.

Ek gaan vir jou leer hoedanig hierdie verhoudinge moet wees. Dit is ook gebaseer op die bemeestering van jou spirituele vermoëns waarmee jy die drie lewensbeginsels toepas, naamlik: om almal reg te *hanteer*; om van almal iets moois en goeds te kan *neem*; en veral om vir almal iets besonders in liefde te *gee*.

In die laaste deel van die kursus gaan ek jou leer hoe jy hierdie beginsels in jou verhouding met die fisiese dinge moet toepas.

Menseverhoudinge is jou grootste uitdaging

Alle sielkundiges stem saam dat die handhawing van 'n doeltreffende verhouding met ander mense een van die mens se grootste uitdagings is. Jy het sekerlik al self die ervaring gehad dat dit baie moeilik is om hierdie verhoudinge reg te handhaaf.

Hierdie uitdaging word egter makliker gerealiseer indien jy ander mense ook vanuit jou nuwe wêreldbeeld aanskou. Dan sien jy elke ander mens ook as iemand wat 'n spesifieke betekenis op aarde vervul en dat niemand toevallig hier is nie. As mens is jy maar geneig om soms net aan jouself te dink. Elke mens het egter 'n plek en 'n funksie wat inskakel by die volmaakte doel van die lewe self, waarby ander mense op een of ander manier baat vind. Elke mens doen byvoorbeeld een of ander werk, hoe gering ook al, waarvan jy ook afhanklik is. Miskien dink jy nie daaraan nie, maar ander mense het saamgewerk, elk op sy eie terrein om al die aardse dinge wat jy besit en daagliks gebruik vir jou daar te stel, vanaf jou klere tot die telefoon of motor wat jy het. Ook die mens in die geskiedenis het baie dinge vir jou nagelaat wat jy vandag benut en jy sal weer dinge vir die mense in die toekoms nalaat. Sonder hierdie dinge kan jy nie die betekenis van jou lewe vervul nie.

Eendag sal jy iemand êrens raakloop en jy sal nie eers weet dat hy of sy vir jou in staat gestel het om jou doel op aarde te vervul nie. Wanneer jy so na ander kyk, hoe hulle vir jou dinge "gee" en jy dinge van hulle "neem", kan dit nie anders wees as dat jy 'n gevoel van respek en waardering en liefde teenoor jou naaste sal ontwikkel nie. Hy is hier soos jy en ek om 'n doel te vervul, maak nie saak hoe hy lyk, wat sy vorm of kleur is nie. Ons kan nie sonder mekaar lewe nie. Dit was Einstein wat gesê het dat geen waardevolle doelwitte bereik kan word sonder die onselfsugtige samewerking van baie individue nie.

Gee vir ander

As "spirituele mens" sal jy hierdie visie oor ander mense handhaaf. Daarom sal jy alle mense liefhê en vir almal van jou liefde gee. Jy kan dit doen omdat jy 'n liefde vir jouself het in die rol wat jyself vervul. Dit is maar net 'n feit dat jy nie vir ander mense lief kan wees as jy nie eers vir jouself lief is nie. Daarom moes jy eers 'n liefdesverhouding met jouself ontwikkel het, soos jy dit in die eerste deel van die kursus gedoen het. Jy kan ook net daarin slaag om liefde vir ander te gee indien jy die liefde van God vir jou ervaar. Omdat jy nou ook jou besondere betekenis ontdek het en dit ervaar dat God jou bekragtig om dit te verwesenlik, kan jy ook vir ander bystaan om hulle te help om hulle betekenis te verwesenlik. Jy weet nou ook dat jou spirituele krag van liefde die kern van jou betekenisvolle bestaan op aarde vorm.

Die vraag is wat liefde vir jou medemens nou eintlik in die praktyk behels. Naas al die definisies daarvan is die oorkoepelende betekenis om die ander persoon onvoorwaardelik te aanvaar soos hy is en hom toe te laat om homself te wees ooreenkomstig sy eie uniekheid, net soos jyself ook uniek is. Kan jy sien hoe jy as "spirituele mens" nou totaal anders is as vroeër toe jy 'n "fisiese mens" was? Toe het jy net op jouself gefokus en niemand en niks anders raak gesien nie en die uniekheid van ander ontken. Toe jou eie lewe vir jou geen betekenis gehad het nie, kon jy nie die betekenis van ander se lewe raak sien nie. Daarom was jy as "fisiese mens" net daarop uit om ander te kritiseer en af te breek.

Wat jy saai, sal jy maai

Die "spirituele mens" weet dat wat hy in liefde vir ander gee, nie alleen hulle lewe sal verryk en meer betekenisvol sal maak nie, maar dat hy self weer iets daarvan terug sal ontvang en dat dit ook sy eie lewe weer sal verryk. Hy ken die betekenis van die woorde: "Wat jy saai, sal jy maai." In die spirituele ontwaking stel mense vandag gelukkig weer in hierdie eeue oue waarheid belang en ons lees dit in byna elke publikasie wanneer daar oor die krag van liefde gepraat word. Dit is egter nie 'n nuwe gedagte nie. Deur die eeue het alle religieuse geskrifte die krag van liefde en wat dit kan bewerk, voorgestel. Ons het dit miskien net vergeet of wil dit nie onthou nie. In 'n nuwe raamwerk van die denkers van ons tyd maak dit gelukkig weer vir sommige mense sin en pas baie dit weer vandag toe met wonderbaarlike resultate.

Daar word vandag deur sommige denkers in die spirituele ontwaking veral daarna verwys dat die vloei van kosmiese energie wat jou lewe verryk, deur jou bly vloei en jou bly bekragtig indien jy dit in liefde vir ander aangee, maar dat dit geblokkeer word en jouself benadeel indien jy nydig teenoor ander is en veral as jy haatdraend teenoor ander optree. Jy kan dit gerus self ook probeer. Wanneer jy liefde vir ander gee, sal jy al meer liefde ontvang en wanneer jy haat gee, word liefde van jou ontneem. Daarom is jou uitdaging om met liefde jou medemens onvoorwaardelik te aanvaar soos hy is, omdat hy saam met jou deel van die lewe is. Elke mens speel 'n onmisbare rol in die betekenisvolle uitvoering van die lewe wat deur God self beheer word, en die een is nie beter as die ander nie. Ons word in die nuwe Suid-Afrika uitgedaag soos nog nooit tevore nie om ons liefde so vir elke inwoner van ons land te gee.

Wen-wen-verhoudinge

Vanuit hierdie raamwerk van liefde ontstaan daar baie maniere hoe ons ons verhoudinge met ons medemens meer doeltreffend kan maak. Ook in die bedryfswêreld word die beginsel van gee met liefde vandag met groot sukses geïmplimenteer. Diegene wat dit toepas, pluk die vrugte van sukses in hul besigheid.

Een van die maniere waarop dit toegepas word, is dat ons 'n wen-wen verhouding met ons medemens moet handhaaf. Dit kom daarop neer dat almal moet wen, nie net jy nie. Daar is 'n oorvloedige bron van materiële en spirituele dinge in die wêreld wat tot alle mense se beskikking is. Daarom moet jy ook met liefde vir iemand anders in staat stel om in hierdie bron te deel. Dit impliseer ook dat jy jou materiële besittings met ander moet deel. Nou kan jy verstaan hoekom alle religieuse geskrifte en ook die Bybel die beginsel handhaaf dat een tiende van jou inkomste vir ander gegee moet word. Jy moet egter nie alleen materiële dinge met ander deel nie, maar ook spirituele dinge. Daarom is dit die "spirituele mens" se taak om ander se lewe ook spiritueel te verryk. Dit sluit praktiese dinge in, soos om ander te aanvaar soos hulle is en vir hulle erkenning te gee vir wat hulle doen, of iets moois en goeds in hulle raak te sien, of vir hulle te help om hul take te vervul of vir hulle die reg te gee om 'n eie opinie te hê.

Daarom sal jy eers na ander se opinie luister en nie verwag hulle moet net hoor wat jy sê nie. Om mense 'n kans te gee om hulle saak te stel of 'n probleem te bespreek, vorm die basis van elke suksesvolle gesprekvoering. Behalwe dat die persoon aanvaar voel vir wie hy is, sorteer hy in baie gevalle sy eie probleem uit as hy homself hoor praat. Dit vorm ook die basis van kommunikasie wat so 'n belangrike rol in doeltreffende menseverhoudinge speel. Hierdie beginsel is natuurlik van toepassing op alle terreine van die lewe, vanaf sakeorganisasies tot in politieke onderhandelinge, maar veral vir ons daaglikse kontak met mense en ook vir ons huwelikslewe en die verhouding met ons kinders.

Sinergie en onderhandeling

'n Doeltreffende verhouding met ander mense wat uit liefde gebore word, lei ook tot 'n sinergiebenadering waar jy ander die kans gee om saam met jou oplossings te vind of projekte aan te pak. Twee koppe is beter as een, sê die spreekwoord. Mense kom vinnig agter dat die dae verby is waar jy outoritêr jou eie opinie handhaaf en jou wil aan ander opdwing. Daarom word hierdie beginsel al meer op alle terreine van die lewe toegepas.

Die "spirituele mens" is met hierdie beginsel daarop ingestel om ander mense te help om hulle take suksesvol te bemeester. Hy bied sy hulp vir sy medemens aan en gee vir hom raad en leiding waar hy kan. Hy is daarop ingestel om sy medemens te dien. Met 'n sinergiebenadering is hy by almal betrokke, ook in sy werksituasie.

Hy maak self ook gebruik van ander "spirituele mense" om vir hom raad te gee oor hoe hy sy eie take beter kan vervul. Dit is 'n beginsel wat jy gerus ook kan toepas. Maar dan moet jy iemand nader wat jou spirituele raamwerk verstaan. Daarom is 'n regte vriendskap so noodsaaklik dat ek eintlik 'n afsonderlike hoofstuk hieroor geskryf het.

Uit hierdie beginsel vloei die gewilligheid voort om met ander mense te onderhandel, wanneer daar 'n verskil van opinie is. Deur hulle gevoelens te konsidereer, word oplossings gevind wat almal tevrede stel. Dit is alleenlik wanneer jy met liefde iemand anders se probleme kan aanhoor en kan begryp dat jy wen-wen-oplossings kan kry. Daarmee help jy ook vir ander om hul betekenis te realiseer.

Hierdie beginsel, wat 'n uitvloeisel van jou spirituele krag van liefde is, sal jou in staat stel om alle konflikte met mense op alle terreine van jou lewe op te los; vanaf jou besigheid tot by jou huwelik en jou huisgesin.

'n Wêreldwye wonderwerk

Dit is voorwaar 'n wonderwerk om te sien hoe onderhandeling vandag wêreldwyd met groot sukses toegepas word, ook tussen volkere. Vroeër was geskille kragdadig of met mag gehanteer en is dit gewoonlik met oorlogvoering opgelos. Vandag word dit met wen-wen-verhoudinge in onderhandelinge opgelos. Dit het ook in Suid-Afrika gebeur.

Van hierdie verandering moet sterk kennis geneem word en die betekenis daarvan moet raak gesien word. Sou dit 'n aanduiding wees dat die spirituele krag van liefde in die spirituele ontwaking wyer begin uitkring as wat ons in ons wildste gedagtes oor sou kon droom? Is dit ook hoekom ander wonderwerke besig is om plaas te vind, waarvan die grootste een die aftakeling van die kommunistiese ideologie is? Wie sou kon dink dat hierdie ideologie wat onlangs nog die volkere van die wêreld bedreig het, wat die mens se spirituele krag van liefde wou blokkeer, veral ten opsigte van die beoefening van sy godsdiens, so skielik sou kon verkrummel. Daarmee saam verkrummel die outoritêre, liefdelose oorheersing van die een mens oor die ander vandag net so vinnig.

Hantering van liefdelose mense

Om liefdelose mense met liefde te hanteer, is seker een van die grootste uitdagings vir jou as "spirituele mens". Almal weet hoe moeilik liefdelose mense kan wees en hoe moeilik hulle dit vir jou kan maak. Ons kom elke dag in aanraking daarmee. As "spirituele mens" wat enige krisis kan hanteer, kan jy ook 'n standpunt teenoor hierdie mense inneem en sal jy die regte respons teenoor hulle negatiewe optredes kies. Onthou, jy is vry om jou eie respons te kies oor hoe jy sal optree. Jy weet dat jy sal maai wat jy saai. Daarom sal jou respons met liefde belaai wees omdat jy daarmee die ander persoon se strategie verkrummel. As hy haat saai, verwag hy om haat te kry. Wanneer hy liefde kry, verbrokkel die interaksie en demonstreer jy vir hom wat die krag van liefde is. Dit is die paradoksuitwerking wanneer jy die ander wang draai, soos alle godsdienstige geskrifte beklemtoon. Jy sien, ons kan nie die beginsels van lewe ignoreer wat lank reeds hier op aarde geld nie.

Selfs deur eerder geen respons te toon nie, help jy hierdie mens meer en beoefen jy die krag van die paradoks van "'ongebondenheid". Jy weet mos dat daardie persoon op sy eie pad van ontwikkeling is en dat jy nie sy verandering kan afdwing nie.

Ook in die bedryfswêreld word die hantering van onderdane en kliënte volgens hierdie beginsel met groot sukses toegepas. Dit gaan om die beginsel van hantering, om in beheer van jou response te wees, selfs met die moeilikste klant.

As "spirituele mens" verskil jy ook hier van die "fisiese mens" wat ander met mag wil oorheers en sy wil aan ander opdwing. Die paradoks word daagliks bewys dat hy uiteindelik sy mag verloor.

Neem van ander wat mooi en goed is

In ons verhouding met mense gaan dit nie net daaroor om vir hulle liefde te *gee* en hulle te *hanteer* nie, dit gaan ook daaroor om van hulle iets goeds te *neem*. Dit gaan daaroor om ander mense nie net in hul vorm raak te sien en met uiterlike maatstawwe te meet en te oordeel en af te breek nie, maar om dieper as dit te sien. Elke mens het iets goeds en moois in hom. Jy het reeds gesien hoe dit jou lewe betekenisvol kan maak om van hierdie mooi dinge vir jouself te neem. Dink maar weer daaraan wat jy daaruit kan kry om byvoorbeeld iemand anders se kuns te waardeer, of sy gedagtes in 'n boek te lees, of uit sy kreatiwiteit te leer, of iets waars te beaam wat hy sê, of 'n mooi kledingstuk te bewonder wat hy dra, of wat ook al. As jy iets moois by iemand wil vind, sal jy dit kry. Ek daag jou uit om dit te doen, om by elke mens wat jy ontmoet iets te probeer vind wat vir jou iets kan beteken. Dit sal nie net die lewe vir jou meer betekenisvol maak nie; jy sal ook vir daardie mens erkenning gee. Wanneer jy dit vir iemand gee, laat jy hom voel dat hy ook iets beteken en help jy hom om sy betekenis raak te sien. Deur iemand te verwerp en net sy swak punte raak te sien, laat jy hom voel dat hy geen betekenis het nie en blokkeer jy sy ontwikkeling om die betekenis van sy lewe raak te sien en dit te verwesenlik.

Ek moet gereeld vir my kliënte leer om die mooi dinge van hul mans of vroue of kinders of vriende of medewerknemers neer te skryf en dit dan gereeld te lees en in hul gedagtes te simuleer, om so hul kondisionering te breek wat net die negatiewe dinge raak sien. Dan sien hulle weer spontaan die goeie in ander raak.

Goeie menseverhoudinge bevorder jou eie missies

Kan jy verstaan dat jy jou eie unieke take meer effektief kan voltooi indien jy sulke doeltreffende menseverhoudinge handhaaf? Watter take is jy tans besig om te vervul? Gaan kyk maar gerus hoe jy dit beter sal verrig as jy goed met mense oor die weg kom.

Dit is lank reeds bewys dat mense wat hul take suksesvol verrig, nie vyande van mense maak nie. Daar is min dinge wat die vloei van jou spirituele kragte meer blokkeer as wanneer jy in konflik met mense lewe. Een van die dinge wat jou die meeste kortwiek om 'n effektiewe lewe te lei, is wanneer jy nie vir iemand kan vergewe nie. Vergiffenis is die uitvloeisel van liefde, dit is die progammatuur wat jou brein programmeer om doeltreffende verhoudinge met alles en almal te handhaaf. Daarom word dit vir ons geleer dat ons soos volg moet bid: "Vergeef ons ons skulde soos ons ook ons skuldenaars vergewe."

Hoe lyk jou menseverhoudinge? Gee dit aanleiding tot die sukses van jou huwelik of werk of besigheid, of is dit die rede hoekom jy nie jou take effektief voltooi kry nie? As jy 'n effektiewe lewe voer, moet jy al jou spirituele kragte reg benut, ook die krag van liefde vir jou naasbestaandes. Moenie jou simulatoroefeninge vergeet nie; jy kan dit ook hier gebruik om die liefdevolle verhouding wat jy met daardie moeilike persoon in jou lewe moet handhaaf in jou gedagte te simuleer en dit dan spontaan daagliks toe te pas.

Resultate

In jou verhouding met ander is dit eg menslik dat jy ook iets daaruit sal wil ontvang. So sal jy byvoorbeeld ook erkenning of aanvaarding of samewerking of vriendskap of wedersydse liefde wil ontvang. Sulke resultate kan jy nie self afdwing nie. Hierdie resultate is die uitvloeisel van 'n proses wat deur die spirituele krag van God beheer word. Die kanaal waardeur resultate vloei, word oopgehou solank as wat jy die spirituele beginsels wat deur al die eeue gegeld het, toepas.

Jy moet toesien dat jy nie hierdie kanaal blokkeer deur jou eie reëls en wette te maak nie. Deur vir almal te *gee* en van te *neem* en almal te *hanteer*, hou jy die kanaal oop en vertraag jy nie die vloei van God se spirituele krag nie. Dan ontvang jy die resultaat as 'n geskenk van God. Met haat vir iemand of magsbeoefening oor ander, blokkeer jy nie alleen die vloei van die spirituele krag van God nie; daarmee blokkeer jy ook die verkryging van resultate. Wanneer jy 'n doeltreffende verhouding in liefde met jou medemens handhaaf, sal dit nie anders kan as dat jy die resultaat sal ontvang om jou missies suksesvol te voltooi nie.

TOEPASSINGS

My uitdaging is om my verhouding met mense te verbeter. Dit doen ek soos volg:

1. Vandag sal ek vir die eerste mens wat ek raakloop liefde gee en eer aan hom te betoon. Ek sal luister wat hy vir my sê en kyk hoe ek sy lewe betekenisvol kan maak. Ek sal alle mense hanteer en net goeie response toon op hulle gedrag teenoor my.

2. Vandag sal ek iets in elkeen met wie ek in aanraking kom, vind wat ek kan neem om te ervaar dat dit vir my iets besonders beteken.

3. Ek vertrou die proses van die vloei van God se spirituele krag. Daarom weet ek dat ek die resultate van wedersydse liefde en erkenning van ander mense sal ontvang en ek teken dit aan waar en wanneer ek dit kry.

BEVESTIGING:

Ek handhaaf 'n liefdevolle verhouding met elke mens, ongeag van wie hy is.

"Geen waardevolle doelwit kan bereik word sonder die onselfsugtige samewerking van baie individue nie."

Einstein

Dag 23

JOU VERHOUDING MET GOD

Vandag moet jy daarop let dat naas ander wesens op aarde daar ook die Ander wese is, naamlik God, met wie jy 'n doeltreffende verhouding moet hê om jou missies effektief af te handel.

Om 'n verhouding met God te hê, moet jy natuurlik eers vir God ken. Daarom gaan ek eers die volgende vrae beantwoord: "Is daar 'n God? Wie, wat en waar is Hy? Dan gaan ons kyk hoe jy 'n verhouding met God kan hê en wat dit behels.

Die mens in die geskiedenis se siening van God

Met my navorsingsmetode (sien bl. 279-280), waar ek gaan kyk het wat die mens in die geskiedenis se siening van God behels het, was my bevinding dat die meerderheid van mense deur al die eeue die bestaan van God as vanselfsprekend aanvaar het. Hulle het 'n spontane verhouding met Hom gehandhaaf, sonder om baie vrae te vra oor wie en wat God is. Omdat die mens in die geskiedenis nie enige wetenskaplike kennis en insig gehad het nie, het hy die bestaan van alle dinge net aanvaar, en nie baie vrae daaroor gevra nie. Niks was wetenskaplik verklaar nie. Wanneer 'n kind gevra het: "Hoekom is die son so rooi en warm?" het die ouer geantwoord: "Omdat dit so mooi is." Daarmee was die kind tevrede.

Daarom was die mens nie eers bewus van die bestaan van dogmas oor God nie. Met 'n kinderlike geloof het hy 'n verhouding met God gehad oor wie hy 'n beeld in sy gedagtes gevorm het, net soos die Bybel of ander heilige geskrifte dit vir hom voorgehou het.

Die mees algemene beeld van God in die Christelike geloof was dat God 'n persoon is. Die voorstelling van God as persoon is versterk omdat God as 'n vader voorgestel was, naamlik die vader van sy seun Jesus Christus. Hierdie beeld is verder versterk deur die geloof dat God deur Jesus ook die Vader van die gelowige mens op aarde is.

Daar is op 'n kinderlike wyse geglo dat die mens deur God geskape is en dat hy oor 'n onsterflike siel beskik wat vir ewig voortbestaan. Hierdie mens het aanvaar dat hy spiritueel 'n verhouding met God kan hê deur middel van die Heilige Gees van God. Daarom het hierdie mens spontaan met God in gebed kontak gemaak, waar hy met Hom as 'n persoon kon praat en Hom kon prys en eer. Hy kon ook in gebed vir God vra om hom daagliks te versorg en in sy nood by te staan. Hy het geglo dat hierdie versorgende Vader hom sou help. Bo alles het hy geglo dat God hom van sy sonde sal verlos deur die versoeningsdood van sy Seun, Jesus Christus wat die sonde van die mensdom met sy kruisiging op Hom geneem het en in hulle plek daarvoor gestraf is. Met hierdie geloof het hulle ook vir Jesus Christus as persoon aanbid, omdat hulle geglo het dat Jesus na sy dood opgevaar het en aan die regterkant van God gaan sit het, 'n ereposisie wat in koningshuise gegeld het. Hierdie voorstelling van God was vir almal verstaanbaar en aanvaarbaar.

Ook in baie ander godsdienste is God as 'n persoon gesien en as sodanig aanbid. Hierdie beeld van God was vir die mens in die geskiedenis heel aanvaarbaar, veral omdat dit later deur die Griekse mitologiese denkwyse oor die gode versterk is. Hy het ook 'n wêreldbeeld gehad soos die mitologie dit voorgestel het, dat die aarde plat is en die sentrale punt van die skepping is, met die hemelruim as 'n koepel daar bo en met 'n "onderwêreld" daar onder, waar die hel gesetel is.

My bevinding is dat in teenstelling met die Westerse mens wat God belewe het as 'n persoon wat buite homself êrens in die hemel bestaan, die Oosterse mens meer daarop ingestel was om God se bestaan in homself te ervaar. Tog het die Westerse mens, veral in die Christendom, geglo dat God deur sy Heilige Gees met hom in verbinding is en dat God alles op aarde deur sy Gees rig en beheer en dat die Gees van God in hom is.

Indien die geskiedkundige siening van God nou nog vir jou aanvaarbaar is, is my aanbeveling dat jy daarby sal hou en jou verhouding met God so sal handhaaf.

Die moderne mens se siening van God

My bevinding is dat dit vir baie moderne mense moeilik is om met sy wetenskaplike kennis hierdie geskiedkundige Godbegrip te aanvaar.

Hulle het hulle kinderlike geloof opsy geskuif met die groot wetenskaplike ontdekkings wat die Westerse godsdienstige oortuigings se fondamente geskud het. Die belangrikste ontdekkings was Columbus se bevinding dat die aarde rond en nie plat is nie; Copernicus se bevinding dat die aarde nie die middelpunt van God se skepping is nie; Darwin se evolusieleer wat die skepping van Adam en Eva bevraagteken het; Freud se beskouing oor die psigiese samestelling van die mens; en al die hedendaagse kennis oor die kosmos en die ruimtereisigers se verslag dat hulle nêrens 'n hemel daar bo of 'n hel in 'n onderwêreld kon vind nie, waarmee die hele mitologiese wêreldbeeld verval het.

Aangesien die natuurwetenskappe vir baie jare nie in 'n God kon glo omdat hulle nie sy bestaan kon bewys nie, het vele moderne mense ook nie in 'n God geglo nie. Hierdie situasie het egter verander aangesien die natuurwetenskappe nou erken dat hulle "iets" ontdek het wat hulle nie kan bewys dat dit bestaan nie, maar dat dit wel daar is en dat dit dié "iets" is waaruit die heelal saamgestel is wat alles in stand hou. Daar word ook al meer onder ons aandag gebring dat alles wat op aarde is, ook die mens, net soos alles in die kosmos uit dieselfde komponente van energie bestaan. Alle vorms wat ons kan raak sien, ook die mens, bestaan eintlik uit energie en vorm deel van een groot energiebron. Die sekulêre mens begin nou al meer om van hierdie energiebron te praat en daarop te wys dat die mens 'n deel daarvan vorm en in voortdurende kontak daarmee is. Daarom is hy ook in kontak met alle ander vorms van energie, mense, plante, diere en al die stoflike, sigbare dinge. Al meer teorieë word nou gepostuleer oor hoe ons interaksies met ander energieobjekte ons eie lewe kan bevoordeel of benadeel, na gelang van hoe ons hierdie verhoudinge hanteer. Daar word ook daarop gewys dat al sou hierdie dinge in vorm vernietig word, die energie waaruit dit bestaan nie vernietig kan word nie. Die ewige voortbestaan van alles word hiermee bevestig.

Ek vind dat hierdie inligting en die teorieë wat daaruit voortvloei vir die mens van ons tyd met sy wetenskaplike kennis aanvaarbaar is. Omdat dit die "New Age"-denke oorheers, word baie mense navolgers van hierdie beweging wat voortdurend na God as die bron van alle energie verwys, en dit beklemtoon dat jy wat ook net uit energie bestaan, deel van God is. Daarmee kry God nou ten minste weer 'n plek in die kosmos. Hierdie siening is vir baie meer aanvaarbaar as die Godbegrip dat God 'n persoon is wat êrens in 'n hemel bestaan.

Die nuwe Godbegrip word ook versterk vanweë die sielkundige probleme wat mense met die begrip dat God 'n persoon is, opgetel het. Ons in die sielkunde is baie bewus van die invloed wat die sosiale ontwikkeling van outoritêre stelsels op die mens gehad het. Mense het in opstand gekom teen hierdie vorm van magsbeoefening waar die een oor die ander wil heers en die ander sy vryheid as mens wil ontneem. Mense het oordragte begin maak en God as persoon, ook as 'n gesagsfiguur gesien wat daarop uit is om hulle lewe te beheer en hulle te straf as hulle Hom nie gehoorsaam nie. Hierdie beeld is deur die outoriteitsfigure in die kerk versterk, wat meer klem op die oordeel van God geplaas het as op sy liefde vir die mens. Omdat God ook as 'n Vader gesien is, het die mens oordragte op Hom gemaak vanuit sy ervarings met sy biologiese outoritêre vader, en so 'n God wil hy nie as God hê nie. Vir baie het dit daartoe aanleiding gegee dat hulle nie meer in 'n God geglo het nie. Hulle is nou egter weer oop daarvoor om God as 'n energiebron te sien. Dit is onpersoonlik en nie bedreigend nie en dit is makliker om in 'n verhouding daarmee te wees.

Tog, as ons mooi daaroor dink, is daar 'n ooreenkoms tussen hierdie nuwe Godbegrip en die geskiedkundige Godbegrip waar geglo is dat God deur middel sy Heilige Gees met ons in kontak is en selfs in ons is, en dat Hy ons met sy Gees bekragtig om 'n lewe met "heiligmaking" te lei, wat beteken dat ons ons lewe al meer volgens die leiding van die Gees inrig en nie volgens die begeertes van die vlees nie.

Kry jou Godbegrip reg

Voordat jy 'n verhouding met God kan hê, moet jy eers 'n Godbegrip hê wat vir jou aanvaarbaar is. Jy sal met die lewensbeginsel om dinge te *hanteer*, ook jou Godbegrip reg moet hanteer. Miskien is dit vir jou as moderne mens met jou wetenskaplike denke ook makliker om 'n Godbegrip te hê wat God as die bron van energie sien wat alles beheer en in stand hou. Dit is baie dieselfde as die Christelike siening van God dat God "Gees" is en deur sy Heilige Gees in jou is en in jou goeie dinge bewerk. Hoe dit ook al sy, dit bly jou individuele verantwoordelikheid om vir jou 'n Godbegrip te kry wat vir jou aanvaarbaar is. Jou spirituele krag van visie sal jou hierin lei.

Wat myself betref, het ek grootgeword met die beeld van God in my gedagtes as 'n definitiewe persoon. Ek het Hom as my hemelse Vader gesien, omdat my aardse vader dood is toe ek nog 'n baba was en my ma vir my geleer het dat God as Vader my sal versorg. Ek het egter later die simboliek van hierdie vaderbeeld verstaan, en as volwassene my van die letterlike betekenis daarvan losgemaak toe ek my spirituele kragte ontdek het. Daarmee het ek God anders beleef, naamlik soos die Bybel sê: "God is Gees." Ek kon die paradigmaverskuiwing maak om my van God se vorm los te maak omdat ek my al meer begin losmaak het van alle ander vormlike dinge. Ek het net die krag van sy Heilige Gees as energiebron ervaar, wat alles daargestel het en alles perfek bestuur en onderhou en versorg, ook my lewe. Deur sy Gees wat in my is, is ek tans in 'n daaglikse verhouding met God en belewe ek dit hoe sy spirituele krag my spirituele vermoëns elke oomblik versterk om my te help om my betekenis te verwesenlik, soos ek weet God dit van my verwag.

Die paradokservaring wat ek nou het, is dat hoe meer ek vir God as 'n spirituele kragbron beleef, en geen beeld van Hom as 'n persoon meer het nie, hoe meer ervaar ek Hom asof Hy iemand is. Al is daar geen beeld meer van Hom in my gedagtes nie, beleef ek Hom al meer as 'n vriend wat altyd by my is en praat ek gereeld met Hom in my gebed en meditasies.

Ek herinner jou aan wat jy sover geleer het, dat jy nie effektief kan funksioneer sonder 'n verhouding met God nie. Jy het reeds gesien dat toe die moderne mens God geïgnoreer het, hy daarmee saam sy spirituele kragte geïgnoreer het en dat dit daartoe aanleiding gegee het dat hy eensydig in die fisiese tegnologiese ontwikkeling verstrik geraak het. Jy het gesien hoe die mens vandag weer na sy spirituele kragte soek. Kan jy ook sien dat hy eintlik na God self soek? In die spirituele ontwaking soek almal weer na God, elk op sy eie manier. Daarom moet jy vir God vind soos jou spirituele kragte jou sal lei. Jou uitdaging is om met die beginsel van liefde vir elkeen toe te laat om sy God te dien soos hy vir God ervaar, sonder om weer vir elkeen voor te skryf en 'n dogma daarom op te bou.

Wat behels 'n verhouding met God?

Net so moeilik as wat dit vir ons is om ons spirituele vermoëns te ontdek omdat ons dit verdring, net so moeilik is dit om presies te weet hoe ons 'n verhouding met God moet handhaaf, omdat ons afgeleer het hoe om dit te doen. Ek herinner jou maar net weer eens daaraan dat almal in die spirituele ontwaking ook daarna soek. Ons sal almal mekaar in hierdie soektog moet ondersteun en ons ervarings met mekaar moet deel om by mekaar te leer hoe elkeen sy verhouding met God handhaaf. Wanneer ons weer hierop fokus, sal ons die antwoorde kry.

Die beginpunt is om met die krag van jou wilsvryheid die besluit te neem om dit 'n doel te maak om 'n verhouding met God te hê en hierdie verhouding te ontwikkel en uit te bou. Die plek waar ons die beste kontak met God kan maak, is seker in stilte, in meditasie en gebed. Dit is die plek waar ons aanvanklik ons spirituele kragte ontdek en geoefen het om dit daagliks te beoefen. In hierdie stilte is ons afgesluit van al die ander dinge in ons gejaagde lewe wat gewoonlik ons kontak met God versteur.

Omdat jy die krag van liefde ontdek het, moet jy dit insien dat God bo alles anders 'n God van liefde is, en moet jy ervaar dat die grootste spirituele krag wat van God af kom, liefde is en dat God almal en alles volmaak daarmee beheer. Geen wonder dat Jesus die vraag wat eenmaal aan Hom gevra was oor wat ons verhouding met God moet wees, al die wette wat daarop gerig is, in een sin opgesom het nie, naamlik dat jy God moet liefhê met jou hele hart en met jou hele siel en met jou hele verstand en dat jy jou naaste moet liefhê soos jy jouself liefhet. Wanneer jy vra wat jou verhouding met God moet wees, sal ek sê dat liefde die kern daarvan vorm.

Soos 'n effektiewe verhouding met jou medemens op sekere lewensbeginsels gebou is wat oor jare as riglyne vir jou daargestel is, so is dit ook in jou verhouding met God. Ook hier geld die lewensbeginsels van *gee en neem*.

Om liefde vir God te gee en God se liefde vir jouself te neem, is sekerlik die kern van jou verhouding met God. Die interaksies tussen gee en neem, is onvermydelik in hierdie verhouding. Van God neem jy so baie dinge, soos byvoorbeeld jou eie lewe en daarmee jou betekenis op aarde en jou spirituele kragte om dit te realiseer. Jy neem ook van God alles uit die bron van oorvloed wat jou aardse bestaan moontlik maak. Jy neem ook die resultate op jou take wat jy vervul. Jy neem ook God se teenwoordigheid sodat jy nooit alleen is nie. Jy neem dit, dat alles net vir jou ten goede uitwerk al is die proses soms pynlik. Na jou lewe hier op aarde neem jy ook jou ewige voortbestaan.

Omdat God alles in liefde vir jou gee, gee jy in jou verhouding met God liefde terug. Jy gee eerstens jou dankbaarheid vir God vir alles wat jy is en het. Daarna gee jy jou lewe vir Hom deur met verantwoordelikheid jou betekenis op aarde te vervul. Dan gee jy ook liefde vir God deur alle mense lief te hê omdat God ook lief is vir hulle. Daarmee bevestig jy die woorde onderaan hierdie dagstuk wat sê dat jou liefde vir God onwerklik is as dit nie gekroon word met liefde vir jou naaste nie.

God in jou

Met die daaglikse beoefening van jou spirituele kragte sal jy dit ervaar dat God in jou is. Alhoewel ons ons verhouding met God ten beste in die stilte van meditasie en gebed ervaar, bestaan ons verhouding met God eintlik in die daaglike interaksies tussen God en ons wat in elke oomblik van ons bestaan plaasvind. Indien jy mooi daaroor dink, is jy as "spirituele mens" voortdurend in kontak met God, soos jy jou spirituele kragte gebruik, omdat hierdie kragte van God af kom waarby jy as spirituele wese ingeskakel is.

Ons sal die denkverskuiwing moet maak om ons verhouding met God al meer in onsself te beleef soos die spirituele krag van God elke oomblik vir ons in staat stel om ons spirituele kragte te beoefen. In die ervaring van die vloei van God se spirituele kragte in en deur ons, sal ons die ware essensie van ons verhouding met God beleef. In my eie lewe ervaar ek al meer dat dit God se kragte is wat in en deur my werk en my in staat stel om meer effektief te lewe; daarmee beleef ek sy voortdurende kontak met my, en wanneer ek my oopstel om my spirituele kragte te beoefen, beleef ek dit dat ek in 'n verhouding met God is. Wanneer ek byvoorbeeld daarop konsentreer om vir iemand met liefde te behandel, ervaar ek my verhouding met God omdat dit sy liefdeskrag is wat my daartoe in staat stel.

Kan jy sien dat 'n verhouding met God nie daarin kan bestaan om te bid voor jy gaan slaap of te bid wanneer jy in nood is of om een maal per week kerk toe te gaan nie? Dit is 'n verhouding waarin jy elke oomblik van jou lewe verkeer, waarin God se spirituele krag jou elke oomblik in al jou handelinge lei. Daarom is al die handelinge van die gelowige mens in ooreenstemming met wat God van hom verwag. In Bybelse taal sê ons dat hy die vrugte van die Gees dra.

Ek het nie veel oor intuïsie as 'n moontlike sesde sintuig gesê nie en dit is 'n aspek wat jy gerus verder kan ondersoek. Intuïsie is 'n onmiddellike insig of kennis wat jy ontvang, sonder dat jy bewustelik vooraf daaroor gedink het. Baie mense getuig daarvan dat hulle in hul verhouding met God voortdurende intuïtiewe insigte kry. So byvoorbeeld het hulle net 'n intuïwe aanvoeling oor hoe God hulle lei om in sekere situasies op te tree. Jy ervaar ook reeds iets daarvan, waar jy in elke krisis dit net intuïtief weet dat God dit beheer en dat alles ten goede vir jou sal meewerk. Met hierdie insig ervaar jy ook jou verhouding met God.

Die beste intuïsie-ervarings wat ek in my lewe kry, is om die Bybel te lees wanneer ek 'n besluit moet neem of in 'n krisis verkeer. Intuïtief voel ek dit net aan wat om te doen. Al lees ek by so 'n geleentheid iets in die Bybel wat ek nie verstaan nie, hanteer ek dit soos die visserman wat gesê het dat die Bybel soos die vis is wat hy eet; hy krap die bene uit en eet net die sagte vleis. In die sagte vleis lei God my en voel ek intuïtief aan wat ek moet doen. Ek kry ook hierdie intuïsie-insigte in baie ander geskrifte, waar "spirituele mense" hul insigte neergeskryf het soos dit deur die spirituele krag van God vir hulle gegee is. Ek vul my boekrak gereeld met sulke geskrifte aan, ook boeke van hedendaagse "spirituele mense".

Lees verskillende spirituele geskrifte

Om 'n verhouding met God te handhaaf, moet jy onthou dat jy, net soos in jou verhouding met mense, minder moet praat en meer moet luister wat God vir jou wil sê. Deur al die eeue het God se spirituele kragte vir mense insigte gegee wat hulle neergeskryf het, dinge wat God wil hê ons moet weet.

Wat opvallend is, is dat in al die verskillende godsdienstige geskrifte wat in die wêreld bestaan, daar sentrale temas en insigte is wat verskillende mense in verskillende tye van die mens se ontstaan op aarde ontvang het. Ons het in die verlede te veel gekonsentreer op die verskille in mense se insigte en te min op die ooreenkomstes gelet. Geen wonder nie dat diegene in die spirituele ontwaking nou ook daarin belangstel om alle geskrifte te lees ten einde die ooreenkomste as riglyn te neem. Kan jy die denkverskuiwing maak dat die Bybel nie die enigste boek is waardeur God met jou kan praat nie?

'n Ewige verhouding

Een ding is seker en moet jy altyd onthou, jy kan jou verhouding met God stopsit, maar God sit nooit sy verhouding met jou stop nie. God is ook altyd in jou, daarom is jy nooit net op jou eie aangewese nie. Konsentreer daarop om hierdie ewige verhouding van God met jou te ervaar.

'n Paradokservaring wat moderne "spirituele mense" het, is dat hulle God al meer as 'n spirituele krag ervaar wat in hulle is, maar dat hulle daarmee al meer daarvan bewus is dat God 'n spirituele Wese is wat soos 'n persoon altyd by hulle is. Daarom kan hulle met God in gebed verkeer en met God praat. In al ons verhoudings kan ons nie daarvan wegkom dat ons wil kommunikeer nie. Jy praat gereeld met jouself, jy praat met mense, jy praat ook met die fisiese dinge, al vloek jy dit net; net so kan jy nie anders as om met God te praat nie. Daarom sal gebed altyd 'n deel van jou verhouding met God uitmaak.

Om jou te ondersteun om jou verhouding met God te ontwikkel, kan jy gerus saam met 'n "spirituele vriend" in 'n verhouding met God tree. Julle kan dit doen deur saam te bid of te mediteer of om saam 'n spirituele krag soos liefde te gebruik. Wanneer jy saam met mense verkeer wat dink en voel soos jy, om saam te praat en te dink en gedagtes uit te ruil, en in stille afsondering te verkeer en weer die knieë saam te buig, sal jy God ten volle leer ken en jou verhouding met God vervolmaak. Dit is noodsaaklik omdat dit jou in staat sal stel om 'n daaglikse gelukkige lewe met vrede te leef en jou spesifieke take suksesvol te voltooi.

Watter take is jy tans mee besig wat jy graag suksesvol wil afhandel? Gaan kyk maar hoe jy meer suksesvol daarmee sal wees as jou verhouding met God reg is.

TOEPASSINGS

Ek aanvaar die uitdaging om 'n verhouding met God te ervaar en doen dit soos volg:

1. Ek kry vir my 'n Godbegrip wat vir my aanvaarbaar is.

2. Ek ervaar my verhouding met God in my daaglikse doen en late waar ek my spirituele kragte gebruik omdat ek voel hoe God se krag deur my vloei.

BEVESTIGING:

God is elke oomblik in 'n verhouding met my.

"Die liefde vir God is onwerklik as dit nie gekroon word met liefde vir jou medemens nie."

Martin Buber

Dag 24

JOU VRIENDSKAPVERHOUDINGE

Hoeveel keer het ek nie al hierdie woorde gehoor nie: "Ek wens ek het 'n boesemvriend gehad!" Hiermee weerklink die eensaamheid van baie mense, 'n eensaamheid wat ek gereeld teëkom en nie in woorde kan beskryf nie. By geleentheid het iemand my geskakel vir 'n afspraak met hierdie woorde: "Ek is gewillig om u te betaal, net om met u te gesels omdat ek niemand anders het om mee te praat nie." Dit het my herinner aan die woorde van die bekende Kahlil Gibran in sy boek *Die Profeet*: "Vriendskap is die antwoord op al jou behoeftes."

Vervul jou betekenis in vriendskap

Die intense behoefte aan 'n ware vriend of vriendin is nog 'n bewys dat die mens nie op homself aangewese is nie en 'n verhouding met sy medemens nodig het om werklik effektief te kan lewe. 'n Mens vervul jou betekenis net beter indien jy in 'n noue vriendskapverhouding verkeer. Ek het dit vele kere gesien hoe ware vriendskap twee mense bekragtig om hul take en missies suksesvol te voltooi. Vir sommige is dit 'n missie om vir iemand 'n spesiale vriend te wees.

Daar moet hard daaraan gewerk word om 'n ware vriendskap te skep en dit uit te bou. Vriendskap val nie uit die hemel op jou neer nie, dit is iets wat jy moet bewerk en dit begin by die keuse van jou vriende. Elke mens het verskillende soorte vriende. Aristoteles het reeds vir ons gesê dat ons gewoonlik drie soorte vriende het: vriende vir plesier, nuttige vriende met wie jy dinge saam beplan en uitvoer en vriende van karakter. Ons het gewoonlik baie van die eerste twee soorte vriende. Die vriend met karakter is baie skaars om te vind. Dit is die persoon van wie ons 'n boesemvriend maak en dit is veral boesemvriende wat werklik mekaar se lewe betekenisvol maak. Die ander twee soorte vriende is baie keer net mooiweersvriende, met wie ons saam ontspan of mee saamwerk.

Dit is belangrik dat jy as "spirituele mens" al jou vriende reg moet kies en hanteer. Jy ontmoet gewoonlik jou vriende vir plesier en nuttige vriende in die deel van sekere gemeenskaplike belangstellings wat op die oppervlak lê, maar agter dit kan jy en die ander persoon radikaal van mekaar verskil in julle wêreld- en lewensvisies. Jy kan in baie gevalle nie van hulle boesemvriende maak nie, omdat hulle nie "spirituele mense" soos jy is nie. Indien hulle 'n vormlike leefwyse voer, sal jy die sterkere persoon moet wees en mag jy nie toelaat dat hulle lewenswaardes aan jou opgedwing word nie. Vir hierdie vriende moet jy, net soos vir jou medemens, jou vriendskap met liefde gee. Daarmee aanvaar jy hulle onvoorwaardelik en gaan jy uit jou pad om hulle lewe te verryk en betekenisvol te maak.

Die gevaar is dat indien jy as "spirituele mens" nie 'n boesemvriend van karakter het, wat jou waardes deel en by wie jy jou eie lewe kan verryk nie, hierdie sogenaamde vriende jou lewe kan ruïneer. In my werk het ek dit vele kere gesien hoe mense hul innerlike wese aan hierdie sogenaamde vriende ontbloot het, wat dit nie kon waardeer en respekteer nie. Ek het baie trane gesien vloei van mense wat in sulke verhoudinge seergekry het omdat hulle soos die Bybel sê, "hul pêrels voor die swyne gegooi het". "Spirituele mense" wat 'n behoefte het aan sosiale verkeer en nie vriende van karakter het met wie hulle kan sosialiseer nie, word ook dikwels deur hierdie vriende se leefwyse verswelg.

Dit is belangrik dat jy die lewensbeginsels wat jy geleer het ook in hierdie vriendskappe sal toepas. Daarmee moet jy eerstens hierdie vriende reg *hanteer* en sal jy soms 'n standpunt teenoor hierdie vriendskappe moet inneem. Jy sal met die vryheid van jou keuse soms moet kies om nie sekere dinge saam met hulle te doen wat teen jou waardes indruis nie, al sal dit ook jou vriendskap beëindig. Die paradoks is natuurlik dat dit gewoonlik nie gebeur nie, omdat hierdie vriende jou waardes respekteer. Van hierdie vriende *neem* jy die dinge wat jou lewe betekenisvol maak en bo alles *gee* jy altyd vir hulle met jou liefde en hierdie liefde bestaan veral daarin dat jy hulle onvoorwaardelik aanvaar en respekteer vir wie en wat hulle in hul eie uniekheid is.

Jy moet ook leer dat dit nie in jou hand is om hulle lewe te verander soos jy goeddink nie. Hulle het hul eie lewensproses, soos jy dit ook gehad het, waarin hulle dikwels eers die pyn van dinge moet ervaar voordat hulle die lig sal sien om ook "spirituele mense" te word. In jou optrede teenoor hulle waar jy die beginsels van lewe toepas, skep jy egter vir hulle die klimaat om te ontkiem.

Die keuse van 'n ware vriend

Dit is baie belangrik dat jy as "spirituele mens" uit jou vriende van karakter iemand sal soek met wie jy 'n boesemvriendskap kan bou. Dit sal sowel vir jou as die ander persoon help om in julle spirituele ontwikkeling te groei en dit sal julle bekragtig om saam julle betekenis te verwesenlik. Ek weet jy sê nou dat so 'n boesemvriendskap nie vir jou beskore is nie. Onthou, wat jy dink, doen jy. Ek glo dat so 'n vriendskap vir elkeen van ons beskore is en dat ons spirituele kragte ons in staat stel om dit te sluit, maar dan sal ons sekere beproefde riglyne moet volg.

Ware vriendskap kan net gebou word tussen twee "spirituele mense" wat beide op dieselfde spirituele golflengte is. Die "spirituele mens" weet dat hy sy ware vriend of vriendin baie selektief moet kies. Hy ken die waarheid van die gesegde: "Wys my jou vriende en ek sal vir jou sê wie jy is." Hy weet ook dat die gesegde dat teenoorgesteldes mekaar aantrek, nie altyd waar is nie. Daarom sorg hy dat die ander persoon ook 'n "spirituele mens" en nie 'n "fisiese mens" is nie, omdat hierdie twee teenoorgesteldes nie 'n boesemvriendskap kan handhaaf nie. Beide moet in staat wees om die lewensbeginsels van *hanteer*, *gee* en *neem* met hul spirituele kragte te beoefen.

Die ideaal is natuurlik dat jou huweliksmaat jou boesemvriend sal wees. Ek het baie gesien hoe egpare wat saam aan hul spirituele ontwikkeling gebou het om "spirituele mense" te word, daarna boesemvriende geword het, iets wat hulle vroeër as onmoontlik beskou het.

Onvoorwaardelike aanvaarding

'n Boesemvriendskap is iets wat jy moet bewerkstellig. Dit is iets waaraan jy elke dag moet werk met al jou spirituele kragte. Dit begin by die onvoorwaardelike aanvaarding van jou vriend, omdat dit die essensie van liefde is. Vriende gee vir mekaar aanvaarding, nie ter wille van iets nie, maar ten spyte van alles. Hierin verskil die "spirituele mens" drasties van die "fisiese mens" vir wie die uiterlike vorm die grootste rol speel en wat sy vriend se uiterlike voorkoms, sy inkomste, sy sosiale aanvaarbaarheid, sy gedrag en nog baie ander dinge as voorwaardes van vriendskap stel.

Om die ander persoon toe te laat om hom- of haarself te wees, is een van die grootste uitdagings van vriendskap. Hoe kry ons dit reg? Dit word met die spirituele krag van visie gerealiseer. Die "spirituele mens" sien sy vriend se innerlike spirituele rykdom raak en kan dít met hom deel onder alle omstandighede, in sy jeug en in sy ouderdom, in welvaart maar ook in armoede, in gesondheid en in siekte. Ek het baie sulke verhoudings gesien floreer toe mense finansieel saam swaargekry het, omdat vorm nie 'n rol in hulle lewe gespeel het nie. Aan die ander kant het ek "fisiese vriende" gesien skei toe hulle materiële bronne opgedroog het, omdat hulle niks anders gehad het om te deel nie.

In 'n ware "spirituele vriendskap" sien jy net die mooi eienskappe van jou vriend of vriendin raak. Jy neem dit vir jouself. Jy put vreugde daaruit. Net so verryk jy ook jou vriend se lewe. Die minder aangename eienskappe sien vriende nie raak nie. Daarom kan boesemvriende alles van hulleself vir mekaar gee. Iemand het dit so mooi geformuleer: "In eros gee ons naakte liggame, in vriendskap gee ons naakte persoonlikhede." Daarom kan jy vir jou vriend met jou hartsgeheime vertrou en jou innerlike wese aan hom of haar openbaar. So 'n ontbloting bevorder soms ons geestesgesondheid, daarom het ons dit almal nodig. Dit maak jou eie lewe en jou vriend se lewe betekenisvol.

Eensydige vriendskap

Ek het ongelukkig dikwels by my kliënte waargeneem en self ook beleef dat die een persoon soms 'n ander onvoorwaardelik kan aanvaar en die ander se deugde kan raak sien en geniet, maar dat die ander persoon nie in staat is om die waardering daarvoor te ontvang nie, of nie in staat is om sy/haar eie deugde vir die vriend terug te gee nie. So 'n vriendskap is 'n eenrigtingverhouding wat gewoonlik nie hou nie en baie pyn veroorsaak. Daar is gewoonlik 'n sielkundige geskiedenis wat hierdie onvermoë veroorsaak en 'n negatiewe selfbeeld speel gewoonlik 'n groot rol hierin. In so 'n geval kan jy die persoon onvoorwaardelik aanvaar, maar jy word nie geglo nie totdat jy jou uit radeloosheid onttrek, wat die ander persoon dan as verwerping beskou en bevestig dat hy of sy reg was in die eerste plek.

Ons is gewoonlik geneig om ons van so 'n vriendskap te onttrek.

Die "spirituele mens" doen dit nie maklik nie, omdat hy 'n betekenisvolle taak het om teenoor sy ware vriend te vervul. Hy weet dat sy vriend of vriendin se probleem opgelos kan word. Daarom sal hy met sy spirituele krag van liefde die vriend of vriendin help en bystaan en nie verwerp nie, maar eerder die probleem uitwys en saam daaraan werk om dit te oorkom. Hy sal veral vir die vriend help om met die spirituele krag van wilsvryheid, nie gebonde te wees aan dinge wat in die verlede gebeur het nie, maar om die keuse te maak en die besluit te neem om nie meer daardeur beïnvloed te word nie.

Ware vriendskap vra dat jy elke dag iets van jouself vir jou vriend sal gee en nie vir die vriend sal wag om eers vir jou te gee nie. So baie van my kliënte kla oor dieselfde ding, dat mense so egoïsties besig is met hul eie dinge dat hulle nie tyd het om vriendskapverhoudinge te bou nie. Indien jy die betekenis van jou lewe ten volle verwesenlik, sal jy nie in hierdie slagyster trap nie. Dan is jy daarop ingestel om vir jou vriend tyd te maak net soos jy tyd maak om vir jou medemens tot diens te wees. Dit is 'n groot rede hoekom jy hier op aarde is en net jy kan dit vir jou vriend doen.

Die beginsel om die aanslae van die lewe te *hanteer*, geld ook in vriendskap, veral om 'n vriend te help om sy of haar krisis te hanteer. Met die ondersteuning van 'n vriend kan enigeen beter in staat wees om sy reaksies reg te kies en kan enige krisis oorbrug word. Dit is gewoonlik in tye soos hierdie wanneer mense ontdek wie hul ware vriende is. 'n Sweedse gesegde sê: "Gedeelde vreugde is dubbele vreugde en gedeelde smart is 'n halwe smart."

Het jy geen ware vriend nie?

Miskien slaag jy net nie daarin om 'n boesemvriend te hê nie. Indien jy as "spirituele mens" nie 'n ware boesemvriend in 'n ander "spirituele mens" kan vind nie, is dit soms beter om daarsonder te wees as om enigeen jou ware vriend te probeer maak. Jy kan nie jou diepste sielsbehoeftes by enigeen vervul nie. Dit bring baie hartseer en soms ongeneeslike wonde.

In my navorsing het ek gevind dat "spirituele mense" eeue gelede vir jare lank alleen in afsondering, ook sonder vriende, kon geleef het. Hulle kon dit doen, want 'n mens wat in kontak met God is, is nooit alleen nie. In God vind menige 'n beste vriend. Ek het reeds verwys na die hoofstuk wat ek gaan behandel wat oor die paradoks handel dat ons ongebonde en onafhanklik onsself van almal kan distansieer en tog nog 'n goeie verhouding met almal kan handhaaf. Dit is ook hier van toepassing.

Paradoksresultate

Jy het nou geleer dat jy in al jou vriendskappe mense se lewe betekenisvol kan maak en vir hulle stukrag kan gee om ook hulle spesifieke betekenis te verwesenlik. Wanneer jy eerstens daarop ingestel is om dit vir ander te gee, sal jy dit ook ontvang. Wat jy saai, sal jy maai.

Soos in alles anders kan jy nie daarop uit wees om self resultate te bewerk nie. Jy kan ook nie die resultaat van wedersydse vriendskap met jou eie mag afdwing nie. Daarmee blokkeer jy die vloei van God se spirituele krag. Jy kan net hierdie kanaal oophou deur die lewensbeginsels te handhaaf, om te *gee* en te *neem* en te *hanteer*. Dan sal die spirituele krag van God die resultate bewerk.

TOEPASSINGS

Van nou af sal ek seker maak dat ek al my vriendskappe reg hanteer. Dit doen ek soos volg:

1. Ek sal kyk wie my verskillende vriende is. Vir my vriende met wie ek net saam verkeer en wat nie my waardes deel nie, sal ek met liefde ondersteun en bystaan sonder om deur hulle waardes beïnvloed te word. Ek sal vir hulle gee sonder om te verwag dat ek iets terug moet kry en ek sal in hulle die mooi dinge raak sien wat my lewe kan verryk.

2. Ek sal iemand soek wat ook 'n "spirituele mens" soos ek is, van wie ek 'n boesemvriend kan maak. In so 'n vriendskap sal ek uit my pad gaan om dit op te bou met onvoorwaardelike aanvaarding en ek sal met my liefde alles gee wat ek kan sonder om iets terug te verwag.

BEVESTIGING:

Ek bou elke dag aan my vriendskapverhoudinge.

"Vir die moedelose moet daar liefde wees van die kant van sy vriend, ook al laat hy die vrees vir die Almagtige vaar."

Job 6:14

Dag 25

JOU SEKSUELE VERHOUDING

Omdat seks vandag so 'n belangrike rol in ons samelewing speel, wil ek graag vir jou daarop wys watter plek seksualiteit in die "spirituele mens" se lewe inneem. In sy verhouding met mense, waaroor hierdie deel van die kursus handel, speel dit 'n ondersteunende rol om hom in staat te stel om sy betekenis op aarde te vervul. Dit maak ook die lewe self vir jou en jou seksmaat sinvol in die betekenisvolle leefwyse wat julle saam leef.

Hedendaagse seksualiteit en neuroses

Laat my toe om eers jou geheue te verfris oor watter rol seksualiteit in ons hedendaagse leefwyse speel. Jy het gesien dat die meerderheid mense nie meer hul seksualiteit verdring soos dit in Freud se dae die geval was nie, maar dat hulle dit bewustelik en openlik beoefen en dat dit deur die samelewing so goedgekeur word. Soos jy netnou sal sien, is dit nie 'n negatiewe ontwikkeling nie.

Wat jy tot dusver geleer het, was dat 'n neurose in Freud se dae ontstaan het omdat mense hul seksualiteit onderdruk het en dat Freud sy pasiënte gehelp het om seks te beoefen ten einde die neurose op te klaar. Sy formule vir geestesgesondheid was dat dit wat onbewus is, bewus gemaak moet word. Jy het gesien dat alhoewel die meeste hedendaagse mense hul seksualiteit nie meer onderdruk nie, dit nie daartoe gelei het dat die neurose as sielkundige siekte verdwyn, soos Freud gedink het dit die geval sou wees nie. Die neurose as psigiese versteuring bestaan nog, dit het net ander simptome. Jy het geleer dat 'n neurose vandag veroorsaak word deurdat die mens sy spirituele kragte verdring. Hy verdring nie meer 'n fisiese behoefte nie, maar 'n spirituele behoefte om die betekenis van sy lewe te vervul. Om vir hierdie leemte te vergoed, kompenseer hy deur sy betekenis in die uiterlike dinge, in "vorm" te soek, waarin seksualiteit 'n groot rol speel. Omdat die mens nou in staat is om sy seksualiteit te beoefen, selfs met goedkeuring van sy samelewing, kompenseer hy met hierdie "nuutjie" vir sy verdronge spirituele behoeftes. Die gevolg is dat hy hom eensydig net op sy seksualiteit rig, wat nie normaal is nie. Jy is goed daarvan bewus hoe seks ons lewe vandag eensydig oorheers.

Seksualiteit in balans

Jy het geleer dat die mens se motivering nie net daarop gemik is om in die eerste plek fisiese plesier te ervaar nie. Die mens se motivering is eerstens daarop gerig om die betekenis van sy lewe te ervaar. Tog vorm seksualiteit wel 'n belangrike deel van die mens se behoeftes en moet hy hierdie behoefte ook bevredig, maar dit bly ondergeskik aan sy motivering om 'n betekenis te vervul. Daarom is seks net 'n neweproduk. Dit kan nie 'n betekenisvolle doel op sy eie wees nie. Die ideaal is dus dat die mens sowel sy spirituele as sy fisiese behoeftes moet bevredig en dat hy die balans daartussen moet handhaaf, 'n balans waar die een nie die ander versmoor nie, maar eerder mekaar aanvul.

My doelwit met hierdie dagstuk is dan ook om jou te help om hierdie balans in jou lewe te vind, wat impliseer dat jou seksualiteit wel 'n belangrike rol in jou lewe moet speel, maar dat dit nooit belangriker kan wees as die vervulling van jou spirituele behoeftes nie. Dit mag nie 'n kompensasie word omdat jy nie jou spirituele behoeftes kan bevredig nie. Indien jy wel met seks daarvoor wil kompenseer, sal jy die pynlike ervaringe van die "fisiese mens" in sy vormlike leefwyse beleef.

Resultate van 'n seksuele wanbalans

Kom ons kyk weer wat die resultaat is van die "fisiese mens" se seksuele lewe, wat net op die fisiese aspekte ingestel is. Baie van hierdie mense ervaar die probleem dat hulle nie meer seksueel effektief funksioneer nie. Impotensie by die man en seksuele kilheid by die vrou word tans 'n alledaagse verskynsel wat ons as sielkundiges gereeld moet hanteer. Die rede hiervoor is dat daar net op die seksuele plesier of die orgasme gekonsentreer word. Die paradoks word dan bewaarheid, dat hoe meer die mens op sy seksuele plesier konsentreer, hoe minder bevredig dit hom.

Ek moet gereeld vir my kliënte, veral vir die dames, verseker dat daar niks afwykends in hul seksuele funksionering is, soos hulle dink nie, omdat hulle nie seksueel kan presteer soos die "fisiese mens" dit van hulle verwag en soos dit in die media voorgestel word, waar daar net op die fisiese prestasie en plesier, met 'n klem op die orgasme, gekonsentreer word nie. Hierdie verwagting veroorsaak soveel spanning by hulle dat dit hul seksuele funksionering geheel en al belemmer. Ek moet hulle gerusstel deur vir hulle daarop te wys dat seks nie net 'n fisiese aangeleentheid is nie, maar dat dit vervolmaak word in 'n verhouding wat ook spirituele behoeftes bevredig. Wanneer hulle hul seksualiteit so beoefen, beleef hulle weer die normaliteit van hul seksuele funksionering.

Dit is ook so dat fisiese seks op sy eie, soos enige ander fisiese plesier, beperkinge het. Dit is beperk tot die vervulling van 'n tydelike behoefte, vir die plesier van 'n enkele oomblik. Daarom kan dit nooit die einddoel van 'n mens se lewe word nie. Die enigste einddoel wat geen beperkinge het nie, omdat dit behoeftes vervul wat nooit afgehandel word nie, is die mens se strewe om sy betekenis te vervul. Dit is altyd by hom, dit is iets wat hy voortdurend doen. Dit het geen beperkinge nie omdat die vervulling daarvan alleenlik eindig wanneer hy sy sterwensuur bereik. Daarom kan seks, net soos alle ander fisiese plesier, net tot sy volle reg kom en waarlik bevredigend wees indien dit 'n neweproduk is van jou take en missies. So byvoorbeeld kan dit net 'n neweproduk of 'n uitvloeisel wees van jou missie om iemand te bemin, wat ek netnou mooi sal verduidelik. Dit kan nie 'n missie op sy eie wees nie. Kyk maar self wat jy gewoonlik in seks ervaar; sodra jy jou seksuele behoefte ten volle bevredig, ontspan jou hele liggaam en keer jou gedagtes terug na jou dagtaak en jou lewensmissies.

Seks alleen het geen betekenis nie

Indien seks 'n missie op sy eie word, verloor dit sy ware betekenis. Dan word dit aaklig en teen hierdie tipe seks kom al meer mense vandag in opstand. Dit is 'n opstand teen die seksuele lewe van die "fisiese mens", wat net op die liggaam ingestel is, op die vorm, op hoe "seksie" dit lyk en funksioneer, en watter plesier dit kan bied. Hieruit vloei goed- of afkeuring, aanvaarding of verwerping van die seksmaat voort, wat deur die uiterlike bepaal word en omdat die uiterlike liggaam verander en aftakel, eindig die verhouding een of ander tyd in die verwerping van die persoon self. So 'n verhouding kan nooit permanent wees nie, omdat die uiterlike die maatstaf vir die keuse van 'n seksmaat word. Dit word dan ook die maatstaf vir 'n huweliksmaat en dit bly die maatstaf vir die voortbestaan of verbreking van die huwelik.

Die "fisiese mens" se keuse van 'n seksmaat en die betekenis wat seks vir hom het, is dan ook gewoonlik 'n sielkundige openbaring van sy ware persoon en innerlike waardes. As hy geen betekenis in sy eie lewe vind nie, kompenseer hy deur met seks te maak asof hy betekenis het en kies hy 'n seksmaat wat hom kan help om sy namaaksel te bevestig. In die teenwoordigheid van so 'n swakkeling word manlikheid of vroulikheid gedemonstreer en dit gaan gewoonlik gepaard met verdowingsmiddels wat as stimulante vir hierdie bravade dien.

Wanneer die mens net ingestel is op die bevrediging van sy eie behoeftes, is daar nie ruimte vir 'n interaksie en verhouding met die ander persoon nie. Die behoefte word dan die einddoel en die seksmaat word gedevalueer tot 'n middel om gebruik te word om hierdie einddoel te bereik. Daar word geen waarde in die seksmaat self gevind nie, maar die persoon word net gesien as 'n middel wat gebruik word om seksuele spanning te verlig. Seks kan dan ook vryelik met enige persoon beoefen word.

Seksuele perversie wat ons samelewing oorweldig, bewys dat ons nie hierdie krag van seks in die mens moet onderskat nie. Wanneer die mens in sy eksistensiële frustrasie nie sy innerlike motiveringskrag op sy betekenis kan plaas nie, verplaas hy daardie krag na sy seksualiteit, waaruit baie van die seksuele wandade van ons tyd voortspruit.

Ek is ook daarvan oortuig dat die "fisiese mens" dikwels net op seksuele kontak konsentreer omdat dit die enigste wyse is waarin hy 'n verhouding met iemand anders kan handhaaf.

Seksualiteit van die "spirituele mens"

Hoedanig is die seksuele lewe van die "spirituele mens"? Seks speel wel 'n regmatige rol in sy lewe en dra daartoe by dat hy die lewe as betekenisvol ervaar, soos dit die bedoeling van die skepping was. Die feit dat ons vandag ons seksualiteit bewustelik kan beoefen en nie meer onderdruk nie, is nie 'n negatiewe ontwikkeling nie. Dit is 'n deurbraak wat die mens gemaak het, wat sy geestesgesondheid kan bevorder en moet nie as 'n verkeerde ontwikkeling gesien word nie. Daar is nog vele mense wat vandag nog steeds hul seksualiteit onderdruk en nie die deurbraak gemaak het om dit bewustelik met gewilligheid te beoefen nie. Ek moet hulle help om hul seksualiteit wel te aanvaar en te beoefen, omdat die onderdrukking daarvan vandag nog neurotiese gedrag kan veroorsaak.

Die "spirituele mens" moet dus sy seksuele lewe beoefen en dit geniet. Dit is egter nie vir hom 'n kompensasie vir 'n gebrek aan die ervaring van betekenis nie, omdat hy sy ware betekenis gevind het. Dit is ook nie 'n einddoel nie, omdat hy belangriker take het wat sy gedagtes besig hou. Tog geniet hy ook hierdie plesier wat eie is aan sy natuur. Dit bly egter 'n bykomende aspek wat naas die take en missies bestaan wat hy besig is om te vervul. Dit word nooit 'n missie op sy eie nie. Dit bly 'n normale bevrediging van 'n liggaamlike behoefte wat hy nie onderdruk nie, maar bewustelik beoefen, omdat die Skepper van lewe dit vir hom gegee het. Daarom beoefen hy dit binne die regmatige plek wat dit moet inneem op sy pad waarin hy sy lewensmissies vervul.

Aan die een kant stimuleer dit hom om sy betekenis te vervul, omdat die uiting van sy seksualiteit sy geestesgesondheid bevorder en hy geen seksuele neurose ervaar nie. Aan die ander kant is dit 'n uitvloeisel daarvan dat hy sy lewensmissies vervul. Die vreugde en blydskap wat hy daarin vind om betekenisvolle take te verrig, gee vir hom plesier en hy gee uiting aan sy plesiergevoel op verskeie maniere, ook met sy seks.

Die Skepper van lewe het die mens so gemaak dat hy in 'n verhouding met iemand van die teenoorgestelde geslag moet lewe teenoor wie hy ook sy seksualiteit moet beoefen. Sodoende word nie alleen die voortbestaan van lewe gewaarborg nie, maar vervul twee mense ook saam hul fisiese, psigiese en spirituele behoeftes. Daar lê veel meer in die man/vrou-verhouding as net die genotbeginsel van seks. Seksuele genot moet sy regmatige plek hê, omdat dit in die samestelling van die biologiese liggaam vir die mens gegee is, maar dit word eers vervolmaak wanneer dit deel vorm van al die innerlike bande wat die twee geslagte aan mekaar verbind.

Menige egpare getuig daarvan dat hul seksuele verhouding vervolmaak is toe hulle "spirituele mense" geword het, omdat hul seksuele plesier nou baie dieper lê as net in die fisiese kontak van twee liggame. Die seksuele daad is vir hulle 'n middel waarmee hulle hul liefde vir mekaar demonstreer. Hulle vervul hul betekenis daarin om mekaar lief te hê en seks is vir hulle 'n neweproduk en uitvloeisel van die vervulling van hierdie betekenis. Fisiese seksuele plesier en spirituele plesier word vir hulle onafskeidbaar.

Dit is veral die vrou, by wie die emosionele dryfkrag meer dominant is, wat hierdie spirituele plesier ervaar dat sy bemin word, iets wat min mans met hul dominante fisiese dryfkrag kan verstaan. Hierdie twee verskillende dryfkragte van die man en vrou staan nie teenoor mekaar, soos mense gewoonlik dink nie; dit is kragte wat in 'n spirituele verhouding mekaar aanvul. In 'n betekenisvolle verhouding is daar 'n interaksie tussen manlikheid en vroulikheid en vul die een die ander aan. Dit is 'n interaksie waarin die een die ander se eienskappe ontvang waaroor hy of sy nie van nature beskik nie.

Vandag word ons al meer daarvan bewus dat die man latente vroulike eienskappe in hom het en dat die vrou oor latente manlike eienskappe beskik wat ontwikkel moet word. Dit is net in 'n spirituele verhouding waar die twee geslagte hierdie eienskappe in mekaar ontwikkel, omdat daar nie net op 'n fisiese verhouding gekonsentreer word nie.

Nou kan jy nog beter verstaan dat die sekslewe van die "fisiese mens", wat net op die fisiese bevrediging konsentreer, hom nie werklik kan bevredig nie. Dan kan jy ook die paradoks verstaan dat die sekslewe van twee "spirituele mense" meer bevredigend is as die van twee "fisiese mense".

Ons moet op die realiteit let dat die man vandag seksueel oorgestimuleer word in die samelewing waar seks en vorm alles oorheers. Aan die ander kant moet dit ook raak gesien word dat die vrou emosioneel honger geraak het, omdat sy bykans geen voeding vir haar innerlike emosionele behoeftes ontvang nie. Die uitdaging is dat beide mekaar in hierdie krisis moet verstaan en moet aanvul.

Die "spirituele mens" se keuse van 'n seksmaat

Die "spirituele mens" raak verlief op en is seksueel aangetrokke tot iemand wat ook 'n "spirituele mens" is, iemand wat sy diepste spirituele waardes en lewensbeskouings kan deel. Soos die uiterlike liggaam die "fisiese mens" aantrek, so trek die ander persoon se spirituele skoonheid die "spirituele mens" aan. Met hierdie mens vervul hy die betekenis om 'n lewensmaat te hê, daarom *gee* hy/sy met liefde alles van homself of haarself vir die ander en word al die mooi dinge van die ander *geneem*.

Hy beleef dit dan ook dat die "spirituele mens" meestal oor normale seksuele vermoëns beskik. Hy ervaar nie die teleurstelling van die "fisiese mens" wat die ontdekking maak dat die uiterlike beeldskone "seksie" liggaam gewoonlik 'n masker is waaragter 'n onsekere en gespanne mens skuil, wat nie seksueel normaal funksioneer nie.

Die "spirituele mens" is bly dat hy lewe omdat hy die betekenis van sy lewe geniet. Daarom is hy lief vir homself en is hy lief vir die lewe. Hy is ook lief vir God en lief vir sy medemens. Met hierdie intense ervaring van liefde, het hy 'n diepe behoefte om sy gelyke te vind om daardie liefde mee te deel. Wat hom van sy seksmaat aantrek, is daardie persoon se vermoë om ook ware liefde te kan beoefen. Dit is 'n spirituele liefde wat die ander onvoorwaardelik kan aanvaar, maak nie saak wat die vorm van die liggaam is nie.

Seks is vir hom die manier om saam met die geliefde dit te ervaar dat hulle liggame lewendig is, om te voel dat hulle nog hier is om hul missies te voltooi. Sy keuse van 'n seksmaat openbaar sy eie ware innerlike wese. Sy eie trots lê in die wyse waarop hy sy lewensbetekenis vervul en dit verskaf hom plesier. Daarom soek hy sy gelyke en is hy ook trots op sy seksmaat wat 'n betekenis vervul en daarin 'n plesier vind. Dan gee hulle saam uiting aan hierdie gevoelens van trots en plesier in 'n romantiese liefdesverhouding. Hulle gee en neem onderskeidelik hulle trots en bewondering en respek vir mekaar en van mekaar. Waar die uiterlike liggaam die "fisiese mens" seksueel stimuleer, stimuleer hierdie spirituele interaksie twee "spirituele mense" seksueel. Daarom lê die feesviering van hulle verhoudinge in seks, waarin hulle sowel die "agape"- as die "eros"-elemente van liefde ervaar.

Waar "agape" daardie deel van liefde is wat opofferinge vir die ander persoon maak, is "eros" die erotiese komponent van die liefde waarmee die ander persoon met fisiese hartstog en drif in die seksdaad bemin word. Die "eros-liefde" wat die genotbeginsel van seks bevat, is nie alleen die dryfkrag agter voortplanting nie, dit speel ook sy regmatige rol soos die gewer van lewe dit vir die mens gegee het, om 'n fisiese selfvervulling by die seksmaat te bevredig. Dit is 'n begeerte vir die ideale seksuele genot. In die "eros"- liefde sien die persoon in sy of haar seksmaat hierdie ideale potensiaal en moontlikhede raak omdat die geliefde self ook daarna strewe om sy of haar seksuele potensiaal te vervul. Dit is waar die twee persone net daardie onsigbare kontak maak en elkeen weet watter seksuele behoeftes die ander wil vervul. In die "eros"-liefde gee die twee persone dan hul naakte liggame vir mekaar soos twee vriende hul naakte persoonlikhede vir mekaar gee, omdat die geestesoog die innerlike spirituele deugde van die ander raak sien en die vleeslike oog blind raak en geen vorm meer opmerk nie. Met hierdie eros-belewenis word alle ander persone dan seksueel geïgnoreer en net met agape-liefde behandel.

Daarom is dit gewoonlik die "spirituele mens" wat sê hy kan nie seksueel met iemand verkeer wat hy nie werklik bemin nie, omdat sy seksuele plesier alleenlik vir hom bevredigend is in 'n verhouding waar die beginsels van onvoorwaardelike *gee* en *neem* ten volle tot sy reg kom. Net so 'n seksuele verhouding maak die lewe vir hom betekenisvol, daarom verskil hy so drasties van die "fisiese mens" wat fisiese seks sonder spirituele kontak kan verdra.

Al die beginsels wat vir die verhouding van vriendskap geld, is in die verhouding met jou seksmaat van toepassing. Jy kan die vorige deel (Dag 24) gerus weer lees en daarop let dat liefde die onvoorwaardelike aanvaarding van 'n persoon is; dit is ook die wagwoord in jou seksuele verhouding. Daarom gaan dit in die seksuele verhouding nie om die uiterlike vorm van die liggaam nie, maar om die innerlike spirituele kommunikasie met mekaar. My ervaring is dat egpare wat saam spiritueel ontwikkel en daarop konsentreer om hul spirituele interaksie te verbeter, ook beter seksuele verhoudings ontwikkel.

Dit is vir jou ook belangrik om seksuele resultate te ervaar. Weer eens geld die paradoksbeginsel dat jy die resultate sal ontvang indien jy dit nie forseer nie. Jy kan nie seksuele genot afdwing nie, maar sal dit ontvang indien jy die lewensbeginsels handhaaf dat liefde vir die persoon self die belangrikste is. Konsentreer daarop en gee dan net jou liggaam oor aan die normale funksionering van sy natuurlike prosesse wat deur die kragbron van lewe beheer word.

Indien jy mooi opgelet het, sal jy sien dat die "spirituele seksmaats" se oogmerke en aksies nie op die fisiese plesier gerig was nie, maar op die doel om mekaar lief te hê. Daarom realiseer die paradoksale intensie dat hulle 'n bevredigende seksuele verhouding het.

Die paradoks is dus: Indien jy eerstens saam met jou seksmaat julle spirituele behoeftes vervul, sal julle ook saam julle seksuele behoeftes bevredig.

Die seksuele verhouding wat so uit *gee en neem* opgemaak word, kan nie anders nie as om saam met al jou ander menseverhoudinge, vir jou te ondersteun om al jou lewensmissies effektief te vervul. Daarmee help jy ook jou seksmaat om sy/haar lewensmissie effektief te vervul. Dit dra ook by om 'n betekenisvolle leefwyse te lei. Dit dra by tot jou lewe van geluk en vrede.

TOEPASSINGS

Vandag gaan ek die regte perspektief op my seksuele verhouding kry.

1. Ek konsentreer daarop om vir my seksmaat onvoorwaardelike liefde te gee en sy/haar spirituele waardes bo alles anders raak te sien. Ek sien dit as my betekenis om my lewe in alles met hierdie lewensmaat te deel en dit is my missie om al my liefde vir hom/haar te gee.

2. Ek konsentreer daarop om saam met my geliefde seks te beoefen as 'n bewys van ons liefde vir mekaar en nie net vir die bevrediging van fisiese behoeftes nie.

BEVESTIGING:

Ek geniet seks saam met my geliefde as 'n uitvloeisel van ons spirituele liefdeskommunikasie.

"Soos 'n hegte vriendskap die onvoorwaardelike aanvaarding van mekaar se ontblote persoonlikhede is, so is seks die onvoorwaardelike aanvaarding van mekaar se naakte liggame."

Dag 26

ONGEBONDENHEID

Ons lewe in 'n wêreld waarin die tegnologiese ontwikkeling teen 'n bykans onkeerbare pas toeneem. In hierdie vooruitgang word mense die slawe van materiële produkte wat geskep word om hul lewe sogenaamd te verbeter en in sommige lande word 'n lewenstandaard met materiële besittings gehandhaaf wat miljoene ander net oor kan droom. Hierdie lewenstandaard gaan gepaard met die handhawing van 'n vormlike leefwyse waarin plesier en magsbeoefening die sentrale rol speel.

Uiterlike vorm in Suid-Afrika

Ons lewe in 'n land waar 'n klein groepie ryk mense hierdie lewenstandaard 'n geruime tyd reeds handhaaf en in die nuwe Suid-Afrika word dit as maatstaf van sukses gestel vir die massa arm mense wat nou oor die reg en vryheid beskik om hul eie lewe te rig soos hulle wil. Aan hierdie mense word die belofte gemaak dat hulle ook in hierdie materiële vooruitgang kan deel, en daar word tans by buitelandse beleggers na finansiële steun gevry om hierdie droom te bewaarheid.

Intussen beleef ons die hoogste persentasie van geweld en diefstal in die wêreld omdat mense se oë net op hierdie middele gerig is, en daar word selfs gemoor om dit in die hande te kry. Daar heers by almal 'n groot ontevredenheid omdat hulle nie hierdie lewenstandaard ten volle kan handhaaf nie.

Diegene van ons wat nog bevoorreg is om by te hou met hierdie lewenstandaard, is nie tevrede met wat ons het nie en is net ongelukkig en ontevrede omdat ons nie nog meer dinge kan besit nie. Ander van ons wat besig is om hierdie lewenstandaard te verloor, lewe in vrees en bekommernis oor die moontlike resultaat van ons verarming. Intussen is ons almal in Suid-Afrika net daarop ingestel om meer geld te kry om nie ons houvas op ons materiële besittings te verloor nie en ons trap op mekaar in ons wedywering om onsself te verryk. Uiterlike vorm word as die maatstaf vir sukses gestel en daarvolgens word ons waarde as mens bepaal. In hierdie proses is ons almal eensaam en ongelukkig en is elke lewe gevul met vrees en stres en bestaan daar nie 'n innerlike gevoel van vrede nie.

Wat is besig om met ons te gebeur? Materiële vooruitgang het daartoe gelei dat ons sekuriteit nie meer in onsself lê nie, maar in die uiterlike vorm van die materiële dinge. Daarom is ons oë net op die uiterlike dinge, en op ander mense se besittings gevestig. Indien ons innerlike spirituele waardes gehad het, sou ons mekaar nog in die oë kon kyk en mekaar kon liefhê en ondersteun en saam 'n betekenisvolle leefwyse kon handhaaf.

Jou grootste uitdaging ooit

Die vraag is: Hoe kan jy met geluk en vrede 'n betekenisvolle leefwyse handhaaf in 'n samelewing waar die vormlike leefwyse met materialisme alles oorheers? Is dit moontlik, of is alles wat ek in hierdie boek propageer net 'n idealistiese droom? Een van jou grootste uitdagings vir die toekoms is om as "spirituele mens" vir jou 'n betekenisvolle leefwyse met geluk en vrede binne hierdie vormkultuur te skep. Hoe kan jy dit regkry?

Die antwoord lê in die belangrikste paradoks in die lewe van die "spirituele mens", om jouself van alles en almal wat op vorm konsentreer, los te maak en tog nog 'n deel daarvan te wees, om aan niks en niemand gebonde te wees nie en tog doeltreffende verhoudinge daarmee te handhaaf.

Hoe is dit moontlik? Hoe kan jy jou van die alledaagse vormlike leefwyse rondom jou losmaak? Dit is hier waar sommige meen dat jy jou uit jou samelewing moet onttrek en êrens afgesonderd moet gaan lewe. Nee, volgens hierdie paradoks kan jy binne jou huidige samelewing met sy vormlike leefwyse voortlewe, sonder dat dit 'n effek op jou het. Jy kan jou betekenisvolle leefwyse binne die vormlike leefwyse handhaaf.

Jy is daartoe in staat omdat jy oor die spirituele vermoë beskik om jou van jou vleeslike liggaam los te maak. Ons het aan die begin van die kursus al geleer hoe hierdie vermoë jou in staat stel om jou van jou eie egoïstiese liggaamlike behoeftes los te maak sodat jy jou spirituele behoefte kan bevredig om jou betekenis in die wêreld te vervul.

Dit is veral die spirituele krag van wilsvryheid wat jou hierin help.

Jy het die wil en vryheid om hierdie keuse te maak en jou van alle vormlike dinge te distansieer. Met hierdie krag kan jy die lewensbeginsel toepas om enige omstandigheid te *hanteer*, ook die leefwyse in vorm.

Gebruik jou ware sekuriteit

Dit is gewoonlik die "fisiese mens" wat nie daarin slaag om hom van vorm te distansieer nie. Wat is die rede dat die materiële vormlike dinge so 'n belangrike rol in sy lewe speel dat dit hom oorweldig? Hoe is dit moontlik dat hy ten koste van sy eie geluk en vrede die slaaf daarvan word? Dit is omdat hy nie sekuriteit in homself het nie dat hy sekuriteit soek in die dinge buite homself en hy daaraan gebonde raak.

Jou sekuriteit as "spirituele mens" lê in jou ware self en nie in jou uiterlike self nie. Jy het reeds geleer dat die kern van jou ware self jou spirituele krag is en dat jou uiterlike self die sosiale masker is wat jy dra en waarmee jy erkenning en sekuriteit soek vir die fisiese behoeftes van jou ego. Omdat jy nou jou sekuriteit in jou ware self gevind het, kan jy jou losmaak van die uiterlike, vormlike dinge.

As "spirituele mens" sien jy jouself nie meer as 'n mens wat net oor 'n uiterlike liggaam beskik nie; jy sien jouself as 'n spirituele wese wat vir ewig voortbestaan, as 'n spirituele wese met 'n liggaam en nie as 'n liggaam met iets spiritueels daarin nie. Daarom is alle vormlike dinge vir jou net tydelik. Dit gaan vir jou eintlik om jou spirituele voortbestaan, wat geen begin en geen einde het nie. Dit is vormloos. As spirituele wese speel al die vormlike dinge dus geen primêre rol in jou lewe nie.

Maak jou los van al jou gebondenhede

Daar is baie dinge waaraan ons so maklik gebonde aan raak en waarvan jy as "spirituele mens" jou moet losmaak, ten einde 'n betekenisvolle leefwyse met geluk en vrede te voer en om jou take effektief te voltooi. Hierdie dinge lê in al ons verhoudinge opgesluit; in ons verhouding met onsself, met ander mense, asook met die fisiese dinge.

Kom ons kyk wat jou gebondenheid alles kan insluit:

1. Jou gebondenheid aan die fisiese dinge

Ek het tot dusvêr alreeds baie gesê oor ons gebondenheid aan die fisiese dinge soos materiële besittings en geld, asook oor ons gebondenheid aan plesier en magsbeoefening wat daarmee gepaard gaan. In hierdie stadium is jy goed daarvan bewus hoe hierdie gebondenheid net 'n kompensasie is vir jou spirituele behoeftes wat jy nie vervul nie.

Alle materiële dinge wat jy nou besit, sal hier op aarde agtergelaat word wanneer jou liggaam sterwe en jy as spirituele wese bly voortbestaan. Dan sal dit weer vir iemand anders gegee word. Dit speel eintlik nie 'n belangrike rol in jou lewe nie. As jy daaraan gebonde is, verhinder dit jou net eintlik om jou spirituele kragte te ontwikkel.

In my praktyk het ek dit vele kere gesien hoe iemand in duie stort wat deur sy/haar aardse besittings beheer word. Ek het vroue met uitermate stres en spanning behandel wat net van vanmôre tot vanaand besig is om al die dinge in haar huis skoon en op hulle plek te hou, en met almal baklei wat dit omkrap. Met 'n onthaal word daar weke voor die tyd geswoeg om elke kristalglasie skoon te maak en toe te sien dat elke ding op sy plek is. Vir die week daarna lê hulle uitgeput op hul bed, met kommer in hul hart of alles vir almal aanvaarbaar was. Hulle kan nie verstaan hoekom niemand vir hulle na 'n onthaal nooi nie; dat niemand kans sien om dieselfde standaard te handhaaf nie.

Dit laat my dink aan die vrou by wie ek op hoërskool loseer het, tannie Max, wat almal altyd uitgenooi het om 'n "groot pot tee" saam met haar te kom drink, en dan hardloop sy 'n paar keer kombuis toe om die klein, ingeduikte aluminiumpotjie te hervul. Haar huis was altyd vol kuiergaste, en almal het haar vir tee genooi. Hulle het by tannie Max met haar spirituele krag kom kuier, nie by haar teepot nie!

Ek moes ook dikwels mans bystaan wat op hulle terrein dieselfde lewenspatroon handhaaf, sommige wat na 'n hartaanval nog steeds bekommerd is of sy besigheid genoeg bates vergaar en of hy oor genoeg dinge beskik wat ander kan beïndruk.

'n Gebondenheid aan die vormlike dinge vertraag jou spirituele ontwikkeling. Hoe minder jy daaraan gebonde is, hoe makliker is dit om jou spirituele reis te voltooi. Hoe minder jy die vormlike resultate najaag, hoe meer vrede het jy om jou betekenisvolle leefwyse te lei. Hoe minder jy met mag kontrole oor dinge en mense beoefen, hoe meer ervaar jy jou spirituele krag. Hoe minder jy met ander rekening hou, hoe meer kan jy jouself wees.

In my eie lewe speel die vormlike materiële dinge geen rol meer nie. Min mense kan verstaan hoekom ek nie ontsteld was toe hulle by my motor ingebreek en onder andere my tentseil en die grondseil gesteel het nie. Ek keur dit nie goed nie, maar weet dit word êrens gebruik om 'n plakker teen wind en weer te beskerm. Ek is nie so daaraan gebonde dat dit my lewe gaan ontwrig nie. Ek hanteer my reaksies daarop omdat alles wat ek het ook maar net vir my geleen word.

Dit beteken nie dat jy nie ook aardse dinge kan besit en geniet nie, inteendeel. Die paradoks is dat jy ook hierdie dinge sal kry sodra dit nie meer vir jou belangrik is om dit te besit nie.

Ek wil nou vir jou wys hoe jou gebondenheid aan hierdie fisiese dinge daartoe lei dat jy ook aan ander dinge gebonde kan raak, veral in jou verhouding met mense en die verhouding met jouself. Kom ons kyk wat jou gebondenheid alles kan insluit:

2. *Jou gebondenhede in jou verhouding met mense*

* 'n Gebondenheid aan mense is een van die grootste oorsake van stres en spanning omdat daar voortdurend met almal en alles rekening gehou moet word. Mense wat dit doen, is nie vry om 'n betekenisvolle leefwyse te voer nie omdat hulle toelaat dat ander mense met afstandsbeheer-meganismes die knoppies druk waarop hulle dan reageer. Al waarop hulle ingestel is, is om hierdie mense te plesier en tevrede te stel. Dan is hulle ook net daarop ingestel om soveel moontlik materiële dinge te wil hê waarmee hulle ander kan beïndruk. Hulle uiterlike self oorheers hul lewe en hulle soek 'n betekenis in die erkenning wat hulle by mense kry.

Indien jy ook so aan almal geheg is, dui dit daarop dat jy jou sekuriteit in die dinge buite jouself soek en wel in die opinies van mense. Dit impliseer dat jy soveel waarde daaraan heg dat jy emosioneel daaraan verbonde raak en dat jy voel jy móét dit hê, anders sal daar net iets van jou self verlore gaan. Dit kom uit die "ek moet dit nou hê"-houding wat ons ontwikkel waar ons verslaaf raak aan materiële besittings.

In my eie lewe moes ek ook eers leer om myself van alles en almal los te maak wat my as "spirituele mens" in my missies benadeel het.

Jy kan daarvan seker wees dat dit ook eens 'n belangrike rol in my lewe gespeel het. Omdat ek hierdie balk eers uit my eie oog moes haal, is ek nou so skerpsinnig om die splinters in ander se oë raak te sien.

Vandag kan ek my losmaak van alle vormlike aspekte, ook van mense. Nou word my gedagtes deur my spirituele kragte gelei en dit word nie meer geblok deur 'n gebondenheid aan ander se opinies nie. Die skryf van hierdie boek is byvoorbeeld die resultaat daarvan. Ek kan my oortuigings neerskryf sonder om te wonder wat ander daarvan sal sê. Baie mense wat graag ook 'n boek wil skryf, slaag nie daarin nie omdat hulle gebonde is aan wat ander mense daarvan sal dink.

Ek het nou ook ander visies oor take wat ek nog wil vervul, soos ek dit nou in my gedagtes sien, sonder om my daaraan te steur oor wat ander daarvan sal sê. My visies word tans sodanig op die betekenis van my lewe gerig dat ek nie 'n antwoord gehad het op die vraag van 'n vriend van my, oor watter materiële ding ek die graagste sal wil hê nie. Sulke dinge staan nie meer boaan my lys van doelwitte nie, omdat ek dit nie meer nodig het en niemand meer daarmee wil beïndruk nie. Ek weet nou hoe die beginsel werk om in beheer van my response te wees en mense te hanteer deur my los te maak van hulle verwagtinge.

* Jy moet ook loskom van jou gebondenheid aan spesifieke persone. Maak jou los van jou man of vrou of kind, en moenie hulle in 'n vorm plaas soos jy hulle wil hê asof hulle iets is wat jy kan besit nie. Hulle verskil in baie opsigte van jou omdat hulle hul eie unieke persoonlikhede het. Laat hulle toe om hulself te wees. Toe jy jou huweliksmaat ontmoet het en toe jou kind gebore is, het jy die persoon self liefgehad. Jy het nie gesê: "Ek sal jou liefhê as jy 'n ander opinie het, of anders aantrek, of 'n ander liggaamsvorm het nie". Hoekom wil jy dit nou verander? Gee eerder vir hulle jou onvoorwaardelike liefde as mense wat elk hul eie betekenis vervul.

Ek en my vrou het baie dinge gemeen, maar verskil ook in vele opsigte van mekaar. Ons is lief vir mekaar, en weet dat daar 'n rede is hoekom ons bymekaar is, en is goed daarvan bewus dat ons nie mekaar besit nie. Ons het beide uit vorige verhoudinge geleer dat elkeen die ander moet aanvaar soos hy/sy is, sonder om mekaar te probeer verander. Ek het my daarvan losgemaak om haar te probeer vorm om te wees soos ek is. Nou kan ek haar toelaat om te wees wie sy is, sonder dat dit my pla. Ons laat mekaar toe om elk sy eie unieke take te verrig omdat ons die woorde van Kahlil Gibran, "laat daar ruimtes wees in julle samesyn", in ons daaglikse lewe kan toepas.

Een van die belangrikste aspekte van gebondenheid is iemand se gehegtheid aan 'n spesifieke persoon, hetsy 'n eggenoot of eggenote of 'n ouer of 'n kind of 'n vriend. Gewoonlik is hierdie gebondenheid die gevolg van die persoon se afhanklikheid van die ander persoon se bystand, hulp, aanvaarding, versorging, begrip, vertroosting en selfs goedkeuring vir sy of haar dade. Indien jy ook so 'n gebondenheid het, is jy nie meer vry om deur jou spirituele kragte gelei te word en jou unieke betekenis te vervul nie; dan word jy die slaaf van 'n ander persoon. Jy kan jou daarvan losmaak indien jy jou eie verantwoordelikheid aanvaar om jou eie betekenis te vervul.

In 'n huwelik gebeur dit dikwels dat twee persone mekaar vernietig omdat hulle in hul gebondenheid mekaar blokkeer om hul eie unieke betekenisse te vervul. Dit gebeur soms dat die ander party se gevoelens gekonsidereer word ten koste van 'n eie unieke taak wat vervul moet word. In 'n huwelik moet die een die ander help om sy eie unieke betekenis in die lewe te vervul. Indien dit nie gebeur nie, is dit volgens my die enigste rede hoekom twee persone van mekaar moet skei. Dit geld natuurlik ook vir elke vriendskapverhouding.

* Met jou vermoë om jouself te bowe te kom en jou los te maak van die vormlike fisiese dinge, moet jy jou ook losmaak van mense se uiterlike liggaamsvorm. Hoekom pla hulle vorm en voorkoms jou so baie? Is jy geheg en afhanklik daarvan? Indien jy jouself van hulle vorm distansieer, sal jy daarin slaag om almal te aanvaar soos hulle is en jy sal jou liefde vir elkeen kan gee, maak nie saak of hulle vet of maer, mooi of lelik, wit of swart is nie. So sal jy jou ook kan losmaak van ander se gefrustreerde gedrag wat oral, selfs op straat en veral op ons paaie vandag so sterk aan die orde van die dag is. Hoekom reageer jy daarop? Maak jou eerder daarvan los en gee vir hulle 'n respons terug wat met liefde gevul is. Die resultaat daarvan is oorweldigend.

* 'n Gebondenheid aan mense lei ook tot baie ander dinge waarvan jy jou moet losmaak, soos byvoorbeeld dat ander meer besittings as jy het, of dat hulle hul eie kenmerkende eienaardighede in gedrag en lewenstyl het, of dat hulle liefdeloos kan optree en gefrustreerd kan wees en selfs haatdraend kan optree. Hoekom pla dit jou so? Is jy ge-

bonde daaraan? Ek moes ook maar met baie oefening my wilsvryheid gebruik om hiervan los te kom. Nou pla dit my nie meer nie en kan ek elkeen toelaat om homself te wees. Jy kan dit ook regkry. Dit maak jou lewe baie meer gelukkig en vredevol en jy konsentreer eerder op die mooi dinge wat jy van die persoon kan neem om jou betekenisvolle leefwyse te voed. Dan kan jy jou ook losmaak van ander wat mag oor jou lewe wil uitoefen of van verwagtings wat ander aan jou stel.

3. Jou gebondenhede in jou relasie met jouself

* Om gebonde te wees aan die vorm van dinge lei daartoe dat jy ook gebonde raak aan dinge in jouself. Die beste voorbeeld hiervan is jou gebondenheid aan die egoïstiese bevrediging van jou fisiese behoeftes, soos plesier, seks, en magsbeoefening, waaroor ons al baie gesels het.

Jy het reeds geleer dat jy ongebonde hieraan kan wees deur eerstens jou spirituele behoeftes te bevredig en dat jy dan die paradoks ervaar dat jou fisiese behoeftes meer as ooit bevredig word.

* In 'n gebondenheid aan jouself kan jy ook daaraan gebonde raak om vas te hou aan dinge wat in jou verlede met jou gebeur het. Baie mense raak nooit ontslae van traumatiese ervarings nie. Jy het reeds gesien dat jou spirituele krag van wilsvryheid jou daartoe in staat stel om jou daarvan los te maak.

* Jy moet jou ook losmaak van jou gebondenheid om altyd vir ander te wil bewys dat jy reg is in jou standpunte. Dit is net 'n mens wat geen sekuriteit in homself het nie, wat die goedkeuring van ander soek.

* Net so moet jy leer om jou los te maak van jou gebondenheid om altyd die wenner of die hoogste presteerder te wees, of die beste resultate te bereik. Party mense raak verslaaf daaraan. Wat wil jy daarmee bewys? Al wat jy bewys, is dat jy nie sekuriteit en krag in jouself beleef nie, daarom is jy van uiterlike prestasies afhanklik.

* Jy moet jou ook losmaak van jou gebondenheid aan die vorm van jou liggaam wat elke dag ouer word en aftakel. Maak jou los van jou

plooie en vetrolletjies en grys hare. Jy kan dit doen indien jy op jou spirituele selfbeeld konsentreer, soos ek jou geleer het.

Wat gebeur met die mens wat so gebonde is aan al hierdie vormlike dinge wanneer hy dit verloor? Vir baie verval hul hele rede om te lewe.

4. Jou gebondenhede in jou verhouding met God

* Daar is sekere gebondenhede wat jou relasie met God benadeel. Jy weet nou reeds dat jou gebondenheid aan jou fisiese liggaam jou verhinder om jou spirituele kragte te ontdek, en wanneer jy dit nie ontdek nie, kan jy God ook nie vind nie.

* Een van die belangrikste gebondenhede wat ek by mense waargeneem het wat hulle verhouding met God benadeel, is dat hulle hul nie kan losmaak van negatiewe ervarings wat hulle in hul godsdiensbeoefening gehad het nie. Hulle kan dit nie insien dat die kerk ook maar soms net deur gewone mense georganiseer word en dat die uiterlike vorm van 'n veranderende wêreld ook in die kerk kan insluip nie. Die "spirituele mens" is nie hieraan gebonde nie, omdat hy sy eie spirituele kragte ontdek het en weet dat dit God se kragte is wat in hom werk. Daarmee kan niks hom verhinder om sy verhouding met God te handhaaf nie.

Praktiese riglyne om jou los te maak van vorm

Jy sal alleenlik in staat wees om jou van al hierdie vormlike dinge los te maak indien jy ingeskakel bly op die bron van spirituele krag en op te tree soos jou spirituele kragte vir jou lei. Onthou, dit is veral die spirituele krag van wilsvryheid wat jou sal lei om ander keuses oor die vormlike dinge te maak. Die inspirasie hiervoor kry jy in jou daaglikse stil ure van meditasie en gebed. Ek gee vir jou 'n paar praktiese riglyne in die nuwe keuses wat jy moet maak. Besluit byvoorbeeld om:

* dankie te sê vir alles wat jy het en dit te waardeer;
* alle dinge wat jy nie meer gebruik nie vir iemand te gee wat dit nou nodig het;
* nie voortdurend net oor geld te dink nie;

* niks vir jou te koop wat jy nie regtig nodig het nie;
* jou eie lewenstandaard te handhaaf, en daarop trots te wees;
* jou nie te steur aan wat mense van jou sê nie;
* alle mense te aanvaar soos hulle is, en hulle nie te probeer verander nie;
* niemand te kritiseer nie, ook nie wanneer jy motor bestuur of TV kyk nie;
* van niemand afhanklik te wees nie;
* wanneer jy aan jou uiterlike voorkoms dink, te sê: "Ek is nie my liggaam nie";
* nie aan dinge uit jou verlede te bly dink nie en net mooi dinge van jouself te dink;
* nie die kerk of godsdiens te kritiseer nie;
* net op jou unieke taak te fokus waarmee jy tans besig is, en dit te geniet.

Jy kan hierdie lysie self verder aanvul.

Kan jy nou sien dat jy op hierdie wyse jou kan losmaak van die hedendaagse vormlike leefwyse, en 'n betekenisvolle leefwyse kan lei, waar jy ook al is? Is dit vir jou duidelik dat jy jou van alle vormlike dinge kan losmaak en tog nog 'n goeie verhouding daarmee kan handhaaf?

Wat ongebondenheid nie is nie

Ongebondenheid is nie 'n afsluiting en ignorering van die hedendaagse verwronge lewe of van ander mense se leefwyse met 'n wrok in jou hart omdat jy nie daarmee saamstem nie. Dit is nie om afgesonderd in jouself te leef en met niks en niemand meer kontak te hê nie. Dit is ook nie om ander te kritiseer nie.

Ongebondenheid beteken ook nie dat jy jou sal afsluit van dit wat verkeerd is, om dit sodoende goed te keur nie. Jy het die verantwoordelikheid om dit wat volgens jou nie reg is nie, in 'n liefdesgesindheid uit te wys. Dit doen jy veral deur jou betekenisvolle leefwyse uit te leef, en vir ander 'n voorbeeld te stel. Ons het spirituele leiers nodig wat die pas kan aangee in die spirituele ontwaking en wat as modelle kan dien vir ander om na te volg.

Myns insiens is die enigste oplossing om die toename van geweld in Suid-Afrika stop te sit, dat ek en jy ongebonde met liefde net ons betekenis sal vervul en vir ander daarmee 'n voorbeeld stel om na te volg. Op die vraag: "Hoe kan ek die wêreld verander?" antwoord God altyd: "Deur net self 'n beter mens te wees." Daarmee sal ons die spirituele ontwaking bevorder om die grootste revolusie te word wat hierdie land nog beleef het; 'n revolusie waarin elke burger geïnspireer sal word om sy spirituele kragte te gebruik en sy betekenis te vervul.

Êrens staan dit tog geskryf: "Julle is die sout van die aarde", en sout voorkom verrotting.

TOEPASSINGS

Ek aanvaar dat dit moontlik is om 'n ander leefwyse te handhaaf te midde van die oorweldigende vormlike leefwyse wat my kultuur oorheers. Ek gaan dit beoefen deur:

1. Met die krag van my wilsvryheid aan niks en niemand gebonde te wees nie, en daarop te konsentreer om slegs aan my betekenis gebonde te wees.

2. Met hierdie krag my los te maak van alles en almal wat my verhinder om my betekenis te vervul en te ervaar hoe my verhouding met alles en almal in die proses verbeter.

3. Met my optrede 'n voorbeeld vir elkeen te stel sodat hulle in my 'n rolmodel kan vind om na te volg.

BEVESTIGING:

Ek is aan niks en niemand gebonde nie.

"Die mens vind sy identiteit alleen in die mate wat hy homself verbind aan 'n taak wat groter as hyself is."

Viktor E. Frankl

DEEL 3
Jy en die fisiese dinge

In hierdie deel sal jy leer wat jou verhouding met die fisiese dinge in die wêreld moet wees. 'n Doeltreffende verhouding daarmee sal jou verder help om jou betekenis ten volle te vervul.

Dag 27

JY EN DIE EKOLOGIE

In die derde deel van die kursus gaan ons kyk hoe jy as "spirituele mens" ook doeltreffende verhoudinge met die fisiese dinge moet handhaaf. Net soos jou verhoudinge met mense en God jou in staat gestel het om jou take effektief te vervul, so sal jou verhoudinge met die fisiese dinge dit ook doen. Vandag gesels ek met jou oor jou verhouding met die natuur rondom jou.

Jou eie unieke ekosisteem

Die wêreld wat saamgestel is uit plante, diere en fisiese grondstowwe, bestaan nie onafhanklik van jou as mens nie; jy vorm 'n integrerende deel daarvan. Ons raak vandag al meer bewus van die ekologiese verhouding tussen organismes en hul omgewing en dat die mens deel vorm van 'n ekosisteem waar wedersydse interaksie tussen hom en die dinge onafskeidbaar is. Elke mens se gedrag word ook beïnvloed deur sy interaksies met sy eie ekosisteem. Dit is hoekom die eksistensiële sielkunde hom distansieer van enige navorsing wat die gedrag van een organisme (mens of dier, veral muise!) in 'n sekere situasie (ekosisteem) bestudeer en die resultate veralgemeen asof alle ander organismes in hulle ekosisteme ook sodanig sal optree.

Ons fisiese omgewing waarin ons verkeer, is dus belangriker as wat ons gedink het. Daarom moet ons beter daarvan kennis neem en bewus wees van die interaksies wat hierin plaasvind, asook hoe die een die ander beïnvloed. Die mens het die arrogansie ontwikkel om homself as die belangrikste wese in die kosmos te plaas, asof alles net rondom hom draai. Daarmee is die wêreld met sy plante en diere en grondstowwe totaal geïgnoreer. Met hierdie arrogansie het die mens homself as vanselfsprekend aanvaar en vir homself die reg gegee om die wêreld en die kosmos vir sy eie gewin aan te wend, net soos hy wil. Hy wil nie daarvan kennis neem dat hy die wêreld met miljoene ander verskillende organismes deel, wat ook 'n rol vervul vir die voortbestaan van die wêreld nie.

Selfs in sy godsdiens het die mens homself in die middelpunt geplaas, asof alles net om hom en sy God draai. Moderne teoloë begin daarteenoor standpunt inneem dat dit nie net om God se verlossingsplan vir die mens op aarde gaan nie en dat dit nie net die mens is wat 'n deel van God se skepping vorm nie. God as die bron van lewe kan tog nie net in beheer van die mens se lewe wees nie, Hy moet tog ook in beheer van alles anders in die kosmos wees.

Ons verantwoordelikheid teenoor die wêreld

Dit is nie net die mens se verantwoordelikheid om sy eie betekenis hier te verwesenlik nie, maar ook om die betekenis van die wêreld te respekteer en dit te beskerm. Daarsonder kan hy nie effektief lewe nie.

Die wêreld is oor miljoene jare deur natuurkragte gevorm tot wat dit vandag is, en tog is die mens in staat om hierdie proses te verander en dit te rekonstrueer. God het vir die mens die sanksie gegee om oor die skepping te heers, soos dit in die Bybel en ander godsdienstige geskrifte geskryf staan. Die vraag is of ons hierdie verantwoordelikheid reg beoefen of nie. Wanneer ek kyk na die ekologiese krisis waarin ons verkeer, soos byvoorbeeld die gat in die osoonlaag, lugbesoedeling, die effek van chemiese afval en oorbevolking, dan vra ek ook: "Wat is ons besig om te doen?" Dit is waarteen sommige mense vandag in opstand kom. Hulle voel ons kan nie meer so voortgaan nie en dat ons luukse, vormlike lewenstyl nie meer rym met die skade wat ons aan die ekosisteem aanrig nie.

Daar word gesê dat daar 'n ooreenkoms bestaan tussen die mense in Afrika wat van honger omkom en mense in die VSA wat sterf aan siektes wat aanverwant is aan ooreet en die stres van 'n gejaag na materiële gewin. Kan ons dit visualiseer dat die mens as spesie ook soos ander spesies kan uitsterf as ons so sou voortgaan? Of behou ons die arrogansie dat alles net om ons draai en niks met ons kan gebeur nie? Is dit hoekom sommige sterk in die woorde glo wat die Bybel oor die voleinding sê, dat daar êrens 'n einde aan lewe sal kom en dat 'n nuwe hemel en aarde daargestel sal word?

Natuurbewaring neem toe

Alhoewel God in beheer van alles is en altyd weer orde bring waar ons chaos skep, hef dit nie ons verantwoordelikheid op om alle ekosisteme te respekteer nie. Wat vir ons eie lewe geld, geld ook hier. God laat alles toe met 'n doel, maar met verantwoordelikheid sal ons minder pyn belewe en ons lewe net vergemaklik.

Gelukkig is dit verblydend om te sien dat mense wêreldwyd 'n ander houding teenoor hul fisiese omgewing begin inneem. Daar bestaan tans 'n toenemende belangstelling in die buitelewe, veral in die lewe van diere en plante. Ek hoop maar net dat die besit van 'n 4x4 motorvoertuig nie net 'n statussimbool sal bly nie, maar ook 'n aanduiding hiervan sal word, dat mense die natuur daarmee wil verken om dit te geniet en te bewaar!

Dit is ook verblydend dat mense nou ook in opstand kom teen die versteuring van die ekologie en teen besoedeling. In die afgelope dekade het die wonderwerk bo alle verwagting plaasgevind, dat vernietigende wapens soos die atoombom en ander moderne middele vir oorlogvoering ten minste beheer word. In plek daarvan gebruik volkere nou eerder die kragtige wapen van onderhandeling; voorwaar 'n wonderwerk! Iets is besig om te verander! Vorm dit deel van die spirituele ontwaking waar liefde begin seëvier?

Hanteer jou wêreld

Die lewensbeginsels waarmee ons vir onsself 'n betekenisvolle leefwyse skep en ons take vervul, kan ons ook in ons verhouding met ons ekosisteme toepas. Die "spirituele mens" is daarop ingestel om sy verhouding met die natuur effektief te *hanteer*. Aan die een kant beteken dit om weer 'n respek vir die natuur te ontwikkel en bewustelik by die normale gang daarvan in te skakel. Ons doen gewoonlik die teenoorgestelde. Dit verbaas my hoe ons die natuur by ons egoïstiese bestaan wil inskakel. Ons kan net voortdurend kla oor die weersomstandighede wat nie in ons guns is nie, praat nie eers van wanneer oorstromings of droogte of aardbewings ons tref nie.

As "spirituele mens" moet jy dit kan hanteer deur die regte besluite daaroor te neem en die regte response daarop te toon, omdat in alles 'n doel en betekenis is. Dit geld veral vir natuurrampe, vir siekte-epidemies en alledaagse ongelukke, waar die mens pyn en lyding beleef. In hierdie pyn lê ook betekenis, jy moet dit net kan raak sien.

Ek het self aanskou hoe die "fisiese mens" tydens 'n vernietigende droogte alles verloor het en op sy plaashek in verbittering geskryf het: "Geen dier, geen mens, geen God." Maar ek het ook gesien dat die ander boer wat ook alles verloor het, 'n doel daarin gevind het wat sy lewe verryk het.

Neem van die natuur

Ons moet ook van die natuur kan *neem*. Daar is min dinge wat die "spirituele mens" se lewe so betekenisvol maak as om die mooi dinge in die natuur te geniet. Dit kan wissel van om net in stilte na die hemelruim te kyk en alles daarin te bewonder, tot die kontak wat met 'n plant of dier gemaak word. Menige mense vind besondere betekenis in hul troeteldiere, of net in die maak van 'n groentetuin. Daarom kan hulle dankie sê vir alles wat hulle het, omdat hulle dit aanskou hoe dit uit die wonderlike groeikrag van die aarde kom en daarom sê hulle ook gereeld dankie vir die voedsel op hul tafel. Dit is tragies dat mense meestal voedsel en ander dinge in 'n winkel koop en geen idee het waar dit vandaan kom nie.

Ons het reeds gesien hoe daar in die spirituele ontwaking navorsers is wat dit beklemtoon dat alle vormlike dinge uit energie bestaan en dat die mens in sy eie energievorm beter funksioneer wanneer hy 'n goeie verhouding met hierdie energieprodukte het. Om met respek en eerbied van die natuur dinge te neem, is elkeen se uitdaging.

Gee vir die wêreld

Om vir die wêreld te gee, is seker ons grootste uitdaging. Dit lê grotendeels in ons vermoë om vir plant en dier lewe te gun en te gee. Elkeen van ons kan 'n bydrae maak om ons eie omgewing te bewaar en besoedeling van die natuur te voorkom, al is dit net om nie meer rommel te strooi nie. In die Heropbou en Ontwikkelingsplan vir Suid-Afrika is dit iets wat op elke inwoner se agenda moet staan. As elkeen van ons ons mooi land respekteer en bewaar, hoef ons nie 'n regeringsbegroting daarvoor te hê nie. Om lewe in die natuur te bevorder, maak elke mens se lewe betekenisvol; al plant hy net 'n boom langs sy lewenspad, dan het hy iets hier agtergelaat wanneer hy self nie meer hier is nie.

Wanneer ons hierdie verhoudinge met die fisiese dinge op aarde kan handhaaf, sal ons dit ook in die kosmos handhaaf wat ons reeds betree het. Dit gaan van ons afhang of ons die kosmos met verantwoordelikheid gaan bewaar of gaan vernietig.

Die toekoms?

Hoe gaan die toekoms lyk? Dit hang in groot mate van ons af, aan wie die opdrag gegee is om oor die aarde te heers. Ek glo dat as elkeen van ons 'n "spirituele mens" kan word, en 'n doeltreffende verhouding met die wêreld en die kosmos handhaaf, ons 'n beter woonplek vir onsself sal skep.

Met my navorsingsmetode (sien bl. 279-280) waarmee ek die betekenis van veranderinge bestudeer, sien ek hoe die mens en wêreld deur al die eeue verskillende veranderings deurgaan het en dat daar altyd 'n homeostase en balans in hierdie veranderings plaasvind. Daarom glo ek dat ons nou tegnologies voldoende ontwikkel het en dat die mensdom vorentoe sy spirituele ontwikkeling sal vervolmaak, soos God dit bedoel het. As spirituele wese is God tog uiteindelik in beheer van alles en almal en sal sy spirituele krag in sy skepping heers.

Sien jy, jou lewe het ook 'n betekenis om deel van hierdie proses te wees. Ons het die verantwoordelikheid en die wilsvryheid om hierdie proses te bespoedig. Ek herinner jou aan die wetenskaplike bevinding dat as 'n paar mense met 'n nuwe gedragspatroon begin en dit handhaaf, die massas dit later sal navolg. Daarom glo ek dat die spirituele ontwaking die begin van 'n spirituele revolusie is.

Die *paradoks* is natuurlik: Ons het die opdrag om oor die wêreld te heers, maar eintlik is dit God self wat dit deur ons doen.

Kan jy nou verstaan dat jy nie jou take effektief kan vervul as jy nie 'n doeltreffende verhouding met diere, plante en grondstowwe handhaaf nie? Daarsonder kan niemand in elk geval bly voortbestaan nie.

TOEPASSINGS

Ek aanvaar my opdrag om oor die wêreld te heers.

1. Ek sal vandag my omgewing *hanteer*, ek sal iets moois daaruit *neem* en dit geniet en ek sal iets vir elke plant en dier *gee* wat my pad kruis.

2. Ek sal iets besonders doen om die besoedeling van die natuur te stop en kyk hoe my voorbeeld deur ander nagevolg word.

BEVESTIGING:

Ek lewe in perfekte harmonie met my omgewing.

> ***"En God het gesê: Wees vrugbaar en vermeerder en vul die aarde, onderwerp dit en heers . . . daaroor."***
>
> **Genesis 1:28**

Dag 28

JOU BEROEP

Besef jy dat daar ook 'n verhouding bestaan tussen jou en die beroep wat jy beoefen? Die wyse waarop jy hierdie verhouding hanteer, sal 'n baie belangrike rol speel om jou in staat te stel om jou unieke werkstaak effektief te voltooi. Geen wonder dat die eksistensiële sielkunde so sterk daarop klem lê dat jy ook in jou verhouding met die fisiese dinge, soos 'n beroep, doeltreffend moet wees nie.

Hoekom moet jy werk?

Om te werk, is vir elke mens 'n noodsaaklikheid. Om te kan werk, vorm deel van jou natuurlike samestelling as mens en onderskei jou van die ander lewende organismes. Dit hou jou nie net liggaamlik en sielkundig fiks en gesond nie, jy ervaar ook 'n trots in jouself en voel dat jy 'n unieke bydrae vir die lewe maak, dat jy 'n betekenis vervul. Werk bring jou ook in kontak met ander werkers om saam take te vervul en gesamentlike werkstrots te deel. 'n Mens wat ledig rondloop, is 'n gefrustreerde mens en ontwikkel allerlei siektesimptome.

Ek het by geleentheid in een van ons kusdorpe gepraktiseer waar mense wat vroeg in hulle lewe afgetree het, gereeld deur mediese dokters na my verwys is. Hulle het allerlei siektesimptome ontwikkel wat nie fisiese oorsake gehad het nie. Ledigheid het hulle liggame begin aftakel. Hulle het nie meer die innerlike vervulling van 'n werk gekry wat so noodsaaklik is vir die gesonde voortbestaan van die mens nie. Ek het by herhaling gesien hoe mense wat aftree en niks doen nie, 'n onnodige vroeë dood sterf.

Deur te werk, kry jy ook geleentheid om geld te verdien wat belangrik is vir jou daaglikse oorlewing en dit gee vir jou 'n trots dat jy daardeur jouself en ander kan versorg. Daar is min dinge wat iemand se trots so knou as om nie 'n vaste werk en inkomste te hê nie. Menige persone wat vandag werkloos is, ervaar soveel konflikte dat hulle nie meer 'n normale lewe kan lei nie.

Werk behels egter baie meer as al hierdie dinge. Die mens moet met sy kreatiewe werksvermoë 'n bydrae tot die ontwikkeling van die wêreld maak en daarmee oor die wêreld heers. Dit is die opdrag en taak wat God aan hom gegee het en is 'n groot rede hoekom hy hier op aarde is. Met die kreatiewe bydrae van miljoene mense het die wêreld ontwikkel tot wat dit vandag is, maak nie saak hoe gering elkeen se bydrae was nie.

Kreatiwiteit speel 'n geweldig belangrike rol in jou lewe. In jou werk kry jy veral 'n geleentheid om daarmee dinge te skep en jou talente uit te lewe; om verbeeldingskrag te gebruik en dinge daar te stel wat uniek is. Jy het vroeër in die kursus gesien dat kreatiwiteit een van die belangrikste dinge is wat jy vir die lewe kan "gee". Jy moet dit nie onderskat nie. Jou kreatiwiteit vorm 'n deel van jou lewe en om effektief as mens te funksioneer, moet jy dit beoefen. Indien jy dit nie doen nie, sal jou lewe agteruitgaan en jy sal ook nie voel dat jy iets besonders beteken nie. Daarby moet jy onthou dat jy oor unieke kreatiwiteitsvermoëns beskik, wat net jy vir die lewe kan gee. Indien jy dit nie beoefen nie, vertraag jy die proses van die ontwikkeling van die lewe op aarde. Wat sou van ons geword het indien iemand soos Thomas Edison nie sy kreatiewe bydrae vir die lewe gegee het nie? Dan sou ons nie vandag elektrisiteit gehad het nie. Ek kan nog baie ander name noem van mense soos hy, wat hul kreatiewe bydrae vir die lewe gegee het wat jou en my lewe vandag verryk.

Moderne wetenskaplikes sê dat alles in die evolusieproses eintlik om die vervolmaking van kreatiwiteit draai, en dat daar 'n bron van kreatiwiteit bestaan waarby ons onderbewuste ingeskakel is. Ons moet dit net bewustelik ontdek! In die toekoms gaan mense dan ook geleer word hoe om by hierdie bron in te skakel. Is dit nie wat ons nou ook in hierdie kursus mee besig is, om by ons spirituele kragbron in te skakel wat in ons onderbewuste lê nie? Vorm dit dalk deel van die kreatiwiteitsbron? Wie sal regtig weet? Feit is dat jy hier is om jou deel van daardie bron te ontdek en dit vir die lewe te gee, maak nie saak hoe gering jy dit mag ag nie; dit is deel van 'n groter proses waarin jy onmisbaar is.

Jou uitdaging is in elk geval om in die toekoms met moderne tegnieke (waarmee ons in hierdie kursus ook besig is) die kuns te bemeester om by jou onbewustelike bron van kreatiwiteit in te skakel en nuwe insigte te kry en nuwe dinge te skep waarby almal kan baat.

Verwonder jy jou ook aan al die dinge wat iemand êrens uitgevind het, soos die rekenaar of die selfoon? Meestal benut ons hierdie dinge sonder om te dink waar dit vandaan gekom het. Wat gaan jy uitvind wat nuut is? Onthou, jou spirituele vermoë van visie sal jou die insig in hierdie bron van kennis en inligting gee. Baie suksesvolle sakemanne wat in die sterk kompeterende mark suksesvol besigheid bedryf, slaag daarin om gereeld nuwe insigte vanuit hierdie bron te kry en maak gereeld denkverskuiwings om uitgediende idees te vervang. In die werk wat jy beoefen, is dit ook jou uitdaging. Nee, dit is meer as 'n uitdaging, dit is jou unieke taak!

Die wêreld het dringend mense nodig wat kreatiewe insigte sal kry oor hoe ons ons leefwyse kan verander om die proses van selfvernietiging stop te sit. Sal mense in die spirituele ontwaking met insigte hieroor na vore kom? Het jy dalk die antwoord? Al wat ons weet is dat uit alle oorde, veral uit wetenskaplike kringe, daar net 'n aanvoeling is dat alles gaan verander en dat ons aan die vooraand staan van 'n nuwe wêreldrevolusie, wat groter sal wees as wat die Copernicus-revolusie, of die Renaissance-revolusie, of die Landbourevolusie of die Industriële revolusie, of die Tegnologiese revolusie was.

Het jy al jou unieke werkstaak ontdek?

Vroeër in die kursus het jy reeds geleer dat jy ook die betekenis van jou lewe vervul deur een of ander werkstaak te doen, en dat dit jou verantwoordelikheid is om die werk te ontdek wat jy moet verrig om jou bydrae vir die ontwikkeling van die wêreld te lewer. Al is jou werk nie die enigste taak wat jy op aarde moet vervul nie, is dit 'n baie belangrike taak omdat jy die grootste deel van die dag daarmee besig is.

Watter werk het jy ontdek as jou unieke taak wat jy op aarde moet vervul? Miskien het jy dit nog nie met oortuiging ontdek nie. Miskien is jy een van die baie mense wat ongelukkig is met die werk wat jy tans doen en droom jy nog oor die dag wanneer jy 'n werk sal vind waarin jy gelukkig sal kan wees. Ek gaan vervolgens twee belangrike aspekte oor werk bespreek: hoe jy 'n werk moet hanteer wat jy nie van hou nie, en wat jy moet doen om 'n werk te verrig wat jy van hou. Die kern van hierdie bespreking gaan wees: *As jy nie kan doen waarvan jy hou nie, moet jy hou van wat jy doen.*

Hoe moet jy jou werk hanteer indien jy nie daarvan hou nie? As ek sê dat jy nie daarvan hou nie, bedoel ek dat jy ongelukkig is met die werk wat jy doen omdat jy weet dat dit nie regtig by jou pas nie, met ander woorde, dat jy nie jou talente ten volle daarin kan uitleef en jou unieke kreatiwiteit kan beoefen nie. Omdat jy in elk geval tans die werk doen, het jy nie 'n ander keuse as om jou spirituele vermoëns te gebruik om dit reg te *hanteer* nie. Met jou wilsvryheid moet jy kies watter response jy op jou werk gaan toon. Jy kan kies om voortdurend ongelukkig met jou werk te wees, of jy kan kies om dit te aanvaar dat jy die werk moet doen om 'n betekenis daarmee te vervul. As "spirituele mens" sal jy die keuse maak om dit te aanvaar dat dit nie toevallig is dat jy in die werk is wat jy tans doen nie. Jy het mos geleer dat daar 'n rede vir alles is wat met jou gebeur. Daarom sal jy dit aanvaar dat die werk wat jy nou doen, vir jou op jou lewenspad gegee is. Iemand moet hierdie skakel in die werksketting vul wat almal en alles in jou omgewing nodig het om voort te bestaan, en intussen is dit jou taak. Indien jy dit nie gewilliglik met ywer vervul nie, vertraag jy die hele proses en benadeel jy ander daardeur.

Ek het baie mense ontmoet wat hul hele lewe lank ongelukkig is omdat hulle nie die beroep kon volg waaroor hulle as kind gedroom het nie. Onthou, dit gaan nie om watter werk jy doen of oor hoe belangrik jou werk in die oë van ander is nie. Dit gaan daaroor dat elkeen van ons 'n spesifieke werk moet verrig waarmee ons 'n bydrae vir die ontwikkeling van die wêreld kan maak. Daarmee help ons ook mekaar, om mekaar se lewe te vergemaklik en betekenisvol te maak. Daarom het ek 'n gewoonte daarvan gemaak om vir mense in verskillende beroepe wat my pad kruis, vanaf die klerk tot die skoonmaker te sê: "Dankie vir die werk wat jy doen, jy lewer vandag 'n bydrae om ander mense se lewe te vergemaklik."

Deur jou huidige werk reg te hanteer, sal jy 'n ander instelling en houding ontwikkel. Jy sal besluit om van die werk te hou wat jy nou doen en sal uit jou pad gaan om jou betekenis daarmee te vervul. Aan die einde van hierdie dagstuk gaan ek jou wys hoe jy jou betekenis in jou huidige werk kan realiseer.

Die grootste motiveerder om van jou huidige werk 'n sukses te maak, is om te glo dat die werk wat jy tans doen 'n taak is wat jy in jou omgewing moet vervul en dat dit vir jou so bedoel is, en dat dit so aan jou toevertrou is. Miskien is dit net tydelik. Omdat alle werk edel is, maak nie saak wat dit is nie, moet jy trots daarop wees.

Met hierdie instelling sal jy die gerug dat werk nie lekker is nie, ook die nek inslaan. Miskien hou jy dalk nie van jou werk nie omdat jy ook van jongs af deur jou ouers of vriende gekondisioneer is om te voel dat dit nie lekker is om te werk nie. Hierdie gerug kom uit die vormlike leefwyse, waar mense met so min moontlik werk soveel moontlik geld wil verdien en nie kan wag dat dit Vrydag word nie. Werk het vir hulle geen betekenis nie; dit is vir hulle net 'n middel om geld te maak en te oorleef.

Wanneer jy as 'n "spirituele mens" die regte standpunt inneem teenoor die werk wat jy doen, sal jy nie net na die negatiewe aspekte van jou werk kyk en dit voortdurend afskiet en beveg nie, maar sal jy insien dat dit jou unieke taak is wat jy op hierdie oomblik moet vervul. Indien jy tans nie werk nie, sal jy ook enige werk doen wat jy kan kry om daarmee 'n bydrae vir die wêreld te lewer en daarmee 'n betekenis te vervul.

Vervolgens gaan ek vir jou daarop wys dat indien jy werklik nie van die werk hou wat jy tans doen nie, en werklik nie daarin kan slaag om daarmee 'n betekenis te vervul nie, jy die uitdaging moet aanvaar om 'n werk te doen waarvan jy hou.

Doen die werk waarvan jy hou

Onthou, as ek praat van 'n werk waarvan jy hou, bedoel ek daarmee 'n werk waarvan jy hou omdat jy voel dat jy daarmee jou unieke aanlegte en kreatiwiteit ten volle kan uitleef. Ek verwys nie daarmee na die droom van die "fisiese mens" om 'n werk te doen waarvan hy hou omdat hy daarmee min werk hoef te doen en tog baie geld kan verdien nie. Indien jy dus jou huidige werk wil verander om 'n werk te doen waarvan jy hou, moet jou enigste oorweging wees om 'n werk te doen waarin jy jou betekenis ten volle kan verwesenlik. Jy verander dus net van werk indien jy werklik nie jou betekenis in jou huidige werk kan realiseer nie. Jy verander dit nie vir bymotiewe nie.

Jou basiese aanlegte en persoonlikheid speel 'n belangrike rol om vir jou 'n aanduiding te gee in watter werk jy jou ware betekenis kan vervul. Elke mens het spesifieke aanlegte gekry om sy unieke taak op aarde te vervul en dit is vir hom moeilik om sy taak te realiseer in 'n werk wat buite sy aanlegte lê. Ek het verskeie kere waar ek vir iemand in 'n beroepskrisis met loopbaanbeplanning gehelp het, gesien hoe die persoon sy beroep aanvanklik gekies het net ter wille van bymotiewe soos die status wat dit aan hom gee, of omdat hy baie geld daarmee kan verdien, of omdat ander dit van hom verwag het om die beroep te volg. Baie mense volg net 'n beroep om hul ouers of ander mense te plesier. Dan kan die persoon nie sy betekenis daarmee realiseer nie. Indien hy nie werklik die aanleg vir sy beroep het nie, is dit gewoonlik die rede hoekom hy altyd ongelukkig daarmee is.

Wanneer jy besef dat jy 'n werk doen net ter wille van bymotiewe, is dit 'n aanduiding dat jy van werk moet verander. Dan moet jy 'n werk doen wat by jou persoonlikheid en aanlegte pas, maak nie saak wat die werk is nie. Baie persone wat "spirituele mense" geword het, dink jy vervul net 'n betekenis met 'n werk indien jy 'n werk doen wat direk 'n diens aan mense lewer. Dit is nie waar nie. Indien jy nie die aanleg of persoonlikheid daarvoor het nie, kan jy dit nie doen nie. Ek het te veel mense ontmoet wat baie ongelukkig in hul werk is omdat hulle hierdie fout gemaak het.

Jy moet ook van werk verander indien jy besef dat jy 'n sekere beroepstaak afgehandel het en 'n volgende beroepstaak moet vervul. Sommige mense het meer as een aanleg en volg dan verskillende beroepe. Iemand wat byvoorbeeld aftree, doen dit gewoonlik. Ekself het nog ideale om ook 'n werk te doen met my praktiese aanlegte wat ek ontvang het en wat ek tot dusver nog altyd in stokperdjies gekanaliseer het, soos om my eie huise te bou of te restoureer of my eie meubels te maak.

Ek het ook baie kere gesien hoe iemand wat uit 'n werk ontslaan was dit positief beskou het as 'n aanduiding dat dit vir hom ten goede meewerk en dat hy nou 'n ander beroepstaak het om te vervul. Dan doen hulle iets anders wat hulle van hou en maak 'n reusesukses daarvan.

Aanvaar die uitdaging om te doen waarvan jy hou

Indien jy dus nie hou van wat jy doen nie, moet jy doen waarvan jy hou. Dit is egter nie maklik om jou huidige werk te verander en 'n ander werk te begin doen waarmee jy weet jy jou unieke taak op aarde kan vervul nie. Meeste mense het baie verskonings om hierdie skuif te maak, byvoorbeeld dat hulle te oud is, of dat hulle nie die sekuriteit van hulle huidige werk kan opgee nie, of dat hulle dit nie kan bekostig nie, of dat hulle te min geld daarmee sal verdien, of dat dit nie vir hulle 'n status gee nie, en sommer baie ander redes. Meeste sien dit as 'n risiko wat hulle net nie kan neem nie.

Die feit is dat baie "spirituele mense" met geloof en visie die stap geneem het en daardie werk begin doen het waarvoor hulle hier op aarde geplaas is. Baie het weggebreek van 'n werk wat hulle net gedoen het om hul maandelikse rekenings te kan betaal. Ander het hul vormlike lewe wat maagsere veroorsaak het, vaarwel gesê omdat hulle net voortdurend planne beraam het om 'n besigheid te hê waarmee hulle genoeg geld kan verdien om die kostes van 'n luukse lewe te betaal. Vir meeste het hierdie "word-gou-ryk-skemas" in elk geval nie uitgewerk nie. Hulle getuienis is dat hulle net so goed of selfs beter finansieel versorg was toe hulle hul lewenstandaard verlaag en 'n werk begin doen het wat by hulle aanlegte en persoonlikheid gepas het, en wat hulle gedoen het omdat hulle dit geniet het. Hulle het die paradoksuitwerking ervaar wat sê: Indien jy doen waarvan jy hou om jou betekenis te vervul, sal jy nie materiële gebrek ly nie.

Om te doen waarvan jy hou, is die begin van 'n oorvloedige lewe, nie alleen in geluk en vrede nie, maar ook in materiële welvaart. Jy móét net die normale proses van lewe daarvoor vertrou. Dit is egter nie 'n maklike pad om te loop nie; jy sal jou spirituele kragte, veral geloof, ten volle moet benut om dit reg te kry. In die volgende hoofstuk gaan ek jou meer vertel hoe jy in 'n doeltreffende verhouding met die geld wat jy in enige werk verdien, in oorvloed kan lewe.

Indien jy egter nie kans sien om te doen waarvan jy hou nie, het jy nie 'n ander keuse as om te hou van wat jy doen en jou betekenis daarmee te vervul nie.

Hoe om jou betekenis in enige werk te vervul

Kom ons kyk hoe jy as "spirituele mens" jou betekenis in jou werk kan vervul, maak nie saak of jy van jou werk hou of nie. Dit geld dus vir 'n werk wat jy doen omdat jy daarvan hou, asook vir 'n werk waarvan jy hou omdat jy dit tans doen.

* Die eerste ding wat jy kan doen om jou betekenis in jou werk te vervul, is om die lewensbeginsel van *gee* toe te pas. Jy moet daarop ingestel wees om met jou werk 'n besondere bydrae vir mense en die wêreld te gee. Dit doen jy met jou spirituele krag van liefde. Jy maak met liefde 'n bydrae tot elke mense se lewe met wie jy in jou werk in

aanraking kom. Dan maak dit nie meer vir jou saak wat die werk is wat jy doen nie. Dan vergeet jy van jouself en geniet jy net jou werk. Dan kan jy alle negatiewe stimuli teenoor werk hanteer en die pyn daaruit haal deur nie te fokus op dit waarvan jy nie hou nie, omdat jy weet: "Dít waarteen jy is, sal jy bewerk". Jy konsentreer eerder op die genot wat jy daaruit kry om met liefde vir ander 'n diens te lewer en sodoende die ander persoon se lewe ook betekenisvol te maak.

Daarom hoef "spirituele mense" nie 'n kursus in kliëntediens te volg nie, want dit is 'n spontane deel van hul daaglikse lewe. Hulle is nie soos die "fisiese mens", wat met sy liggaam in die werk is en elders met sy gedagtes nie; sy hele wese is deel van die daaglikse take wat hy in sy werk doen, omdat hy 'n betekenis daarmee vervul. Sodoende slaag hy daarin om op sy betekenis in die werk te fokus, en dit lei sy aandag van alle ander negatiewe dinge oor die werk af.

Die beginsel om jou betekenis in jou werk te vervul deur vir mense met liefde te gee, moet jy baie prakties toepas. Dit beteken nie net om vir jou medewerkers of kliënte met wie jy daagliks in aanraking kom, met onvoorwaardelike liefde te dien nie. Ons het dit reeds vroeg al in die kursus geleer dat jou kreatiwiteit een van die belangrikste dinge is wat jy het om vir die wêreld te gee. Hiermee skep jy daardie produk wat jy vervaardig sodanig dat dit vir die persoon wat dit gaan gebruik iets besonders sal beteken. Daarom sal die "spirituele mens" altyd die eindverbruiker in sy gedagte hê en sy beste kreatiwiteit aanbied om vir hom 'n diens te lewer, al sal hy hom nooit self ontmoet nie. Indien werknemers in 'n organisasie hierdie houding het, sal produktiwiteit, kwaliteit en kliëntediens ook in ons land hoogty vier.

* Nog 'n aspek waarmee jy jou betekenis in jou werk kan vervul, is om jou werk te geniet. Die gedragspatrone van mense wat uitermate effektief in hulle werk is en die hoogste vlakke van sukses bereik, word vandag intens bestudeer. Navorsing hieroor dui daarop dat hulle daarin slaag om suksesvol te wees omdat hulle die werk geniet wat hulle doen. Die bevinding is dus dieselfde as die paradoks wat ek voortdurend in hierdie boek propageer, naamlik dat die spirituele mens wat daarop konsentreer om bo alles sy betekenis te verwesenlik, geluk en vrede sal hê waaroor ander net kan droom.

Wanneer jy jou kreatiwiteit uitlewe, kan jy nie ophou om dit te geniet nie. Jy kan selfs daarvoor blameer word dat jy 'n werkverslaafde is. Dit is wat ook met my gebeur wanneer ek iets doen waarvan ek hou, soos die skryf van hierdie boek; dan het tyd vir my geen betekenis nie en weet ek nie wanneer ek moet ophou nie. Jy geniet net die proses, jy dink nie eers aan iets anders nie, ook nie eers aan die resultate nie.

* Die volgende aspek waarmee jy jou betekenis in jou werk vervul, is om juis nie op resultate te konsentreer nie. As "spirituele mens" werk jy nie net vir resultate nie. Jy is nie soos die "fisiese mens" wat net na prestasie strewe en daagliks met inspanning worstel en spook om die wisseltrofee te kry nie. Jy is nie gewillig om soos hulle die koste daarvoor te betaal met onhanteerbare stres en spanning en 'n moontlike hartaanval nie. Daarom is jy nie daarop ingestel om net finansiële gewin of die status of bevordering of enige ander resultaat na te jaag nie. Dit beteken nie dat jy sit en niks doen nie; jy sit wel 'n massa aksies in jou werk, maar hierdie aksies is net daarop gemik om jou werk te geniet omdat jy jou betekenis daarmee vervul. Dit is nie aksies wat daarop gerig is om resultate te ontvang nie. Jy kom net jou verantwoordelikheid na om jou betekenis te verwesenlik met liefdevolle dienslewering aan mense en die opbou van die wêreld en die wete dat die resultaat nie in jou hande lê nie. Weer eens laat jy die resultate oor aan die normale verloop van spirituele kragte. Jy blokkeer nie die vloei van hierdie kanaal met magsbeoefening of materiële gewin of die bevrediging van jou ego nie, maar hou dit oop deur die lewensbeginsel van *gee* toe te pas en met liefde jou betekenis te verwesenlik. Jy weet dat die lewenswet deur al die eeue uit *gee en neem* bestaan. Omdat jy gee, sal die paradoks vir jou bewaarheid word deurdat jy ook die fisiese resultate sal *neem*, selfs finansiële resultate wat ander net verbaas, sonder dat dit jou eerste strewe was.

* Die laaste aspek waarmee jy jou betekenis in jou werk vervul, is om die ekstase te ervaar dat jy met hierdie riglyne hoë vlakke van produktiwiteit bereik, sonder dat jy angstig daarna gestrewe het. Omdat jy gegee het, sal jy baie belonings uit jou werk neem. Jy *neem* veral 'n gevoel van trots in jou werk as beloning. Jy neem ook 'n gevoel van mag omdat jy sien dat jy in staat is om 'n betekenis te vervul en dit gee jou die mag om jou betekenis nog beter in jou werk te verwesenlik. Mag is dan 'n neweproduk van die werk wat jy geniet, dit is nie 'n doel op sigself nie.

Ek herinner my aan 'n sakeman wat net daarop ingestel was om te kyk hoeveel geld hy uit sy kliënte kon maak. Hy het elke kliënt geëvalueer ingevolge daarvan of hy geld het en hom sal betaal of nie. Sy besigheid het vinnig agteruitgegaan. Toe hy die finansiële deel van sy besigheid aan iemand anders oorgelaat het en net daarop gekonsentreer het om vir elke kliënt met liefde 'n diens te lewer, het sy besigheid floreer.

My aanbeveling is dat jy nie in die slagyster sal trap om net op die resultate te konsentreer nie. Vervul jou betekenis in jou werk en geniet dit en jy sal die paradoks belewe wat sê: Die spirituele mens wat sy werk geniet omdat hy sy betekenis daarmee vervul, sal resultate kry wat ander net oor kan droom. Dit is nie net die getuienis van vele mense nie; dit was ook my eie lewenservaring. Elke keer toe ek net op die resultate gekonsentreer het, het ek dit nie gekry nie. Ek moes op die harde manier leer en het daarna telkemale die paradoks ervaar dat ek die resultate ontvang het toe ek my betekenis gewilliglik vervul en dit geniet het.

Ek daag jou uit om 'n studie te maak van die wenresep van suksesvolle sakemanne. Die bevinding is dat die meeste van die begin af nie in hul besigheid was vir die resultate soos geld of status nie, maar om 'n besigheid te bedryf waarvoor hulle die aanleg gehad het en waarin hulle hul talente ten beste wou beoefen en dit geniet het; hulle het hul betekenis bo alles anders vervul. Daarom het hulle die paradoksresultaat ervaar wat sê: Enige werk waarin jy jou betekenis vervul, sal jou finansieel genoegsaam versorg.

Dit is nie maklik om hierdie nuwe siening oor werk in die praktyk te handhaaf nie. Met die simulatoroefeninge kan jy dit egter simuleer en permanent in jou brein registreer sodat jy dit spontaan elke dag kan beoefen.

TOEPASSINGS

Vandag vervul ek my betekenis in die werk wat ek doen, deur die regte standpunt daarteenoor in te neem en dit reg te hanteer.

1. Ek kyk hoe ek vir mense met liefde 'n diens kan lewer en konsentreer daarop om vir mense in my werksomgewing iets te gee wat

hulle lewe sal verryk. Ek maak ook daarmee 'n bydrae vir my omgewing en die opbou van die wêreld. Ek sal dit geniet om my werk so te doen.

2. Ek is nie meer daarop ingestel om net sekere resultate te ontvang nie, omdat ek glo dat ek dit sal kry as ek net my betekenis vervul.

BEVESTIGING:

Ek geniet die werk wat ek doen omdat dit aan my toevertrou is.

"Indien iemand die vreugde van sy arbeid geniet, ongeag van enige sukses of roem, is dit God wat hom daartoe geroep het."

Robert L. Stevenson

Dag 29

JOU MATERIËLE VOORSPOED

Daar is 'n oorvloed van materiële dinge in die wêreld wat tot jou beskikking is. Dit waarborg jou fisiese voortbestaan om jou in staat te stel om jou betekenis te vervul. Daarom moet jy ook 'n goeie verhouding daarmee hê. God het nie enige beperkinge nie, daarom bestaan daar ook nie beperkinge in die wêreld en die kosmos nie. Dit is hoekom daar nie beperkinge vir jou in enigiets opgelê word nie, ook nie in materiële dinge nie. Alle dinge in die wêreld is daar tot jou beskikking. Jy is net soveel werd soos enigeen anders om daarin te deel. Al wat noodsaaklik is, is dat jy dit sal glo en hierdie registrasie in jou brein sal maak.

Die paradoks waarmee ons hier te doen het, is dat jy nie materiële voorspoed sal beleef deur eensydig daarna te strewe nie, maar dat jy dit sal ontvang in die mate waarin jy jou unieke take met ywer vervul.

Jy hoef nie gebrek te ly nie

Om hierdie paradoks vir jou te laat werk, moet jy nie die proses daarvan blokkeer nie. Om van die oorvloed te kan ontvang (*neem*), moet jy nie "gebrek" jou wagwoord maak nie. As jy dit doen, sal jou denke dit inneem en dit in jou daaglikse lewe bewerkstellig om 'n lewe van gebrek te lei. As jy net voortdurend daaraan dink hoe min dinge jy het, neem jou brein hierdie denke as program en voer dit uit. Dan bewys jy vir jouself jy is reg.

Jy moet die woord "oorvloed" jou wagwoord maak en voortdurend daaraan dink dat daar genoeg dinge vir jou is om in te deel, dan sal jy meer daarvan kry. Dit is hoe die "spirituele mens" met sy visie en geloof na oorvloed kyk. In die lig van sy nuwe wêreldbeeld sien hy dat hy hier op aarde is om sekere take te verwesenlik en dat al die materiële dinge tot sy beskikking gestel word om hom in staat te stel om sy take te vervul, omdat hy as 'n mens met 'n fisiese liggaam, hierdie fisiese dinge nodig het. Daarom handhaaf hy 'n doeltreffende verhouding met materiële dinge.

Hy is egter goed daarvan bewus dat dit net tydelike besit is en dat dit na sy dood hier agterbly om weer aan iemand anders gegee te word. Daarom is hy nie gebonde daaraan nie en dien dit net vir hom 'n tydelike doel. Omdat die woord "oorvloed" sy wagwoord is, is sy denke daarmee gevul en doen hy wat hy dink; hy stel hom daarvoor oop om te kry wat hy nodig het om sy take te vervul, en dan kry hy dit.

Met dankbaarheid kry jy wat jy nodig het

Ek weet ek moet nou ophou om alles sielkundig te wil verklaar, en dat ek ook hierdie paradoks moet oorlaat aan die spirituele kragte van God wat alles bewerkstellig. Dankbaarheid het egter ook 'n sielkundige uitwerking. Dit is dankbaarheid wat jou in staat stel om in die oorvloed te deel en te kry wat jy nodig het. Dit kan ek nie genoeg beklemtoon nie. Met dankbaarheid vir elke ding wat jy het, plaas jy jou denke op die bron van oorvloed. Wanneer jy konsentreer op die dinge wat jy reeds besit, neem jou brein die opdrag om daaraan te dink dat jy nou al in die bron van oorvloed deel en as jy nou reeds iets daarvan besit, is dit vir jou 'n bewys dat jy nog meer daarvan kan kry. Dan is jy net daarop ingestel om daaraan te dink dat daar nie beperkinge is in wat jy kan besit nie en voel jy ook dat jy dit mág besit. Dan bewerk jy dit.

Kan jy sien, dit is 'n sielkundige onbewuste handeling wat jy met jou denke doen om te kry wat jy nodig het. As jy aan die ander kant altyd ontevrede is oor wat jy nie het nie en nie dankbaar is vir dit wat jy wel besit nie, is "gebrek" in jou denke. Dan is dit die program in jou brein en daarmee bewerk jy dit onbewustelik om in gebrek te bly lewe. Dit is hoekom ek dit nie kan verduur as ouers vir hulle kinders sê hulle het nie geld wanneer die kind iets wil koop nie. Dit is 'n leuen, want hulle hét geld. Wat waar is, is dat hulle nie geld op daardie item wil spandeer nie, en hulle moet dit eerder só vir die kind verduidelik anders word die kind ook groot met "gebrek" as wagwoord.

My persoonlike getuienis

Jy moet dus eers leer om dankbaar te wees vir die dinge wat jy het. Dit leer jy gewoonlik eers wanneer jy nie baie dinge het nie; dan waardeer jy wat jy kry en ontwikkel jy 'n verantwoordelikheid om dit op te pas. Ek het hierdie les vroeg in my lewe al geleer. My pa is pas voor my geboorte oorlede. Hy was 'n predikant met 'n hartprobleem wat hom verhinder het om enige lewensversekering te kry. Al wat hy besit het, was 'n motor. In ruil vir die motor het iemand vir ons 'n huisie gebou met twee slaapkamers, 'n sit/eetkamer en 'n kombuis. My ma moes vir my en my twee susters alleen versorg uit die karige inkomste van 'n loseerder (wat die een kamer gehuur het) en 'n paar musiekleerlinge. In werklikheid was ons baie arm, maar ek het dit nooit so belewe nie, omdat ons spiritueel skatryk was. Ek is van kleintyd af geleer om 'n waardering te hê vir wat ek gehad het en in besonder vir elke ekstra wat ander mense vir my gegee het, al was dit om hulle ou klere te dra, of om by geleentheid 'n sakkie aartappels by die voordeur te ontdek wat 'n onbekende weldoener daar gelaat het. Ek het een speelgoedmotortjie gehad wat ek elke aand moes was en dan vir my ma moes gee wat dit gebêre het tot ek weer daarmee wil speel.

Ek het geleer dat alles wat ek nodig het êrens in die wêreld is en na my toe sal kom soos ek dit nodig kry. In my kinderlike denke het ek gesien hoe dit uit die bron van voorsiening kom, uit God se Hand. My ma het vir my geleer dat God altyd vir my 'n versorgende hemelse Vader sal wees en dat ek nie my daaroor moet ontstel dat ek nie 'n pa op aarde het nie. Met hierdie denke het ek altyd net genoeg gekry en nooit gebrek gely nie. Daar het net altyd iets op 'n wonderbaarlike wyse gebeur wat bygedra het om my te versorg. Op negejarige leeftyd is my ma weer getroud en my stiefpa het op 'n onvergeetlike wyse my spirituele lewe versterk. Hy het ook 'n oop hand gehad waarmee hy baie dinge uit die bron van oorvloed vir my gegee het. Ek was nog op skool toe hy dood is. Ek wou 'n argitek word, maar op sy sterfbed het hy my gevra wat ek eendag gaan doen, en uit die bloute het ek gesê dat ek mense gaan help om hul betekenis op aarde te vervul. Daarvandaan was dit my taak wat soos 'n missie voor my gelê het.

Sonder enige erflating van my stiefpa moes ek my eie potjie krap om my missie te vervul. My ma het die huis geërf waarin ons gebly het, maar geen finansiële inkomste gehad nie. Sonder finansiële steun het ek sewe jaar se studie in teologie suksesvol voltooi sonder om een jaar te druip. Daar was altyd 'n vakansiewerk wat ek kon doen of iemand wat my houtwerkprodukte gekoop het wat ek as stokperdjie gemaak het. Ek was altyd dankbaar vir wat ek op universiteit gehad het: 'n fiets, my gelapte klere, twee maaltye per dag, en geleende handboeke. Ek het altyd net genoeg gehad, maar geweet daar is êrens nog meer om my missie te voltooi. Ek het altyd die regte persoon op die regte tyd ontmoet wat my geïnspireer het. Ek het altyd die middele gekry wat ek vir daardie oomblik broodnodig gehad het. Ek het my missie voltooi deur dag en nag te studeer en het elke vakansie êrens 'n werk gekry.

My missie het my in verdere studie ingelei en ek het myself na nog ses jaar ten volle in die sielkunde bekwaam en my doktorsgraad voltooi en verskillende poste aan twee universiteite beklee. Daarna het ek my eie praktyk begin. Uit die bron van oorvloed is ek en my eerste vrou met ons drie kinders altyd van die nodige voorsien, en ons het altyd genoeg gehad. Met haar en my kinders se geloof en harde werk, waarvoor ek altyd dankbaar sal wees, het ons almal geweet dat ons uit die bron van oorvloed versorg sal word.

Vandag is dit nog my ervaring in al die take wat ek moet vervul. Dit was ook my ervaring met die skryf van hierdie boek, wat 'n besondere taak in my lewe is. Ek het altyd gedink ek sal nie 'n sielkundige boek vir die publiek kan skryf nie, daarom het ek gedoen wat ek gedink het en dit nie gedoen nie. Skielik het ek net die missie in my denke gesien om hierdie boek te skryf en bevindinge wat ek in my doktorale studie gemaak het, asook my lewenservaringe met die publiek en so ook met jou, te deel. Ek het vir twee van my vriende daarvan vertel. My een vriend Mauritz het vir my 'n boek gegee oor hoe 'n mens moet skryf en publiseer. Uit die bloute het 'n ander vriend Louis, wat intussen skielik oorlede is, vir my 'n rekenaar gegee. Ek het nie eers geweet hoe ek die ding moes aanskakel nie, en nie gedink dat ek op my ouderdom met 'n rekenaar sal kan werk nie. My jongste dogter het onverwags vir 'n tydjie by my kom bly en vir my geleer hoe dit werk. Nog 'n vriend Johan, wat 'n rekenaardeskundige is, het gesien hoe ek spook om die rekenaar te bemeester, en ongevraagd vir my 'n beter rekenaar gegee, en my verder touwys gemaak.

Ek het mense uit die bloute ontmoet wat my gedagtes oor my konsep in hierdie boek gestimuleer het deur vir my boeke te gee om te lees, sonder dat hulle geweet het dat ek besig is om 'n boek te skryf. Mense uit verskillende oorde wat ek intussen ontmoet het, het met my oor die onderwerp begin gesels wat my verder aangespoor het en my vrou, Ingrid, het my wonderbaarlik bygestaan en selfs finansieel ondersteun toe ek my afgesonder het om hierdie missie te voltooi. Ek sê dankie vir hulle almal asook vir elke fisiese ding (waaroor ek ook baie kan sê) wat na my toe gestuur was, wat dit vir my moontlik gemaak het om die boek te voltooi. Al wat ek in my denke gehad het, was die missie om my gedagtes in 'n boek te laat verskyn en die wete dat daar genoeg mense en middele êrens is om my te help om my missie te voltooi. Ek het dus altyd uit die bron van oorvloed ontvang wat ek nodig gehad het om my verskillende take te voltooi. Die paradoks werk vir my dat ek versorg word wanneer ek my take vervul.

Kan jy sien, daar is 'n direkte verband tussen jou materiële versorging en die werkstaak wat jy vervul. Sommige mense dink jy sal fisies versorg word indien jy net jou lewe spiritueel verryk. Nee, dit werk nie so nie. Jy is hier om take te vervul, veral 'n werkstaak, maak nie saak wat dit is nie. Ek het baie kere werkstake verrig met 'n finansiële beloning wat my nie kon ryk maak nie, tog was ek altyd voldoende versorg.

Min is baie

Ek het soos so baie ook die ervaring gehad dat toe ek nie my betekenis in my unieke take vervul het nie, en net daarop gekonsentreer het om myself uit die bron van oorvloed te verryk omdat ek 'n groter finansiële beloning wou hê, ek alles verloor het wat ek ontvang het. Dit was 'n tyd in my lewe toe ek net op finansiële resultate gekonsentreer het omdat die vormlike leefwyse my oorweldig het. Toe het ek baie finansiële verliese gely, en finansieel baie swaar gekry. Ek was toe baie ongelukkig daaroor, maar vandag weet ek dat dit moet gebeur het met 'n doel om my weer op my werklike take te wys, en toe ek op my take gekonsentreer het, het ek meer dinge ontvang as wat ek regtig nodig gehad het.

Ek het baie lesse geleer uit hierdie ervaring. Toe ek min aardse dinge besit het, het ek die *spirituele bron van oorvloed* ontdek. Met min aardse dinge het ek geleer om sonder vormlike dinge klaar te kom en dat ek dit nie nodig het nie. Met min dinge kon ek nie my besittings met ander s'n vergelyk nie en het ek geleer om eerder my innerlike self vir hulle te gee. Ek kon min materiële dinge gee, daarom was ek verplig om spirituele dinge te gee, waarvoor my kinders ook vir my elke dag dankie sê. Met min aardse besittings kon ek baie spirituele krag vir mense in my werk gee en hulle krisisse beter verstaan. Met min dinge het ek die spirituele kragte in myself ontdek waarvan ek vir jou in hierdie kursus vertel. Met min dinge het ek uitgevind wie regtig my vriende is. Met min kon ek leer om my van ander los te maak en om ongebonde beter verhoudinge met hulle te handhaaf. Toe ek min gehad het, het ek geleer om weer net op my taak te fokus en die bron van oorvloed te vertrou vir my versorging; toe het ek al die dinge ontvang wat ek vir die dag wat voorlê nodig gehad het.

Miskien is jy ook tans in 'n posisie waar jy min materiële dinge besit. Die meeste mense in Suid-Afrika is in elk geval nie ryk in materiële besittings nie, en dit blyk of al meer van ons besig is om finansieel verder te verarm. Ek is daarvan oortuig dat daar 'n doel daarin is, en dat dit ons net ten goede kan strek. Ons het vir té lank ons sekuriteit net in die uiterlike vorm gevind. Dit is in tye soos hierdie waar baie mense weer "spirituele mense" word en met hul spirituele vermoëns die rykdomme van die spirituele oorvloed raak sien.

Met jou spirituele vermoëns moet jy jou opstand en bitterheid oor jou armoede los en jou unieke take weer ontdek. Dan sal jy die spirituele rykdomme weer raak sien en die klein waardevolle dingetjies weer waardeer; dan sal jy jou sekuriteit in jouself vind en nie in die aardse dinge nie; dan sal jy jou ware vriende ontdek; sal jy dankbaarheid ontwikkel vir wat jy het; sal jy meer van God afhanklik wees as van mense; èn sal jy jou liefde vir ander gee omdat jy nie daarvoor kan vergoed met geld wat jy nie het nie. In die proses sal jy nie alleen ervaar dat jy elke dag genoegsaam versorg word nie; jy sal ook ervaar dat jy later meer as genoeg sal hê.

Hoekom is sommige mense welvarend?

Alles kom eintlik neer op die volgende paradoks: hoe minder materiële dinge jy wil hê, hoe meer sal jy kry. Hoe dit werk, bly maar 'n wonderwerk. Jy moet ook hard konsentreer om hierdie paradoks te verstaan, en dit oor en oor lees totdat jy dit begryp. Dit vat soms lank om hierdie denkverskuiwing te maak. Oudergewoonte wil ek dit sielkundig verklaar, dan werk dit soos volg: My dankbaarheid wat ek as kind ontwikkel het, het daartoe gelei dat ek 'n waardering en 'n verantwoordelikheid ontwikkel het om dit wat ek uit die bron van oorvloed ontvang het, met respek te hanteer en om dit op te pas, veral die geld waarvoor ek gewerk het. Dit is ook die suksesbeginsel wat mense welvarend maak. Hulle weet hoe om met dankbaarheid, waardering en verantwoordelikheid uit die bron van oorvloed te *neem*.

Hieruit spruit die beproefde reëls voort wat mense help om ruim in die bron van oorvloed te deel. Met hierdie reëls handhaaf hulle 'n doeltreffende verhouding met die materiële dinge.

* Die eerste reël is om 'n missie in die lewe te hê en dit te geniet en 'n betekenis daarin te vervul, soos ons reeds gesien het. Die werk wat hulle doen, is vir hulle 'n betekenisvolle missie wat hulle wil vervul. Hulle is nie daarin om geld te maak nie.

* Daarnaas handhaaf welvarende mense 'n lewenstandaard wat hulle kan bekostig. Hulle het 'n waarde vir geld ontwikkel en bestee dit nie onoordeelkundig nie. Hulle weet dat in 'n leeftyd van werk, wat ongeveer veertig jaar is, hulle net 480 salaristjeks sal ontvang en dat hulle daaruit ryk of arm sal aftree.

* Ryk mense het nie oornag ryk geword nie; hulle handhaaf die beginsel dat geld vir hulle geld moet maak en belê 'n deel van hul inkomste in dinge wat in waarde toeneem. Daarom koop hulle eers luukse artikels wanneer hulle dit kan bekostig en bly hulle in beheer van hul maandelikse begroting. Hulle aanvaar dus hul verantwoordelikheid om hul geld reg te spandeer. Sien jy, dit gaan om die regte *hantering* van die bron van oorvloed.

Ons kinders se verantwoordelikheid

Ek is bevrees dat ons kinders te veel dinge ontvang wat hulle nie weet waar dit vandaan kom nie. Daarom leer hulle nie om daarvoor dankbaar te wees en dit te waardeer en met verantwoordelikheid op te pas nie. Ek hoef nie in hierdie stadium van die kursus jou daaraan te herinner dat verantwoordelikheid een van die belangrikste spirituele kragte van die mens is nie. Ons kinders moet ook leer om die bron van oorvloed met verantwoordelikheid te hanteer. Daar is te veel mense wat dit nie van kindsbeen af geleer het nie en die arrogansie ontwikkel dat alles net daar is en dat jy 'n sekere reg het om dit te ontvang.

Dit verbaas my hoe mense geld kan mors. Veral by jong sakemanne het dit mode geword om 'n duur motor en ander luukses te koop voordat die besigheid 'n wins maak om dit te kan bekostig. Dit spreek vanself dat hulle nie maklik 'n oorvloed van geld in die bank het, soos hulle aanvanklik gehoop het nie. 'n Ryk man het op my vraag na die rede vir sy oorvloed geantwoord: "Ek ry nou nog 'n goeie tweedehandse motor, omdat ek elke sent wat ek maak eerder in my besigheid insteek."

Ek sal dit nooit vergeet hoe ek as kind 'n jong man, met die naam van Wan, ontmoet het wat met net sy klere aan sy lyf by my stiefpa op die plaas kom werk soek het nie. Hy is vandag 'n ryk boer omdat hy al sy geld wat hy verdien het, gespaar het. Toe sy maats nuwe motors gekoop het, het hy met 'n perd gery. Hy het eerder sy eie plaastoerusting gekoop, alles in sy boerdery ingesteek, beter geboer, meer wins gemaak en uiteindelik sy eie plaas gekoop.

Die vormlike mensdom, veral in ons Westerse samelewing, het geen respek vir materiële dinge nie. Tereg het Alvin Toffler ons daarop gewys dat ons in 'n "weggooi"-eeu leef waar materiële dinge so gou moontlik deur ons verbruik moet word om weggegooi te word en plek te maak vir 'n nuwe een. Ons het die arrogansie ontwikkel om alles te wil besit en in oorvloed van aardse dinge te lewe, net om dit weg te gooi en deur iets nuuts te vervang, sonder om 'n waardering daarvoor te hê of 'n verantwoordelikheid daarteenoor te aanvaar.

Ek was so onder die indruk daarvan dat 'n mens 'n doeltreffende verhouding met sy geld moet hê, dat ek in 'n boek wat ek saam met my kollega Louis gepubliseer het vir jongmense daarop wys hoe hulle in staat is om nou reeds 'n eie woning te koop as hulle 'n groter waarde heg aan elke sent van hulle maandelikse inkomste, en as hulle hul begroting reg hanteer. Omdat huis koop 'n goeie belegging is, kan hulle daarmee ook later meer geld in die sak hê. Die titel van die boek spreek vanself: *Koop jouself ryk*!

Wie ruik weer die rose?

Baie mense getuig daarvan dat hulle met 'n ernstige siekte eers by die dood moes omdraai voordat hulle die insig ontvang het om nie 'n leefwyse te handhaaf wat net daarop ingestel is om materiële dinge uit die bron van oorvloed te kry nie. Sommige moes eers 'n ander krisis beleef voordat hulle tot hierdie besef gekom het. Toe hulle weer daarop gekonsentreer het om hul unieke take te verrig en die lewenskwaliteite in 'n betekenisvolle leefwyse te geniet en die "rose weer te begin ruik", het hulle spontaan hul stresvolle lewenstandaard drasties verlaag. Hulle het nie meer in die uiterlike, vormlike dinge belang gestel nie en van baie onnodige materiële dinge ontslae geraak. Hulle finansiële verpligtinge het sodoende verminder; hulle het maandeliks minder spandeer en uiteindelik meer geld elke maand oorgehad. Nou kan jy verstaan hoe die paradoks werk, dat jy materiële oorvloed sal hê as jy net jou taak vervul.

In die vorige dagstuk het jy gesien dat jy met ywer 'n werkstaak moet vervul waarmee jy jou betekenis vervul. Wat daardie taak ook al is, moet jy weet dat jy daaruit fisies genoegsaam versorg sal word indien jy op jou taak fokus en dit geniet, en nie meer net op die finansiële resultate konsentreer wat jy daaruit kan kry, en hoe jy dit gaan spandeer nie.

Dit gaan ook daaroor dat jy jou response teenoor "get rich quick"-idees rondom oorvloed reg moet *hanteer*. Om op die regte wyse uit die bron van oorvloed te *neem*, is 'n groot uitdaging. Ek neem al meer standpunt daarteenoor in dat mense om die bos gelei word met die oortuiging dat hulle miljoene uit die bron van oorvloed sal ontvang as hulle net daarop fokus om dit te kry. Wat wel waar is, is dat indien jy eers jou take met blydskap en plesier vervul, jy voldoende materiële voordeel uit die bron van oorvloed sal ontvang. Indien jy dit wat jy kry met dank ontvang en met verantwoordelikheid hanteer, sal jy ook finansieel welvarend word.

Ons sal tans in Suid-Afrika hierdie instelling teenoor die oorvloed moet handhaaf wat vir elkeen van ons beskikbaar is. Daar sal genoeg vir almal wees, indien elkeen sy taak gewilliglik met betekenis vervul en dit wat hy daarvoor ontvang, met oorleg hanteer. Maar indien ons die reëls van die vormlike lewe handhaaf om soveel moontlik met die minste moeite af te dwing en in skuld te lewe, sal die neuroses van die lewe in die eksistensiële vakuum ons bestaan versmoor.

Gee ook vir ander van jou besittings

Om te gee, is ook van toepassing op die bron van oorvloed. Dit is nie net 'n Bybelse opdrag om tien persent van jou inkomste aan ander te *gee* nie, dit staan so opgeteken in die suksesjoernale van ryk mense. Hulle gee uit die oorvloed wat hulle ontvang ook vir ander en die wêreld iets terug en getuig daarvan dat hulle meer terugkry as wat hulle gee. Hulle handhaaf ook die beginsel dat jy tien persent van jou inkomste vir jouself moet gee en dit moet belê om in waarde te vermeerder. Dit is maar net weer die lewensbeginsel van *gee* en *neem*, wat altyd moet bly vloei. Ek het baie mense in oorvloed sien leef omdat hulle met verantwoordelikheid hierdie verhouding met die materiële dinge gehandhaaf het. Daarteenoor het ek baie mense ontmoet wat 'n gebrek aan oorvloed het, omdat hulle nie hul verantwoordelikheid teenoor die bron van oorvloed nagekom het nie.

Hou die kanale van oorvloed oop

Watter take verrig jy tans om jou betekenis te vervul? Hoe vorder jy daarmee? Jy het ook materiële besittings nodig om hierdie take effektief te verrig. As jy op jou take fokus en dit met genot vervul, sal jy genoeg middele uit die bron van oorvloed ontvang en indien jy die spirituele lewensbeginsels wat nog altyd gegeld het, toepas deur jou geld reg te *hanteer*, deur vir ander daarvan te *gee*, en dankbaar te wees vir wat jy tot dusver uit die bron van oorvloed *geneem* het, sal jy die kanaal van God se spirituele krag ophou wat jou vorentoe sal versorg. Maar indien jy hierdie goue reël van die eeue verontagsaam en jou eie reëls maak, sal jy die kanaal van die bron van oorvloed blokkeer.

Die waarheid bly staan: die mens wat sy missie met plesier vervul, sal uit die bron van oorvloed ontvang wat hy nodig het en as hy dit oppas, sal dit veelvoudig vermeerder.

TOEPASSING

Ek sal vir my modelle soek van mense wat die regte kontak met die bron van materiële oorvloed handhaaf, wat dit reg hanteer, wat op die regte wyse daarvan neem en weer daarvan teruggee vir ander wat dit nodig het. Ek sal hulle navolg.

BEVESTIGING:

Ek is dankbaar vir die materiële dinge wat ek mag besit en versorg dit met verantwoordelikheid.

"Kyk na die voëls van die hemel, hulle saai nie en hulle maai nie en hulle maak nie bymekaar in skure nie, en tog voed julle hemelse Vader hulle. Is julle nie baie meer werd as hulle nie?"

Matteus 6:26

Dag 30

JOU DOOD EN DAARNA

Jy het vanaf die begin van hierdie kursus geleer dat jy nou in 'n tydelike liggaam op die aarde lewe en dat jy oor spirituele kragte beskik wat jou in staat stel om die besondere betekenis van jou lewe in die wêreld 'n werklikheid te maak. Met die ontdekking van jou spirituele kragte het jy nou daarin geslaag om vir jou 'n leefwyse te skep waarin jy jou lewe as betekenisvol ervaar en het jy ook jou take en missies gevind wat net aan jou toevertrou is. Jy het ook geleer om met alles en almal doeltreffende verhoudings te handhaaf. Jy het ook die ontdekking gemaak dat die sleutel tot 'n effektiewe lewe daarin lê om met jou spirituele kragte die lewensbeginsels van hantering, gee en neem toe te pas. Jy ervaar nou dat jy jou nuwe leefwyse geniet en ware vrede en geluk ondervind. Daarmee het die paradoks ook vir jou 'n werklikheid geword dat jy ook materiële resultate ontvang waaroor jy vroeër net gedroom het.

'n Lewe in ongebondenheid, met vrede

Dit is die lewe waarna jy eintlik gesoek het, 'n lewe wat teenoor die hedendaagse stresvolle, vormlike lewe staan. Omdat jy jou losgemaak het van die vormlike lewe en ongebonde leef, is jou lewe nou soos dié van 'n vink wat in sy nessie is wat oor die donderende water van die rivier in die stormweer rondswaai, 'n lewe van innerlike vrede en kalmte te midde van die aanslae van die wêreld daarbuite. Soos die vink kry jy dit ook reg om vrede en lewensgeluk te hê, omdat jy nie alleen op aarde is nie.

Menige keer wanneer ek my beursie oopmaak, haal ek 'n eensentstuk uit en kyk na die twee mossies daarop om my te herinner aan die Bybelse woorde: "Word twee mossies nie vir 'n stuiwer verkoop nie? . . . Wees nie bevrees nie, julle is baie meer werd as baie mossies." Jy weet ook dat daar geskryf staan: "Moenie julle kwel oor julle lewe, wat julle sal eet . . . of . . . aantrek nie . . . Kyk na die voëls, hulle saai en maai nie, en het geen skure nie en tog voed julle hemelse Vader hulle. Is julle nie baie meer werd as hulle nie?" Onthou, jy is meer werd as 'n voël, en deur die kanaal van God se spirituele krag is sy krag deel van jou lewe.

Die lewe na geboorte

Met my eksistensieel-sielkundige benadering, propageer ek hierdie leefwyse teenoor almal met wie ek in aanraking kom. Dit is 'n lewe wat ook spanning het, maar die spanning is om daarna te strewe om jou betekenis en take te vind en dit te vervul. Hierdie spanning het nie negatiewe gevolge nie, maar is die gesonde dryfkrag van 'n effektiewe lewe. Dit gaan dus eintlik vir jou tans om die lewe na jou geboorte en nie om die lewe na jou dood nie.

Wat is die take wat jy op hierdie oomblik met entoesiasme vervul? Ek hoop dat jy dit geniet en dit met dryfkrag doen met die houding dat dit vandag dalk jou laaste dag kan wees om dit te vervolmaak. Dit is tans my benadering in die skryf van hierdie kursus. Ek het daardie gesonde inspirerende spanning om dit te voltooi terwyl dit vir my gegun word om hier te wees. Dit hou my tans ook aan die lewe.

Soveel mense vervul nie hul take soos ek en jy hier op aarde nie, hulle sit net en wag by 'n bushalte langs die lewenspad om op reis te gaan na die ewigheid hierna. My en jou lewe stel hopelik die uitdaging aan elke ander mens om sy spirituele krag te ontdek en sy verantwoordelikheid te aanvaar om sy lewe hier effektief te voer. As ek en jy dit bly doen, veral nou in die geskiedenis van Suid-Afrika, sal dit ander aansteek en sal ons saam die krisisse van die vormlike lewe ook in ons land verander.

Jou liggaam het 'n einde

So 'n lewe hef egter nie die realiteit op dat ons aardse lewe in ons liggaam tot 'n einde sal kom nie. Die meeste mense, veral in ons Westerse samelewing, het 'n onderliggende vrees om oud te word en uiteindelik dood te gaan. Daarom ignoreer hulle die gedagte daaraan en wil dit nie eers met mekaar bespreek nie. Ek verbaas my hoe sommige mense hulle lewe beplan, asof hulle altyd hier sal wees. Een van die nadele van ons moderne samelewing is dat ons al die siekes en sterwendes daaruit verwyder en hulle êrens elders in 'n groot wit gebou gaan neerlê, om daar hul lyding te voltooi. Ons ervaar dit nie meer saam met hulle nie, ons wil dit nie sien nie.

Wanneer ons tog met die lyding en dood van vriende of familie gekonfronteer word, het ons gewoonlik 'n houding daarteenoor wat ons eie lewe ontwrig. Hoeveel keer moes ek nie mense in hierdie krisis bystaan nie? Hulle kan nie daarmee vrede maak dat iemand dood kan wees nie; nie meer hier kan wees nie. Of die persoon nog êrens kan bestaan, is by almal dan 'n ope vraag. Tog kan niemand die dood vermy nie. Siekte, lyding en dood vorm deel van jou lewe. Jy sal êrens eendag self hiermee gekonfronteer word.

Die "spirituele mens" is hierop voorberei, hy simuleer sy sterwensuur nou reeds in sy gedagtes en sal dit in daardie oomblik van sterwe uitvoer net soos hy dit nou in sy gedagtes sien. Hoe doen hy dit? Frankl bly ons leermeester tot op hierdie laaste bladsye. Hy kan met gesag daaroor praat omdat hy siekte, lyding en dood elke dag in Auschwitz beleef en dit aan sy eie deur voel klop het. Daarom vorm dit deel van sy logo-terapie. Ook hierin, sê hy, lê daar 'n betekenis. Hoe, sê hy, maak mense lyding en sterwe betekenisvol? Ek gee vir jou 'n paar van sy gedagtes.

Die dood het ook betekenis

Jy kan dit betekenisvol maak deur dit te hanteer en die regte houding daarteenoor in te neem. Die een mens sal net na die bladsye van sy dagboek kyk en sien wat nog vir hom oorbly. Die ander persoon sal die bladsye van die dagboeke wat hy gebêre het, met die aantekeninge daarop van wat hy alles in sy lewe gedoen het, gaan uithaal en met trots daarna kyk. Hy sal na die monumente kyk wat hy gebou het met die take wat hy verrig het, omdat hy weet niemand en niks kan daardie take ongedaan maak nie.

Omdat die "spirituele mens" tydens sy lewe geleer het om nie op sy mislukkings te konsentreer nie, maar om op sy suksesse te let, sal hy dit ook in hierdie oomblik regkry om net daardie dinge te onthou wat hy met betekenis vervul het. Daarom is die sterwende nie jaloers op die jeug wat nog 'n toekoms voor hulle het nie, omdat hy 'n ryk verlede agter hom het, vol van take wat hy verrig het, liefde wat hy gegee het, waardevolle dinge wat hy geniet het en lyding wat hy met trots oor baie jare klaar hanteer het. Wat ander nog moet doen, het hy klaar gedoen. Die woorde van Lao-tse, reeds in die sesde eeu voor Christus, word vandag nog bewaarheid: "Die take wat jy voltooi het, het jou onsterflik gemaak."

In die oomblikke waar jy besef dat jou lewe tot 'n einde kom, moet jy weet dat God wat lewe gee dit so bepaal dat jou taak op aarde nou afgehandel is en dit moet jy so hanteer. In die oomblikke van lyding en dood vind elkeen 'n eie besondere betekenis, wat van mens tot mens verskil. Ek het menige mense in hierdie oomblikke moes ondersteun, soms net met my stille teenwoordigheid. Ek onthou iemand wat besig was om aan kanker te sterf wat vir my gesê het: "Ek weet nou dat alles vir my ten goede meegewerk het. Ek is ook dankbaar vir my siekte. Dit het my oë vir die eerste keer oopgemaak om die realiteit van lewe te sien en vir God te leer ken, waarvoor ek myself nooit tevore 'n geleentheid gegee het nie. Ek weet nou dat ek die dinge in my lewe moes doen waarteen ek so dikwels opgesien het; ek weet nou dat dit my taak in die lewe was. Ek was ook hier om my kinders hulle lewe te gee om die take te verrig wat vir hulle wag. Ek was nie 'n mislukking soos ek gedink het nie, my lewe het 'n unieke bedoeling gehad. Bo alles weet ek nou dat my liggaam gaan sterwe, maar dat ek vir ewig sal bly voortbestaan."

Weet jy watter werk hy as taak op aarde gedoen het? Hy was 'n skrynwerker en het veral op 'n houtdraaibank artikels vervaardig wat vandag nog plesier vir menige mense gee. Sy monumente sal nog lank hier wees. Hy het 'n onmisbare skakel in die werksketting vervul.

Maak vrede met skuldgevoelens

In die uur van sterwe kan die mens ook vrede maak met sy gevoel van skuld oor dit wat hy verkeerd gedoen het, omdat ook daarin betekenis lê. Ons moes soms eers die verkeerde dinge gedoen het om dit wat reg is te ontdek, net soos ons eers die lig kan waardeer nadat ons in die duisternis van die donker vasgevang was. Dit bring ons ook by die punt uit om vergifnis te vra en dit te ervaar dat God ons vergewe. Vergiffenis is God se gawe aan ons, wat ons in geloof vir onsself moet neem. Dan kan ons onsself ook vergewe.

Lewe na die dood

Natuurlik sal die mens vra wat die lewe na die dood behels. Jy sal die riglyne vir jou ewige lewe veral in jou godsdiensbeoefening vind, wat ek steeds vir jou aanbeveel om te beoefen. Hierin sal jy die verlossingsplan van God vir die mens op aarde ontdek, wat die kern van jou geloofslewe moet bly.

Die mens wat sy spirituele kragte ontdek het, het egter reeds op aarde die belewenis ervaar dat hy 'n spirituele wese met 'n tydelike liggaam is. Met sy geloof en visie weet hy dat hy as spirituele wese vir ewig sal bly voortbestaan. Omdat hy weet dat alles wat in die kosmos bestaan, nie 'n begin en 'n einde het nie en dat alles 'n ewige doel en betekenis het, weet hy dat hyself ook na die dood 'n betekenis sal vervul. Daarom *neem* hy die dood gewilliglik en begin daarmee sy ewige voortbestaan.

Aan die ander kant *gee* hy sy liggaam gewilliglik terug vir die aarde. Hy gee ook sy materiële besittings terug omdat hy weet dat dit net tydelik vir hom geleen was en dat dit weer vir ander gegee sal word om hulle in staat te stel om hul betekenis te vervul.

Ek wens jou toe dat jy altyd sal weet wat die betekenis van jou lewe op aarde is en dat jy al die take sal ontdek om dit te verwesenlik en daarin sal slaag om dit enduit te vervul, sodat jy in jou sterwensuur soos die apostel Paulus sal kan sê: "Ek het die goeie stryd gestry; ek het die wedloop voleindig; ek het die geloof behou."

'n Nuwe hemel en 'n nuwe aarde?

Ten slotte wil ek my persoonlike opinie met jou deel oor die toekoms van die mens en die wêreld. In die lig van my bevindinge in my navorsing wat ek met jou gedeel het, glo ek dat die menslike ras op aarde tans een van die grootste veranderings ooit deurgaan. Ons staan aan die begin van 'n verandering waar die mens sy spirituele kragte ten volle sal ontwikkel. Ek glo dat die eensydige ontwikkeling van die tegnologie sal afplat en dat die mensdom se spirituele ontwikkeling sal toeneem en dat hierdie wanbalans herstel sal word. Ek glo dat die mens met sy volle spirituele kragte in die toekoms sy regmatige doel om betekenisse op aarde te verwesenlik met perfeksie sal voortsit. Die hele konsep, dat die mens op aarde is om 'n betekenis te vervul, is vir my 'n konsep wat deel is van die bestaan van die hele kosmos. Hierdie konsep kom oor soveel eeue dat ek my nie kan indink dat dit ooit tot 'n einde kan kom nie. Alles in die volmaakte voortbestaan van die ewige kosmos kan net verbeter.

Ek glo dit nie alleen met my spirituele kragte van geloof en visie, wat net die positiewe kan raak sien nie, maar ook omdat ek as 'n motiveerder van mense, waarvoor ek bekend staan, net positiewe denke kan beoefen. Ek ken ook die spirituele krag van motivering wat mense in staat stel om 'n betekenis te vervul. Kan so 'n godgegewe krag wat deel vorm van die mens en sy wêreld tot 'n einde kom? Hierdie krag is vormloos en ewig en sal altyd 'n mens en 'n aarde nodig hê om betekenisse in te vervul. Miskien sal 'n volgende verandering die verandering van die aarde self wees. Hoe presies, weet ek nie. Wat ek glo, is dat dit volmaak sal wees en volmaakte mense sal huisves.

Word my geloof oor die toekoms en die voortbestaan van 'n nuwe mens en 'n nuwe wêreld dalk geïnspireer vanuit my religieuse raamwerk omdat ek die woorde van Openbaring 21:1 onthou?: "En ek het 'n nuwe hemel en 'n nuwe aarde gesien, want die eerste hemel en die eerste aarde het verbygegaan."

TOEPASSING

Jou laaste uitdaging is om die oomblik van jou dood te simuleer net soos jy dit in daardie oomblik wil ervaar.

BEVESTIGING:

Ek sal vir ewig lewe.

"Die take wat jy voltooi het, het jou onsterflik gemaak."

Lao-tse

N.S.

My aanbeveling vir jou is om daardie dele in die boek wat jou getref het, by herhaling te lees en iemand anders se lewe daarmee te verryk. Skryf ook aan my by Posbus 72853, Lynnwoodrif, 0040 en vertel hoe dit gebeur het dat jy in 'n "spirituele mens" verander het en hoe jy tans 'n betekenisvolle lewe leef te midde van die vormlike lewe rondom jou, sodat ek dit in 'n volgende publikasie met ander kan deel.

Appendix

VERWYSINGS

1. *Die eksistensiële sielkunde*

* *Die eksistensialisme*

Die eksistensiële sielkunde is 'n uitvloeisel van die eksistensialisme, 'n filosofiese beweging wat in sentraal-Europa ontwikkel het in die jare tussen die laaste twee wêreldoorloë. Die saad vir hierdie beweging is geplant deur die Deense religieuse denker Søren Kierkegaard in die middel van die negentiende eeu. Hierdie nuwe filosofie het die gevestigde Westerse filosofiese tradisie verwerp, waarin die rasionalisme van Descartes 'n sentrale rol gespeel het wat as uitgangspunt gehad het dat die enigste bron van kennis die mens se logiese rede is. Dit het ook nie saamgestem met die ander heersende idee dat waarnemings net deur die mens se sintuie gemaak word nie. Hierdie beskouinge het eie ervarings en spirituele insigte uitgesluit.

Die eksistensialisme het veral verskil van die gevestigde idee dat die fisiese aspek van alles wat bestaan, ook die mens, die enigste realiteit is en dat dit net ingevolge fisiese wette verklaar moet word, waarmee die afleiding gemaak word dat alles bepaal word deur die wet van oorsaak en gevolg. Die beswaar was dat die mens self nie in aanmerking geneem word nie en dat daar net gefokus word op sy fisiese samestelling, naamlik sy essensie, en dat sy eksistensie (sy unieke *bestaan*) geïgnoreer word. Die doel van die eksistensialisme was om 'n beter begrip vir die mens self te hê in sy eksistensie (sy bestaan) op aarde.

Dit het dus om die mens se eksistensie gegaan en die eksistensialisme het dit geïnterpreteer ingevolge die Latynse woord vir eksistensie, naamlik "exsisto", wat saamgestel is uit "ex" en "sistere" en eintlik beteken om "uit te staan" of "om iets te bowe te gaan". Hierdie filosofie het die mens dus gesien as iemand wat homself kan losmaak van sy fisiese vorm en bokant dit kan bestaan en dat hy altyd besig is om iets te word en dat hy altyd verander en ontwikkel en dat die reël van oorsaak en gevolg soos vir die fisiese dinge dus nie vir hom geld nie. Die beskouing was dat die mens 'n wilsvryheid en verantwoordelikheid in homself het om iets besonders van sy lewe te maak en geen omstandigheid kan hom daarin keer nie. Verder is die beskouing gehuldig dat die mens altyd met homself, met ander mense, met God en met die fisiese dinge in 'n verhouding is, wat sy bestaan beïnvloed en waarmee hy 'n doeltreffende verhouding moet handhaaf om effektief te kan lewe. Die mens is dus uniek en anders as alle ander aardse vorms van lewe.

Met hierdie agtergrond het verskillende filosowe elk hul eie interpretasies oor die mens gemaak, waarvan sommige glad nie aanvaarbaar was nie, vandaar sommige mense se teenstand teen die eksistensialisme.

** Die eksistensiële sielkunde*

Die nuwe filosofiese denkwyse van die eksistensialisme, het die denke van sommige sielkundiges beïnvloed en die *eksistensiële sielkunde* het so ontstaan. Dit het veral ná die Tweede Wêreldoorlog begin toeneem. Dit was nie daarop uit om 'n nuwe vertakking of skool in die sielkunde te vorm nie, maar het slegs nuwe perspektiewe oor die mens se bestaan gehandhaaf, soos die eksistensialisme dit verkondig het, en wou sy siening van die mens slegs onder die aandag van die verskillende sielkundige skole bring, veral die behavioristiese en psigoanalitiese sielkunde wie se mensbeskouinge hulle nie bevredig het nie. Laasgenoemde was sterk beïnvloed deur die natuurwetenskaplike wyse van navorsing wat slegs die fisiese samestelling van alles bestudeer het en alles ingevolge fisiese wette verklaar het en ook die mens se gedrag ingevolge die wet van oorsaak en gevolg geïnterpreteer het.

Die eksistensiële sielkunde wil die mens se gedrag dus nie net ingevolge sy fisiese bestaan bestudeer nie, maar ook ingevolge sy unieke eksistensie, 'n aspek wat deur die tradisionele sielkunde verwaarloos is.

In hierdie boek dra ek Viktor Frankl, as eksistensiële sielkundige, se sieninge oor wat die mens se eksistensie in die wêreld behels. Hy beklemtoon dat die mens self daarop ingestel is om die aard van sy eie unieke eksistensie te verstaan. Die mens wil weet wie hy is en waarvoor hy hier op aarde is. Hy wil nie net fisies voortbestaan nie; hy wil só bestaan dat hy 'n unieke betekenis kan vervul. Volgens hom is die neurotiese mens die mens wat sy vryheid en verantwoordelikheid ontduik om die vraag oor die betekenis van sy eksistensie vir homself te beantwoord. Sy terapie (logo-terapie) is dan ook daarop gemik om die mens se neurose te genees deur hom te help om te verstaan wat sy bestaan (eksistensie) behels, naamlik dat hy op aarde is om 'n betekenis te vervul en met sy terapie wil hy die mens help om dit te realiseer.

Hy beklemtoon die eksistensiële beskouing dat alhoewel die mens nie 'n vrye keuse gehad het om in die wêreld te kom nie, hy oor die wilsvryheid en verantwoordelikheid beskik om keuses te maak oor wat hy met sy lewe wil doen. Daarmee word die determinisme as beskouing in die sielkunde verwerp wat meen dat die mens se gedrag bepaal word deur kragte buite sy beheer, soos byvoorbeeld biologiese kragte of omgewingsinvloede en dat hy nie sy eie toekoms kan rig nie.

2. *My navorsingsmetode*

* *Die metabletika*

My navorsingsmetode het sy ontstaan te danke aan die eksistensiële sielkundige, prof. J.H. van den Berg. In sy boek *Metabletica – of leer der veranderingen* het hy daarop gewys dat die mens altyd besig is om te verander. Die woord metabletika is van 'n Griekse woord afkomstig wat "verandering" beteken.

Hy sê dat die veranderinge wat in die mens plaasvind in sy kultuurskeppinge waargeneem kan word deur projeksietegnieke, wat in die sielkunde gebruik word, waar iemand sy innerlike wese in sy skeppinge, soos tekeninge, projekteer. Net so is die kultuur ook 'n projeksie van die mens se innerlike dinamika.

Met hierdie tegniek bestudeer Van den Berg die veranderinge wat in die geskiedenis van tyd tot tyd in die kultuurskeppinge van die mens plaasgevind het en wys daarop hoe dit aanduidings is van veranderinge wat in die mens self plaasgevind het.

Iemand wat hierdie benadering navolg, ontwikkel later 'n instelling waarmee hy aan die een kant daarvan bewus word dat die mens voortdurend verander, en aan die ander kant stel dit hom daarop in om te sien hoe die mens nog steeds besig is om te verander. Omdat die veranderinge wat in die mens plaasvind deur die veranderinge in sy kultuur aangedui word, is hy dan voortdurend daarop ingestel om sulke veranderinge raak te sien en dit te interpreteer. Aangesien ek hierdie benadering intens in my doktorale studie nagevors en toegepas het, het dit ook by my 'n tweede natuur geword om veranderinge in die mens se kultuur raak te sien en te kyk hoe die mens in daardie kultuur self verander het. Daarom sien ek die verandering wat vandag in ons kultuur plaasvind, naamlik die "spirituele ontwaking", raak waar daar tans 'n ongekende soeke na die spirituele aspek van lewe plaasvind.

Indien ons die mens van ons tyd wil verstaan, sal ons moet weet wie hy nou is en watter veranderinge hy nou deurgaan. Slegs daarvolgens kan ons ook terapeutiese tegnieke ontwikkel om hom te help om in sy tyd effektief te leef.

Die metabletika maak ons daarvan bewus dat die mens op aarde voortdurend in 'n ontwikkelingsproses is en dat hy nog besig is om sy evolusieproses te voltooi.

Ek is van mening dat die metabletika nog nie sy ereplek in die sielkunde gekry het nie. Waar veranderinge vandag so vinnig plaasvind, sal die sielkunde met hierdie benadering miskien ander insigte kry oor wie die mens van sy tyd werklik is.

* *My navorsingsmetode*

Uit die metabletika soos hierbo beskryf, het 'n navorsingsmetode ontstaan naamlik die "metabletiese metode van navorsing" wat veranderinge identifiseer en bestudeer en kyk hoe die veranderinge ontstaan het, hoe dit 'n projeksie is van die innerlike, dikwels onbewuste, behoeftes van die mens. Hierdie navorsingsmetode is gebaseer op die fenomenologiese wyse van navorsing wat veranderinge objektief bestudeer sonder om jou eie subjektiewe gevoelens daarin te dra. Dit gee 'n objektiewe beskrywing van die gebeure weer, met 'n instelling om die individu se unieke gedrag te verstaan binne sy eie belewenisse en eie unieke omstandighede.

Ek het dié navorsingsmetode vir die samestelling van hierdie kursus gebruik. Aangesien ek die "spirituele ontwaking" as verandering raak gesien het, het ek dit geïnterpreteer as 'n projeksie van die mens se innerlike dinamika op hierdie oomblik. Ek het dus uiterlike sigbare veranderings in die mens se leefwyse in die moderne kultuur raak gesien wat as aanduiding dien van onsigbare veranderings wat in die mens self plaasgevind het. Met hierdie navorsingsmetode het ek vasgestel watter veranderings die mens self tans deurgaan.

My bevinding was dat die mens tans besig is om sy spirituele kragte te ontdek en dat hy 'n spirituele rypwording ontwikkel waarmee hy homself en sy leefwyse wil verryk. Dit is duidelik dat die mensdom nog in 'n ontwikkelingsproses is, wat deur die Skepper van lewe bepaal word, en wat ons as nietige mens nie 'n duidelike insae in het nie.

Indien ek dit mag waag om 'n voorspelling hieroor te maak, is dit dat die mens in die toekoms al meer spiritueel sal ontwikkel, en dat die tegnologiese ontwikkeling wat net op die fisiese dinge ingestel is, sal afplat en dat daar 'n balans sal kom tussen hierdie twee aspekte van die mens se eksistensie op aarde. Daarmee staan ons aan die vooraand van 'n spirituele revolusie, wat net so groot, of groter sal wees as die industriële en tegnologiese revolusie wat die mens ook in sy ontwikkeling nodig gehad het.